孫樹喬 著

意志表現をめぐる日中対照研究

佛教大学研究叢書

東方書店

まえがき

　本書は、2013年11月に神戸市外国語大学に提出した博士論文に修正を加えたものである。

　筆者が意志表現に対して興味を持ち始めたのは修士課程の時だった。中国人日本語学習者がどのように日本語で自分の意志を適切に表現すればいいか、更に意志を表す時に母国語の影響がどれぐらいあるかというシンプルな疑問をきっかけに、意志表現の研究を始めたのである。最初は、日本語の典型的な意志表現の使い分けにのみ注目したが、そのうち日本語と中国語との異同に興味が湧き、博士課程では両者の意志表現を対照させることを取り入れ、少しずつ研究を深めてきた。意志表現をめぐる日本語と中国語との対照研究を通じて、両者のそれぞれの形式・意味・機能における特徴を明らかにし、それに基づき、意志表現の全体像を見据えて両言語の共通点と相違点を明らかにすることを研究の目的としていた。

　本書は、モダリティの研究に基づき、意志のモダリティという意味カテゴリーを議論の土台としている一方、日中両言語の対照分析を行っている。この二点を踏まえ、研究対象を具体的に日本語の「シタイ」「シヨウ」「スル」「スルツモリダ」、中国語の「要」「想」「動詞無標形」に絞った。更に、意志を表す表現を、文レベルと談話レベルを区別し、それぞれのレベルからアプローチを試みた。文レベルにおける考察は、意志のモダリティという意味範疇を軸に各意志表現の特徴を考察する段階と、各意志表現の形式そのものを軸にそれぞれの表現形式に見られる意志のモーダルな意味と意志以外のモーダルな意味との関係を明らかにする段階に分かれる。談話レベルにおける考察は、意志表現を用いる発話が談話における機能と意味を考察する段階と、意志を表す表現と対人配慮との関係を考察する段階に分かれる。

　本書は日本語のモダリティの研究、意志表現についての研究と中国語の助

動詞や動詞の研究などの研究成果を大いに受け継いでいる。一方、次のいくつかの面でオリジナリティを出そうとしている。まず、文レベルと談話レベルに分けてアプローチを試みることである。次は、意志表現についての体系的な日中対照研究を目指すことである。更に、有標形式だけではなく、無標形式にも注目している。最後に、「意志」という概念の複雑性を踏まえ、意志表現の意味・用法だけではなく、情意的な側面と認識的な側面にも着目している。本書は『意志表現をめぐる日中対照研究』という書名ながら、基本的には「話し手の意志」を表す表現に限定し、口語における表現形式の肯定形についての考察を中心に行ったものである。用例はテレビドラマ、小説のセリフなどが多く、自然会話と言えないものが存在することは否定できない。更に、否定形に対する考察を割愛したことも研究の完全性に大きく影響している。これらはすべて今後の研究で改善していきたい。本書の出版によって、日中両言語の「意志表現」についての理解を深めることと、日中両言語の対照研究及び中国語のモダリティ研究に少しでも貢献できることを心から願う。

　本書のもととなる筆者の博士論文は、5年間近くの歳月をかけて書いた。この5年間は挫折して諦めようとすることもあったが、周りの方々が支えてくださったおかげで、研究を継続することができた。筆者自身の能力、経験の積み重ねの不足で、この本は完璧にはほど遠いものと言わざるをえない。しかし筆者にとっての最大の成果は、尊敬している学者の先生方をお手本に、一つ一つの言語現象に正面から向き合い、着実に研究を進めてきた過程そのものである。これは筆者にとって、今後研究者の道を進むための貴重な宝物である。

意志表現をめぐる日中対照研究　目次

まえがき　　i

序章 ··· 1
  1　本書の議論の基本 ·· 1
  2　本書で扱う具体的な意志表現の形式の範囲 ·· 4
  3　本書の研究対象と内容 ·· 6

第1章　意志表現に関連する先行研究 ·· 9
  0　本章の内容 ··· 9
  1　関連理論と概念 ·· 10
    1.1　モダリティの定義と関連概念 ·· 10
      1.1.1　モダリティの定義とカテゴリー ··· 10
      1.1.2　本書のモダリティ論における立場 ·· 29
      1.1.3　モダリティの関連概念 ·· 30
    1.2　発話に関連する理論 ··· 38
    1.3　コミュニケーションに関連する理論 ··· 43
  2　意志表現についての先行研究 ·· 43
    2.1　日本語の意志表現について ··· 44
    2.2　中国語の意志表現についての先行研究 ·· 50
    2.3　意志表現をめぐる日中対照研究 ··· 59
  3　本書と先行研究との関係 ··· 61

第2章　文構造と意志のモダリティ 67

- 0　本章の内容 67
- 1　意志表現による意志のモダリティを表す文の意味的構造 67
- 2　一人称主体が明示されるか否かの問題 70
  - 2.1 日本語側の状況 70
    - 2.1.1　「シタイ」について 70
    - 2.1.2　「シヨウ」について 74
    - 2.1.3　「スルツモリダ」について 77
    - 2.1.4　「スル」について 79
    - 2.1.5　まとめ 82
  - 2.2　中国語側の状況 82
    - 2.2.1　「要」・動詞無標形・「想」について 82
    - 2.2.2　まとめ 86
  - 2.3　日中両言語の意志のモダリティを表す文における一人称主体のあり方の相違 87
- 3　意志のモダリティを表す文における動詞と意志表現との関係 89
  - 3.1　日本語側の状況について 89
  - 3.2　中国語側の状況について 93
  - 3.3　まとめ 97
- 4　意志のモダリティを表す文の意味的構造における意志表現の非現実性 98
  - 4.1　動詞無標形の非現実性 98
    - 4.1.1　非現実性のあり方 98
    - 4.1.2　動詞無標形の意志表現の非現実性の特徴 105
  - 4.2　有標形式の意志表現の非現実性 109

4.2.1　有標形式の意志表現の非現実性のあり方 …………………… 109
　　　4.2.2　非現実性の特徴 …………………………………………………… 110
　4.3　まとめ ………………………………………………………………………… 113
5　終わりに ……………………………………………………………………………… 113

第3章　意志を表す表現形式のモーダルな意味 …………………………… 117
0　本章の内容 …………………………………………………………………………… 117
1　意志のモーダルな意味 ……………………………………………………………… 118
　1.1　日本語の意志のモーダルな意味の細分化 ……………………………………… 118
　1.2　中国語の意志のモーダルな意味の細分化 ……………………………………… 120
　　　1.2.1　「想」の意志を表す表現形式としてのモーダルな意味 ………… 120
　　　1.2.2　「要」の意志を表す表現形式としてのモーダルな意味 ………… 123
　　　1.2.3　中国語の動詞無標形 …………………………………………………… 125
　　　1.2.4　まとめ …………………………………………………………………… 127
　1.3　意志のモーダルな意味から見る日中両言語の意志を表す
　　　　表現形式の対応関係 ……………………………………………………… 127
2　意志のモーダルな意味に見られる情意的・認識的性質 ………………………… 131
　2.1　意志のモーダルな意味を表す典型的な認識的形式と
　　　　典型的な情意的形式 ……………………………………………………… 132
　2.2　無標形式の「スル」と情意的・認識的性質 …………………………… 137
　2.3　中国語の意志を表す表現形式の状況 …………………………………… 142
　2.4　まとめ ………………………………………………………………………… 145
3　意志を表す有標形式に見られる
　　情意系・認識系のモーダルな意味の連続性 ……………………………………… 146
　3.1　「要」のモーダルな意味の連続性 ……………………………………………… 147
　　　3.1.1　「意志」と「当為」の漠然性 ………………………………………… 147

3.1.2 「意志」と「確実な予測（未来）」……………………………… 149
　　　3.1.3 「要」のほかのモーダルな意味：可能性、推測 ………………… 151
　　　3.1.4 「要」のモーダルな意味の全体像 ………………………………… 152
　　3.2 他の有標形式の多義性 ……………………………………………………… 153
　　　3.2.1 「想」について ……………………………………………………… 154
　　　3.2.2 「シタイ」について ………………………………………………… 157
　　　3.2.3 「ショウ」について ………………………………………………… 160
　　　3.2.4 「スルツモリダ」について ………………………………………… 163
　　3.3 まとめ ………………………………………………………………………… 164
　4 終わりに ……………………………………………………………………………… 165

第4章　意志を表す諸形式の談話における機能 …………………………… 169
　0 本章の内容 …………………………………………………………………………… 169
　1 問題提起 ……………………………………………………………………………… 170
　2 「シタイ」「ショウ」と「スルツモリダ」に見られる
　　談話における機能の相違 …………………………………………………………… 172
　　2.1 先行研究 ……………………………………………………………………… 172
　　2.2 「シタイ」「ショウ」に見られる談話における機能 ……………………… 175
　　　2.2.1 独話または準独話の場合（聞き手めあてではない場合）………… 175
　　　2.2.2 対話の場合（聞き手めあての場合）………………………………… 178
　　　2.2.3 まとめ ………………………………………………………………… 184
　　2.3 「スルツモリダ」に見られる談話における機能 …………………………… 184
　　　2.3.1 談話における「ツモリダ」の用法 ………………………………… 185
　　　2.3.2 「スルツモリダ」の談話における話し手の伝達意図 …………… 191
　　2.4 まとめ ………………………………………………………………………… 192

3 談話における機能から見る有標形式の「要」「想」と
　「シタイ」「シヨウ」「スルツモリダ」との異同 193
　3.1 「要」「想」の伝達性 193
　3.2 意志のモーダルな意味を表す「要」の談話における機能 194
　　3.2.1 情意的な「要」 194
　　3.2.2 認識的な「要」 202
　3.3 意志のモーダルな意味を表す「想」の談話における機能 205
　　3.3.1 情意的な「想」 205
　　3.3.2 認識的な「想」 207
　3.4 意志表現としての「要」と「想」の相違 209
　3.5 まとめ 211
4 意志のモーダルな意味を表す無標形式に見られる
　談話における機能の特徴 215
　4.1 意志のモーダルな意味を表す動詞の無標形式について 215
　4.2 意志のモーダルな意味を表す無標形式の談話における機能 217
　4.3 日中対訳から見る談話における意志のモーダル意味を表す
　　　無標形式と有標形式の相違──「要」と動詞無標形を中心に ... 227
　4.4 まとめ 232
5 終わりに 233

第5章　意志表現の選択に見られる対人配慮 237

0 本章の内容 237
1 問題の提起 238
2 関連する先行研究の理論 239
　2.1 話し手の領域と聞き手の領域に関連する理論 239
　2.2 ポライトネス理論 242

3 「シタイ」「ショウ」と「と思う」の付加 ………………………………… 244
  4 「シタイト思ウ」「ショウト思ウ」に見られる対人配慮 ………………… 247
    4.1 「シタイト思ウ」と「ショウト思ウ」の使用場面 ………………… 247
    4.2 「シタイト思ウ」と「ショウト思ウ」に見られる
        話し手領域と聞き手領域との関係の相違 ………………………… 255
    4.3 ポライトネス理論から「シタイト思ウ」「ショウト思ウ」の
        対人配慮を見る ……………………………………………………… 256
  5 中国語の意志表現と聞き手への配慮との関係 ………………………… 257
    5.1 「要」「想」と「シタイト思ウ」との対応関係 ……………………… 260
    5.2 「要」「想」と「ショウト思ウ」との対応関係 ……………………… 266
    5.3 まとめ ………………………………………………………………… 269
  6 日中両言語の意志表現の聞き手への配慮に見られる相違 …………… 271

終章 ………………………………………………………………………………… 277

あとがき　283

用例出典　285

参考文献　287

索引　292

序章

　話し手の意志を表す表現は、どんな言語においても最も基本的なものとされている。日常生活の中でわれわれは、何か決意や決定をしたり、予定や未来の行為を伝えたり、またある行為についての意欲や態度を表したりする時、意志を表す表現を使うのである。本書は、このような話し手の意志を表す表現を扱うものである。

　本書は、意志表現をめぐる日本語と中国語との対照研究を通じて、両者のそれぞれの形式・意味・機能における特徴を明らかにし、それに基づき、意志表現の全体像を見据えて両言語の共通点と相違点を明らかにすることを目的としている。更に本研究を通じて、日中主観性表現の対照研究に一つの事例を提供し、今後の更なる研究への一助となることができれば幸いに思う。また、両言語の意志表現についての研究成果を、両言語の教育現場に役立てることも目的の一つである。

　本格的な議論に入る前に、本書の議論の骨格となるもの、すなわち「意志」という意味のカテゴリーと「日中対照」の研究方法について論じておきたい。まず本研究で扱う「意志」とは何か、「意志を表す表現」とは何かを明確にする。

1　本書の議論の基本

①「意志」と「意志表現」

　『日本大百科全書』は「意志」について次のように説明している。

　　　価値の感情を伴う目的動機に促され、その目的の実現によって終わる一連の心的プロセスが、普通、「意志」とよばれている。一般に人間の

行為は、これから遂行される行為によって実現されるはずの未来のできごと、つまり「目的動機」、および、この目的動機＝企図そのものを決定付けた利害、関心、状況判断、性格、習慣等などの「理由動機」によって説明される。「未来」先取り的な目的動機と「過去」の諸経験に根ざす理由動機とが互いに連結しつつ、行為とよばれるある統一的な連関を形成し、「意志」はその連関を貫通すると考えられる。(『日本大百科全書2』1994：207)

更に、『世界大百科事典第2版』は「意志」について、次のように解説している。

いし【意志 will】
　意志は多義的な概念で広狭さまざまにとらえられる。日常の語法で意志が〈強い〉とか〈弱い〉と言われるような場合の意志とは，人間が本能的衝動を抑制し，一定の目的意識のもとにある行動を起こしたり持続したりする人間特有の心的能力を指す。この意志が知性や感情といった他の心的機能といかなる関係にあるかという点については，哲学者や心理学者のあいだでも意見が分かれ，それぞれを自立した機能と見る知情意三分法（J.N.テーテンス）や，意志は表象や判断のような知的機能から生ずると考える主知的立場（プラトン，デカルト），意志を感情の一種と見るか，あるいは少なくとも感情によって動機づけられると見る主情的立場（ブント），逆に感情を意志過程の反映と見る立場（W.ジェームズ），意志を自我にかかわる欲求と考える立場（F.E.ベネケ）などさまざまである。(2-p.207)

以上の解釈からわかるように、「意志」は、何らかの目的を達成するために、ある行為を起こしたり持続したりしようとする心的プロセスや能力である。また、「意志」は、「未来」先取り的な目的動機と「過去」の諸経験に根

ざす理由動機をつなげるだけではなく、感情と知性をつなげるものとも言える。本書で扱う「意志」は、基本的に上述のような解釈に基づくものである。ただし、意志の主体は話し手に限定して論述する。

　言語学、特に日本語のモダリティ論における意志を表す表現は、話し手の意志を表す表現形式に限られている。本書で扱う意志表現の形式は、意志のモダリティという意味カテゴリーに基づいて確立する。モダリティとは簡単に言うと、客観的な命題に対する話し手の主観的態度である。ここで扱う意志を表す表現は、客観的な対象動作や行為に対する、話し手の実現させようとする主観的態度を表す表現のことを指している。もちろん、「話し手の意志」という概念には、様々な意味のパターンが考えられる。冒頭の部分で挙げたように、「話し手のある行為を行おうとする決意や決定」もあれば、「話し手のこれからある行為を行おうとする予定」も含む。更に、本書は、「話し手の意志」について、対象行為そのものを実行しようとする気持ちだけではなく、行為の実現を望む気持ちや、行為を行う意図を表す表現も「意志表現」の範囲に入れて考えている。従って、本書で扱う意志を表す表現は、典型的な意志を表すもの以外に、願望を表すものの一部も含む。

②日中対照

　以上、本研究の最も重要な軸となる「話し手の意志」という概念について述べたが、本研究のもう一つの重要な側面は、日中対照というアプローチ方法である。すなわち、意志を表す表現について、日本語と中国語を対照しながら考察を行っていく。このようなアプローチによって、異なる言語間に見られる同一の意味カテゴリーを表す表現形式の相違を明らかにし、各表現の特徴や性質についての理解を深めるだけではなく、言語間の類型論的な違いをある程度確認できると思われる。ただし、本研究は日中対照という形をとりながらも、日本語における意志表現の研究を出発点としている。研究の理論や方法は、比較的、意志表現や意志のモダリティについて多く研究がなされている日本語の研究を軸として、中国語と比較する方法を採る。そのうえ

で、文学作品における日中対訳の比較や、対応表現の調査を行い日中対照の手段とする。要するに、日本語と中国語との比較を論述全体にわたって行うことが本書の基本的な姿勢である。

2　本書で扱う具体的な意志表現の形式の範囲

「話し手の意志」を表す表現と「日中対照」の研究方法の二点に基づき、本研究は次の七つの表現、つまり日本語の「シタイ」「シヨウ」「スル」「スルツモリダ」と中国語の「要」「想」「動詞無標形」を研究対象とした。何故、これらの七つの表現を研究対象にするのか。次にその理由を述べる。

まず、本書は表現の意味を扱うもので、モダリティ論を研究の土台としている。そのなかでも、特に意志のモダリティというカテゴリーに注目し、その具体的な表現形式を研究の対象とする。上記の七つの表現形式は、文や発話の中で命題となる対象動作を意欲的に行おうとする話し手の主観的態度を表す点において一致している。もちろんこれらの表現形式は、すべて話し手の意志を表す専用形式であるとは限らないが、少なくとも、話し手の意志を表せる点については従来の研究で既に明らかになっている。意志のモダリティを表せるという点が、これらの形式を研究の対象に選定する最も基本となる理由である。

更に、本書では、意志という意味範疇について、日中対照、特に日本語や日本語の言語理論から中国語を見るという研究立場を基本的に取っている。日本語の文法研究における意志表現についての研究は、特にモダリティ論の観点から盛んに行われている。従来より、意志表現といえば、意志形の「シヨウ」と動詞無標形の「スル」が真っ先に挙げられてきた。更に、「スルツモリダ」も周辺的な形式として、意志表現に仲間入りしている。この事実については、仁田（1991）や森山（1990）などの意志表現についての先行研究が参照できる。

しかし、伝統的な文法研究やモダリティの研究において、意志表現と区別

される願望や希望を表す「シタイ」は何故意志を表す表現形式として「スル」「シヨウ」「スルツモリダ」と一緒に並べられているのか。それについては、次の二つの理由が挙げられる。一つ目は、「意志」という概念と「願望」という概念は切っても切れない関連性があるからである。そもそも、「願望」とは、何かを望んでいる気持ちであり、時には何かに対する意欲も含まれる概念である。その「何か」を「対象動作」に置き換えると、「願望」は「意志」にかなり近づいてくる。従来の研究では、意志表現と願望表現の最も大きな違いは、対象動作や事態を話し手が制御できるか否かという点であるとしてきた。しかし、「願望表現」と言われる「シタイ」は必ずしも実現できない動作や事態を命題内容にするとは限らない。更に、私たちが、日常生活で「～したいと思う」と「～しようと思う」を相似表現として使っていることも、願望と意志のつながりを示している。もちろん、願望表現としての「シタイ」は対象動作の実現に対する姿勢において典型的な意志表現とは異なっている。このような違いを明らかにするためにも、広義の意志の範疇の中で比較する必要がある。二つ目の理由は、本研究が日中対照研究であることから、中国語の意志を表す表現形式との対照を考慮すると、「シタイ」を研究対象に入れることは必要不可欠だからである。そもそも、中国語の文法研究では、意志表現と願望表現とは区分されず、「意願表現」という範疇に統一されている。中国語の意志を表す表現は、同時に「願望」を表す面もある。例えば、「要」は日本語に訳される時、願望表現の「シタイ」にしばしば置き換えられる。このような現象を踏まえると、中国語の意志表現との対照を考える時、「シタイ」を外すことはできないのである。

以上、日本語の意志を表す表現形式として「スル」「シヨウ」「スルツモリダ」「シタイ」を挙げる理由について述べた。では、中国語の意志を表す表現形式として、「要」「想」と動詞無標形を挙げる理由は何か。

中国語の文法研究において、「意願表現」として「要」と「想」以外に、「敢」「肯」「願意」「情願」「楽意」などの多くの助動詞が挙げられる。しかしこれらをすべて扱うと、膨大な量の研究となるだろう。そこで、今回は敢

えて今までの研究の中で、最も多く扱われ、しかも日本語との対照を考える時に特徴の出やすい「要」「想」だけを取り上げることにした。本書は意志表現についての網羅的な研究ではなく、典型的な意志を表す表現形式の特徴を深め、言語間の相違を明らかにすることを目的としている。従って、助動詞の研究において典型的なものとして扱われてきた「要」と、日常生活では意志・願望を表す表現として頻繁に使われる「想」を研究の対象にした。更に、日中対照の観点から、日本語における典型的な意志表現の「スル」形式と比較するために、従来中国語の文法で意志を表す表現として取り上げられなかった動詞の無標形式も考察の対象に入れた。意志のモダリティという意味範疇での考察を通じて、何故日本語の「スル」形式は典型的な意志表現として挙げられるのに、一方の中国語の動詞無標形は意志表現としてあまり言及されていないのかについても明確にしていく。

3　本書の研究対象と内容

　本研究は、意志を表す表現について次のような二つのレベル、四つの段階で考察を行う。二つのレベルとは、意志を表す表現について、文レベルの考察と談話レベルの考察を行うことを指している。更に文レベルにおける意志を表す表現についての考察は、二つの段階に分けることができる。一つは、文の意味的構造における意志のモダリティを軸にし、意志を表す表現形式と意志のモダリティとの関係を明らかにする段階である。もう一つは、意志のモーダルな意味を表す各表現形式そのものを軸にし、これらの表現形式に見られる意志のモーダルな意味と、意志のモーダルな意味以外のモーダルな意味との関係を明らかにする段階である。文レベルの考察は、できるだけ聞き手要素や場面、文脈の影響を考慮に入れない文法的研究を中心とするが、談話レベルにおける意志を表す表現についての考察は、場面や聞き手要素などの発話の意味に対する影響を積極的に取り入れるものである。談話レベルの考察も二つの段階がある。一つ目は、上記の各形式が用いられる意志のモダ

リティを表す文が、発話行為としてどんな機能または効力を持っているのかを明らかにし、談話における機能との関係を考察する。この段階では、対人的機能を持つ対話はもちろん、独話や心内発話の談話における機能が関わる意味にも注目する。二つ目は、意志を表す表現と対人配慮との関係、つまりポライトネスの面においてどのような振る舞いを見せているかについて、考察する段階である。この段階の考察は、一つ目の考察と較べて、意志を表す表現と聞き手との関係について更に考察を深めていくものである。

　以上の内容を踏まえ、本書は序章、終章を含め、全部で七つの章からなる。

　第1章では、本書に関わる先行研究を紹介する。特に、研究の土台となるモダリティ論及び意志を表す諸表現形式の基本的な用法や特徴についての研究を詳しく紹介する。

　第2章では、上記の各表現形式と文の意味的構造における意志のモダリティとの関係について、一人称主体の表示・不表示、対象動作と話し手の関係、非現実性のあり方の三つの面から分析する。

　第3章では、第2章の考察を受け、各表現形式で表す意志のモーダルな意味を細分化し、情意的性質を備えるか、認識的性質[1]を備えるかについて考察する。そのうえで、上記の各形式に多義性を持つものが多い現象を受け、これらの形式による意志以外のモーダルな意味と、意志のモーダルな意味との関係を考える。

　第4章は、各表現形式が話し手の意志のモダリティを表す発話としてどんな機能を持っているのかということについて考察するものである。この章では、第3章で明らかになった各表現形式の情意的性質・認識的性質と談話における機能との関係に着目する。まず、典型的な情意的性質を持つ「シタイ」「ショウ」と典型的な認識的性質を持つ「スルツモリダ」の間に談話における機能の面で明らかな分化が観察される現象を踏まえ、中国語の有標形式の「要」「想」と日中動詞無標形の談話における機能についての考察を対象に加える。この章は、特に意志のモーダルな意味を持つ表現形式が用いられる発話に見られる対人関係機能に着目する。

第5章は、第4章の対人関係機能の延長線上で、意志のモダリティを表す発話に見られる対人配慮に焦点を当てる。この章では、「シタイ」「シヨウ」の対人専用形式の「シタイト思ウ」と「シヨウト思ウ」を典型的なものとして取り上げ、両者の特徴及びコミュニケーションに見られる分化を明らかにする。そして、中国語の意志を表す有標形式の「想」「要」を加えて比較する。日中対訳の方法から、「シタイト思ウ」「シヨウト思ウ」と「要」「想」との対照を行ったうえで、日中両言語の意志を表す表現形式に見られる対人配慮の姿勢の違いを明確にすることを試みる。
　終章は、本書をまとめるものである。

　以上、本書の内容について簡単に紹介した。本書の論述についていくつか説明しておきたい点がある。まず、本書の研究対象としている意志の表現形式についての考察は話し言葉に限定している。本書で挙げている用例も、できるだけ文学作品の会話部分やテレビドラマの台詞から取っている。また、本書は、あくまでも意志のモダリティという意味カテゴリーを中心とする研究であることから、論述を広げ過ぎないように各表現形式の否定の意味や疑問の意味について敢えて扱っていない。現れる用例も全体的に否定や疑問の形を取るものが少ない。

【注】
（1）情意的性質と認識的性質については、第1章を参照されたい。

第1章　意志表現に関連する先行研究

0　本章の内容

　本章では、本書の論述が関わる先行研究と理論について説明しておく。序章で述べたように、本研究は、日中両言語の意志を表す表現形式について、文のレベルと談話のレベルから考察するものである。そのうち、文レベルからの考察は、文の意味的構成における意志のモダリティと意志を表す表現形式のモーダルな意味を中心に検討するが、談話レベルからの考察は、談話における意志を表す表現形式の発話の機能が関わる意味と、コミュニケーションにおける意志を表す表現形式の対人的配慮を中心とする。前者の論述を進めるために、モダリティ論の関連理論と概念をおさえる必要があり、後者の論述を進めるために、発話行為に関連する理論や、コミュニケーションに関連する理論をおさえる必要がある。そこで、第1節では、まず文の意味を中心とするモダリティの関連研究を紹介し、次に談話を中心とする発話に関連する理論を紹介する。最後に、談話レベルの研究においても、一歩語用論に近づく、聞き手への対人配慮に関わる理論を紹介する。そのうち、モダリティの関連理論と概念は、本書の意志表現を考える出発点でもあり、談話レベルにおける機能についての考察の土台でもあるので、重点的に紹介する。第2節では、意志表現についての先行研究を紹介する。まず、日本語側、中国語側の先行研究の主なものを挙げた上、意志表現についての日中対照研究も二つ取り上げる。第3節では、本研究と先行研究との関わりや、本研究の位置づけについて述べる。なお、各章に直接関連する先行研究は、その章ごとに紹介する場合もあるので、本章では、あくまでも全体的な論述を進めるための基本的な理論と概念を中心に取り上げる。

1 関連理論と概念

1.1 モダリティの定義と関連概念

1.1.1 モダリティの定義とカテゴリー

　文の意味を中心とする研究として、まず本書の最も基本的で重要な理論の土台の一つ、モダリティの概念について述べたい。言語学におけるモダリティとは、意味論的カテゴリーであり、命題に対する話し手の心的な態度を表すものとして広く認められている。

　Palmer（2001）[1]では、英語のモダリティについて、「Modality is concerned with the status of the proposition that describes the event（p.1）」と述べている。Palmerはモダリティの対象となる事柄を、「命題（proposition）」と「事象（event）」に大きく分けている。また、モダリティについて、命題的モダリティ（propositional modality）と事象的モダリティ（event modality）に大きく分け、前者は、命題の真偽に対する話し手の判断を表すもので、後者は、起こりうる事象に対する話し手の態度を表すものと述べている。更に、命題的モダリティには、認識的モダリティと証拠的モダリティが含まれ、事象的モダリティには、力動的モダリティと束縛的モダリティが含まれている。Palmer（2001）のモダリティ論の基礎となる概念は、「現実・非現実（realis/irrealis）」と「断言・非断言（assertion/non-assertion）」である。この二つの概念は、モダリティの研究において、基礎となるものである。しかし、非現実性を持つにもかかわらず、「未来」「否定」「疑問」「命令」「推測」「条件」「目的と結果」「願望（欲望）」「心配」[2]などのような意味的カテゴリーは、上述のモダリティの体系の中ではなく、ムードの意味範疇に入れられている。

第1章　意志表現に関連する先行研究

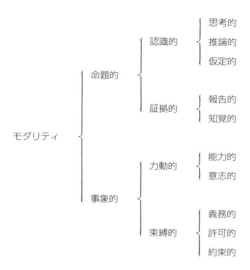

図1　Palmerによるモダリティの体系

　上記の体系図からわかるように、本研究が扱う「意志のモダリティ」は力動的モダリティの下位カテゴリーである。しかし、意志のモダリティに関係が近い「願望」は上記の体系に収められていない。更に、力動的（deontic）モダリティと束縛的（dynamic）モダリティについて、Palmer（2001）は次のような用例を挙げている。

（1）a. John may/can come in now（permission）
　　　b. John must come in now（obligation）
　　　c. John can speak French（ability）
　　　d. John will do it for you（willingness）　　　　　　（Palmer2001:10）

　上記の例文は、約束的モダリティ、義務的モダリティ、能力的モダリティ、意志的モダリティの典型例として、Palmer（2001）で挙げられている。ここで注意したいのは、a〜dは三人称主語の文であることである。つ

11

まり、事象的モダリティは、起こりうる事象に対する話し手の態度を表すものと定義されているが、対象動作に対する話し手の意志的・能力的態度ではなく、三人称主体が対象動作に対して意志や能力を持つという話し手の認識も含まれている。この点において、日本語のモダリティ研究は、大きな違いを見せている。

　日本語におけるモダリティの研究は、「現実・非現実」と「断言・非断言」だけではなく、「話し手の主観性」も重要なポイントの一つである。益岡（2007）では、「文は意味的には事態を表す領域と話し手（表現者）の態度を表す領域からなるが、事態と態度は客観と主観の対立が基本となることから、モダリティを特徴付けるものとして主観性が浮上することになる」（益岡2007：2）と述べている。もちろん、このようなモダリティの主観性という特徴の重視は、日本語自体の特徴にも大きく関わっている。(3)ここでは、日本語のモダリティについての研究として、まず、「主観的・客観的」という対立をモダリティの概念の土台とするいくつかの説を見てみよう。

　仁田（1991b）は、日本語の文の意味－統語的構造を、言表態度が言表事態を包み込むという形と説明している。仁田（1991b）は言表事態を命題と直接規定しなかったが、森山・仁田・工藤（2000）では言表事態は命題（proposition）に当たるというように述べた。しかし、仁田（1991b）は、言表態度が「モダリティ」に当たることを既に指摘している。モダリティについての規定は、以下のようである。

　　〈モダリティ〉とは、現実との関わりにおける、発話時の話し手の立場
　　からした、言表事態に対する把握のし方、及び、それらについての話し
　　手の発話・伝達的態度のあり方の表しわけにかかわる文法的表現であ
　　る。（仁田1991b：18）

　しかし、ここで注意すべきは、仁田のモダリティについての規定は真正モダリティについての規定ということである。発話時、話し手の立場などの条

件から外れる場合は、真正モダリティではないが、モダリティの一種だと考えられている。また、仁田（1991b）によると、モダリティの下位的タイプには言表事態めあてのモダリティと発話・伝達のモダリティがあるとされ、前者は命題めあてのもので、後者は聞き手めあてのものである。両者が並列する関係ではなく、発話・伝達のモダリティが言表事態めあてのモダリティを包み込む形で存在し、言表事態めあてのモダリティのあり方は、その文の発話・伝達のモダリティのあり方によって規定されている。モダリティの体系は、発話・伝達のモダリティと言表事態めあてのモダリティに分けられ、それぞれ以下のように形成されている。

図2　仁田（1991b）によるモダリティの体系

　仁田（1991b）によれば、すべての文は「言表事態めあてのモダリティ」と「発話・伝達のモダリティ」の両方を備えるが、発話・伝達のモダリティを帯びることによって文になるとされている。同時に、発話・伝達のモダリティは文の存在様式でもあり、言表事態めあてのモダリティに対して、優位性、一次性があると言う。仁田のモダリティ論の特徴は、聞き手の存在を重視する点である。

　次に益岡（1991）と益岡（2007）について見てみよう。益岡（1991）は「モダリティという概念を規定するための基本となるのは、主観性の言語化されたものであるという見方である（益岡1991：30）」と述べ、モダリティは表現

者の判断・表現態度を表す形式であると定義している。モダリティと命題との関係やモダリティの諸カテゴリーの間の関係について、モダリティが命題を包み込み、複数のモダリティのカテゴリーの間には、互いに包み込む・包み込まれるという包含関係が成立するとしている。

　益岡（1991）は、日本語の文は、次の図3のような階層的構造をなすと考えている。この図3では、モダリティの階層構造も示されている。

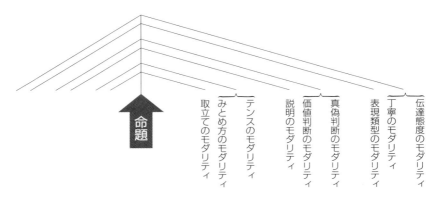

図3　益岡（1991）による日本語の文の階層的構造（益岡1991：44）

　以上の文の階層的構造におけるモダリティのカテゴリーは、命題の右側に現れることが多く、「モダリティの核要素」とされ、それと呼応する性格のものが「モダリティの呼応要素」と呼ばれ、もし顕在すれば命題の左側に現れる。更に、益岡（1991）は、上記のカテゴリーの基本は、「一次的カテゴリーの方が二次的カテゴリーよりも上位の位置を占め、一次的カテゴリーの中では、表系の方が判断系よりも上位の位置占める」と述べている。因みに、上記の文の階層的構造におけるモダリティのカテゴリーは、右側であればであるほど、上位の位置とされている。

　しかし、益岡（2007）は、益岡（1991）を更に発展させ、「構成的モダリティ」という見方を取るようになった。

構成的モダリティの見方を更に推し進めると、命題とモダリティはそれぞれ2つの領域に細分できる。すなわち、命題は事態の中核を構成するところの事態の型を表す領域と事態が実現する時空間——とりわけ時間——を表す領域に、モダリティは事態（命題）に対する判断を表す領域と、発話（表現・伝達）に関わる態度を表す領域——言い換えれば、事態の捉え方を表す領域と文の述べ方を表す領域——に分かつことができる。本書では、これらをそれぞれ「一般事態」の領域、「個別事態」の領域、「判断のモダリティ」の領域、「発話のモダリティ」の領域と呼ぶことにする。（益岡2007：3）

一般事態の領域をP1とし、個別事態の領域をP2とし、判断のモダリティの領域をM1とし、発話のモダリティの領域をM2とし、益岡（2007）による文の意味的階層構造は次のように示すことができる。

(2) [M2[M1[P2[P1]P2]M1]M2]（益岡2007：3）

益岡（2007）による文の意味的階層構造は、益岡（1991）と較べると、大きな変動が見られるが、各カテゴリーの間に包む・包まれる関係を有する点について変わりはない。更に、モダリティのカテゴリーについても修正が行われている。最も下位的なタイプを九つから七つに変更し、一次的なモダリティと二次的なモダリティという概念を使わないようになった。具体的には、次のようになる。

- 判断のモダリティ－真偽判断のモダリティ、価値判断のモダリティ
- 発話のモダリティ
  －発話類型のモダリティ
  －対話のモダリティ：丁寧さのモダリティ、対話態度のモダリティ
- 特殊なモダリティ－説明のモダリティ、評価のモダリティ

図4　益岡（2007）によるモダリティのカテゴリー（益岡2007：5）

仁田説と益岡説は、具体的な研究方法やモダリティのカテゴリーについての考え方では相違が見られるが、両方とも「命題－モダリティ」という文の構造の構図から出発し、日本語のモダリティについて考察を行っているという点では共通している。カテゴリーについての相違点として、仁田がモダリティと人称との関わりに着目したのに対し、益岡は文の構造と意味の関係に重点を置いて考察した。更に、仁田は、モダリティのカテゴリーについて、言表事態めあてと発話伝達という二つの面から説明する。それに対し、益岡はモダリティの諸カテゴリーの関係に着目し、各カテゴリーを一つの階層構造に関連付けている。両説の共通点としては、主観性をモダリティ概念の出発点とすることと、命題だけではなく、聞き手に対する話し手の伝達態度もモダリティのカテゴリーに収めていることが挙げられる。更に、意志のモダリティは、両方とも「発話のモダリティ」のカテゴリーの下位に位置づけられていて、仁田（1991b）では「表出」、益岡（2007）では「発話類型のモダリティ」というカテゴリーに収められている。

　「命題－モダリティ」の対立概念からモダリティを議論したものとしては、更に中右（1994）が挙げられる。仁田、益岡と違い、中右はモダリティの定義について、厳しく「発話時点」という要素で規定している。すなわち、仁田（1991b）が認めている真正モダリティ以外の形や、益岡（1991）が提出した「二次モダリティ」の概念などを認めないという立場である。中右（1994）のモダリティの理論について、見てみよう。

　　　モダリティとは発話時点における話し手の心的態度のことをいう。ここで心的態度とは人間精神の知情意の全領域にわたるあらゆる心理作用を指していう。また発話時点とは瞬間的現在時の意味に解釈されるものとする。（中右1994：46）

　更に、モダリティのカテゴリーについての考えは、次のようにまとめることができる。

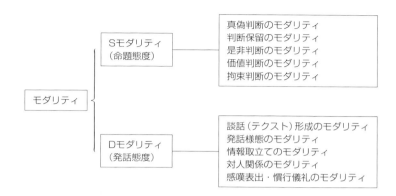

図5　中右（1994）によるモダリティのカテゴリー

　以上、日本語のモダリティ論の研究について、話し手の主観性に着目し、「客観的命題VS主観的態度」という二項対立を出発点とする主要ないくつかの研究を見てきた。上述の研究は、英語のモダリティについての研究と較べると、日本語の特徴を十分考慮したうえ、「現実・非現実」に基づく命題に対する話し手の態度だけではなく、話し手の主観性を強調することによって聞き手の要素を考慮する伝達の態度もモダリティの概念に入れることが特徴的である。「現実・非現実」という二項対立において、話し手の主観性を強調するかどうかは、日本語のモダリティの概念と英語のモダリティの概念と最も異なるところである。

　しかし、日本語の中でも、モダリティが話し手の主観性を表す考え方について反論を示す研究者がいる。尾上（2001）は、話し手の主観性を表すモダリティの概念について、三つの方面から反論を提出した。すなわち、「助動詞は主観を直接に表現するものではない」「主観的な意味がすべてモダリティのものでもない」「モダリティの中には客観的な意味のものもある」（p.468）という点である。そして、尾上は叙法論のモダリティ論を提唱し、「言語学上の本来の『モダリティ』という概念は言表態度や"主観性"一般のことではなく、専用の述語形式を以て非現実の事態を語る時にそこに生ず

る意味ということである」(p.485)。

　尾上はモダリティ（modality）の本来の意味、つまり叙法としてのモダリティから出発し、話し手の主観性を表す要素と認められている「モダリティ」について、反論を出した。基本的には、尾上の考えが欧米語のモダリティの概念に近いと思われる。モダリティについて、奥田（1985）も尾上と同じような意見を示している。ここでは、奥田の見方を挙げることに留める。奥田は、モダリティの概念について、以下のように語っている。

　　《モダリティ》とは、話し手の立場からとりむすばれる、文の対象的な内容と現実とのかかわり方であって、話し手の現実に対する関係のし方がそこに表現される。
　　文はそのもっとも本質的な特徴であるモーダルな意味に沿って、次のように分類されるとしている。
　　Ⅰ述べ立てる文　1）ものがたり文　2）まちのぞみ文　3）さそいかけ文
　　Ⅱたずねる文

　奥田のモダリティに対する考え方は文の対象的内容と現実との関わり方に着目している。尾上もモダリティを規定する時「非現実の事態」をポイントとして述べたが、現実との関わりにおいては奥田と一致しているであろう。「現実・非現実」という二項対立を基礎にする点から、尾上説と奥田説はPalmer説とかなり一致している。
　最後に、中国語におけるモダリティについての考え方と研究を見てみよう。中国語は孤立語として、そもそも語の屈折が存在しておらず、ムードという呼び方もなかった。代わりに、日常生活にも広く使われる「発話の話しぶり・口ぶり(5)」を表す「語気」が文法の項目の一つとして用いられている。中国語における「語気」は、欧米語や日本語で広く認められているモダリティの概念に最も近いカテゴリーである。「語気」についての定義と研究

は、時代の変遷とともに多くの変化が見られるが、基本的に、1940年代から文法カテゴリーの一つとして本格的に体系化された。「語気」という呼び方は、21世紀の初め頃まで踏襲され、21世紀の初め頃になって初めて、モダリティを表す専用の用語としての「情態」に変わり始めた。最近の中国語のモダリティについての研究は、「情態」という言い方が多くなってきたが、研究の内容は、「語気」という言い方が用いられた1980～1990年代の研究をそのまま受け継ぐものが多い。

　中国語におけるモダリティの研究は、三つの段階に分けることができる。まず、中国語自体の特徴を捉える「語気」の体系についての試みであり、呂叔湘（1942）[6]と王力（1943）[7]、胡明杨（1981）を典型的なものとして挙げる。この段階のモダリティの研究は、「命題－モダリティ」の対立がはっきりと認識されていないのである。次に、中国語自体の語気の特徴と欧米のモダリティ研究の理論を結合させた試みであり、劲松（1992）、贺阳（1992）と齐沪扬（2002）が代表的な説として挙げられる。この段階の研究は、「命題－モダリティ」の二項対立は語気研究の基本概念とされるようになっている。最後に、21世紀に入ると、モダリティの研究が中国言語学界において広く関心を集めるようになって、モダリティの術語を「語気」から「情態」に変更する段階である。外国の最も進んだ言語の理論知識を用いた研究として、彭利贞（2007）と徐晶凝（2008）が挙げられる。この段階では、「情態」、いわゆるモダリティの概念について、「命題－モダリティ」の対立が広く認められ、更に話し手の主観性も重視されるようになったのである。特に、徐晶凝（2008）では、命題に対する話し手の態度のほか、聞き手に対する伝達態度もモダリティの重要なカテゴリーの一つとして挙げられている。では、上記の研究を簡単に見てみよう。

　「語気」について明確に定義し始めたのは、20世紀の40年代である。呂叔湘（1942）と王力（1943）が代表的研究者である。呂叔湘は語気を広義のものと狭義のものに分け、それぞれの意味について次のように述べている。

広義の語気は'語意'と'語勢'からなっている。'語意'とは、正と反、定と不定、虚と実などの区別である。'語勢'とは、発話時のストレス（原文：軽和重）とスピード（原文：緩和急）のことである。この二つを除いたら、残るのは狭義の'語気'である。規定してみれば、'概念内容の同じような文が使用目的によって生じた（意味の）相違'と言える。

呂叔湘の語気についての定義は命題やモダリティという概念についてまったく言及していないが、現在のモダリティの定義と共通している部分もある。特に狭義の語気の概念は、「概念内容が同じような文」は命題と解読でき、「使用目的によって生じた相違」というのは発話者の主観性によって生じたものと言えよう。また、狭義の語気のカテゴリーの分類も現在のモダリティのカテゴリー分類にかなり近づいている。

表1　呂叔湘（1942）による語気体系

語意	正と反	肯定
		不定
		否定
	虚と実	実説
		虚説
語気	認識に関係するもの	平述
		疑問
	行動に関係するもの	相談
		祈使（命令・依頼）
	感情に関係するもの	感嘆
		驚き
語勢	ストレス	
	スピード	

　しかし、呂叔湘（1942）は、上記の表に挙げている語気のカテゴリーについて深く論じることがなく、体系の提示に留まっている。また、呂叔湘

(1942)の影響を受け、その後の語気についての研究は、文の機能[8]と結びつくようになった。言語全体を語気の研究対象とする呂叔湘説とは対照的に、王力（1943）は、語気についての研究を語気詞[9]に限定するようにしている。その概念については、「すべての言語で、各種の情緒に対する表現方式が語気である。凡そ語気を表す虚詞は語気詞という」としている。更に、王力は語気について十二類に分け、それぞれ標記とする語気詞を持つと指摘した。下記は王力の分類である。括弧の中は標記としての語気詞である。

表2　王力（1943）による語気体系

確定語気	決定語気（了）
	表明語気（的）
	誇張語気（呢、罢了）
不定語気	疑問語気（吗、呢）
	反問語気（不成）
	仮説語気（呢）
	推量語気（罢）
意志語気	命令・依頼語気（罢）
	催促語気（啊）
	忍従語気（也罢，罢了）
感嘆語気	不平語気（吗）
	論理語気（啊）

　王力（1943）は情緒、すなわち語気詞による伝達態度から語気を解釈し分類したのに対し、呂叔湘（1942）は発話の表現類型から語気について述べたのである。両者とも、「命題-モダリティ」という対立に言及していないが、二人の研究を通じて、語気が初めて明確に定義され、語気体系を築く試みが行われた。これらの研究は現代中国語の語気研究に土台を提供し、その後の研究者は、殆ど、両者が提供している枠組みの中で語気について研究を行っている。胡明杨（1981）は王力、呂叔湘の観点を調和させ、「語気は話し手の気持ちを表すもので、感情表出語気、態度表出語気、気持表出語気の三種に分ける」と述べ、語気の表現手段について、語気詞（語気助詞と感嘆

詞)、イントネーション、語気を表すほかの語句(例えば、副詞の「一定」「可能」など)があるという。胡明楊(1981)は、語気助詞や感嘆詞以外の語気の表現手段を認めているが、論述の中で殆ど言及せず、語気助詞と感嘆詞を中心とした研究であった。

「命題-モダリティ」という対立がモダリティの概念の基礎とされたのは、1990年代からである。勁松(1992)は、語気は叙述内容に対する話し手の文法化された主観的態度のことであるとしている。この見方は、かなり最近の「モダリティ」の概念と一致してきているが、語気の表現手段については、かなり独特の考え方を示している。勁松(1992)は語気の主要な表現手段はイントネーションとストレスという韻律特徴であり、語気助詞、疑問助詞、副詞、固定した疑問形式などが補助手段であるとしている。更に、語気の意味と文法形式の結合によって、北京語を叙述、疑問、祈使(命令・依頼)、情意の四つに分けた上、各発話の語気の類型についてイントネーションとストレスの面から分析した。モダリティについての定義は、かなり現代言語学一般の見方に近づいているとはいえ、研究の対象と方法はやはり伝統的なものである。

賀陽(1992)は《中国語の書き言葉における語気の体系》(原題:試論漢語書面語的語気系統)で中国語の語気体系について系統的に論述した。賀陽(1992)は語気の定義について、次のように述べている。

> 語気(Modality)は文法の形式によって命題に対する話し手の主観を表すものであり、次のように2つの特徴を有する。
> (Ⅰ)意味から見ると、1つの文は命題と語気の2つの部分に分けられる。命題は物事あるいは出来事そのものに対する叙述であるが、語気は文の命題に対する再叙述である。語気は、命題を述べる話し手の目的、命題に対する話し手の態度、評価等、もしくは命題に関わる話し手の感情を表す。
> (Ⅱ)形式から見ると、語気は文法形式によって表される文法的意味

である。ここで言う「文法形式」とは、開放的体系ではなく、閉鎖的体系の言語形式のことである。

　更に、今までのような語気助詞やイントネーションなどを中心とする語気研究と違い、贺阳は語気の表現形式は七つがあると指摘した。それは、「文末においてイントネーションを示す文章記号」「特殊な文の形式」「共起制限、即ち特定の語気と他の言語成分との共起制限」「助動詞及びその否定形式と認められるもの」「語気副詞及びその否定形式と認められるもの」「語気助詞」「感嘆詞」である。これらの形式をもとにし、贺阳は中国語の語気を機能語気、評価・判断語気、感情語気の三つの系統に分けた。三種の語気は互いに排斥し合うものではなく、共起できるものである。

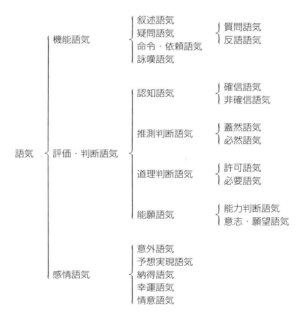

図6　贺阳（1992）による中国語の書き言葉における語気の体系

語気を命題と対立する概念に位置づけ、語気体系にいくつかの階層があり、しかも一つの文にいくつかの語気が同時に現れうるという考え方は賀阳が最も早かった。賀阳の命題の対立概念としての語気の考え方を受け継ぎ、齐沪扬（2002）は語気体系について賀阳と違う考え方を示した。まず、齐沪扬の語気についての定義を見てみよう。

　齐沪扬（2002）によると、語気とは、文法形式によって表される文の命題に対する話し手の主観的意識である。語気の定義には三つの意味が含まれている。第一に、語気は文の表面にあるものである。第二に、表現された語気は話し手の言語行為と緊密な関係がある。第三に、語気は必ず標識を持たなければならない。

　この定義をもとにし、齐沪扬は二つの根拠によって語気について分類を行った。一つは、話し手が文によって達成しようとする交際目的が表現できるか否か、もう一つは、話し手が話している内容に対する態度または感情が表現できるか否かという二つの分類基準である。一つ目の根拠によって、語気を機能類別に分け、二つ目の根拠により、語気を意志類別に分けている。具体的な分類は次の通りである。

表3　齐沪扬（2002）による語気の分類

機能語気	叙述語気	肯定語気
		否定語気
	疑問語気	質問語気
		反問語気
	命令・依頼語気	依頼語気
		命令語気
	感嘆語気	
意志語気	可能語気	蓋然語気
		必然語気
	能願語気	能力語気
		意志・願望語気
	許可語気	許可語気
		必要語気
	予測実現・納得語気	予測実現語気
		納得語気

機能語気と意志語気の関係について、齐沪扬はお互いに対立する関係ではなく、包含的且つ交差的な関係だとしている。「包含」とは、機能語気はすべての文に関わる語気だが、意志語気は話し手が話す内容に対する態度と感情を持つ文にしか関わらない語気だとのことである。「交差」とは、同じ文は機能語気を有すると同時に、意志語気も有しうると述べている。

　齐沪扬説と贺阳説は上位カテゴリーに相違が見られるが、下位カテゴリーの内容から見れば、贺阳の分類の、感情語気のいくつかを除けば、ほぼ同じである。両者の相違の焦点は語気の内容に関わるものより、「評価・判断語気」という呼び方にするかそれとも「意志語気」という呼び方にするかの問題である。もちろん、中国語の語気体系を論じているのは同じだが、贺阳は語気体系を提示するのに留まり、「感情語気」についての分類に客観的な基準があるとは考えにくいのである。齐沪扬は贺阳説を受け継ぎ、比較的厳密に分類し、下位タイプの文法形式についても詳しく論述している。しかし、齐沪扬（2002）の語気についての研究は、最初に語気体系を提起するだけで、その後の論述はやはり今までの語気詞、語気副詞、助動詞の研究が中心で、結果的に文の意味的構造を中心とする研究ではなく、各形式に見られる意味を中心とする研究になっているのである。このような傾向——つまり、モダリティについての研究が結局、助動詞や語気詞などの語彙を中心とする研究になるという傾向——は、中国語のモダリティ研究にずっと見られるものである。従って、贺阳（1992）と齐沪扬（2002）の語気のカテゴリーとしての「意志・願望語気」は話し手の意志・願望を表す文の範疇ではなく、意志・願望の意味を表す助動詞が用いられる文の語気を指している。

　近年の研究では、これまでの研究を受け継ぎ、欧米語の言語理論を加える試みや、西洋研究者のモダリティの研究に基づき、中国語のモダリティ研究を見直す試みが見られる。彭利貞（2007）はPalmerのモダリティについての理論を踏襲し、モーダル動詞（中国語：情態動詞。すなわち従来の助動詞、能願動詞に当たるもの）を対象にモダリティ（中国語では「情態」という）についての研究を行った。彭利貞は、モダリティについて、「情態とは、話し手が文

の命題の真実性及び事態の現実性に対して表す主観的態度である」と述べている。そして、モーダル動詞の意味によって情態を認識（epistemic）情態、道義（deontic）情態、動力（dynamic）情態に分類して、モダリティの語意体系を作り上げた。その上、モダリティ（情態）と情状（situation）、モダリティとアスペクト、モダリティと否定、モーダル動詞（情態動詞）の共起などの面から考察を行った。彭利貞による情態の定義は基本的にPalmerのモダリティ理論をそのまま採用したものである。しかし、モーダル動詞を中心に、モダリティについての研究を行うのは、やはり中国語文法研究において、「語気」に対する基本的な研究方法と言える。彭利貞は情態を一つの文法カテゴリーとして研究するのではなく、もっぱらモーダル動詞の意味について研究を行ったので、モーダル動詞、すなわち伝統的に助動詞と称されるものについて詳細な記述が行われている。

　書面語の形態が比較的把握されやすいため、モダリティについての研究は、書面語を中心に行われてきた。しかし、徐晶凝（2008）は中国語のモダリティに対して、初めて談話情態（discourse modality）という概念を提起した。談話情態についての定義は、徐晶凝ははっきり述べていないが、「談話情態は情態と意態を含む」と指摘した。徐晶凝は、「情態」と「意態」についての解釈を次のようにまとめている。

　　　情態は主に話し手の認識という主観性に関わっている。話し手の認識は命題に対する真実性の承諾であり、命題の真実性の可能性または必然性の態度である。
　　　意態は話し手が文を通して表す聞き手に対する態度であり、言語の間主観性（intersubjectivity）に属するものである。間主観性は主観性の一種であり、話し手が言語形式に残された聞き手への関心を表すマークである。

　上述の規定からわかるように、徐晶凝はモダリティを命題あての「情

態」と聞き手めあての「意態」の二つに分けた。「情態」については、彭利貞（2007）と同じようにPalmerなどの西洋言語学者のモダリティ観を受け継ぎ、「情態」に認識（epistemic）情態、道義（deontic）情態、動力（dynamic）情態があると述べている。「意態」については、中国語の語気助詞についての研究を受け継ぎ、「語気助詞」を表現手段としている。更に徐晶凝は「文の類型（sentence type）」「語気（mood）」「語気助詞」「モーダル助動詞」「モーダル副詞」をモダリティの研究対象とした。そして、徐晶凝は中国語の「形式－意義」の関連によって、四つのモダリティの体系を規定した。

(3) 徐晶凝（2008）によるモダリティの体系
・叙述－命令・依頼文によって表される言語行為の語気体系
・語気助詞によって表される伝達態度の語気体系
・モーダル助動詞（modals）と核モーダル副詞（central modal adverb）によって表される情態程度（degree）及び可能（possible）応然・将然を区別する体系
・周辺的なモーダル副詞（marginal modal adverb）を中心とする評価の情態体系

　徐晶凝は西洋研究者や日本語の研究者のモダリティ研究の成果を活用する一方、中国語のモダリティ研究における伝統的な考え方も受け継ぎ、中国語の実態と照らし合わせて、集大成のようなモダリティの体系を構築しようとした。しかし、扱う内容が多過ぎ、そのうえ一つの基準で体系を整理していないため、モダリティ体系としての全体性がなく、結局文の類型、語気助詞、助動詞、モーダル副詞などを「モダリティ」という概念で統一するだけで、それぞれ単独に考察を行ったに過ぎない。四つの体系がどのように関わっているか、何を通してつながっているかについてもあまり論述されていない。また、術語をはっきり定義せずに使っている場合が多いため、意味不明あるいは誤解しやすい恐れがある。例えば、徐晶凝は「語気（mood）」を

「形態変化を持つ言語で動詞の屈折を通して話し手の主観的態度と考え方を表す文法範疇のことである」と規定した。その規定によれば、中国語に「語気」という文法範疇はないという結論になるが、しかし、モダリティ体系について描写するに当たり、徐晶凝はやはり「語気」という言い方を使った。明らかに徐晶凝がモダリティ体系に使う「語気」は、上述の規定と違うが、しかし、この場合の「語気」の概念及び意味について徐晶凝は特に説明していない。今までのモダリティについての研究は文の類型、助動詞及び語気助詞を中心としたものが多かったが、徐がモーダル副詞のモーダルな意味に気づき、モダリティの研究内容に加えたのは評価すべき点であろう。

　以上、中国語のモダリティについての研究の発展状況をいくつかの代表的なものを取り上げて見てきた。全体的に言えば、中国語のモダリティについての伝統的な研究は二つの方向があり、一つは語気詞やイントネーションなどについての研究であり、もう一つは、文の機能による発話類型（陳述か疑問か祈使〈命令・依頼・使役〉か感嘆か）の研究である。この二つの内容は、1990年代までの語気の体系についての研究にずっと受け継がれている。一方、西洋のモダリティ理論、特にPalmerなどの研究者の影響で、助動詞についての研究はモダリティ研究の主流となってきて、モダリティについての呼び方も「語気」から「情態」に変わり始めている。しかし、中国語におけるモダリティの研究は、「命題－モダリティ」という二項対立を基礎にするようなものが少ない。というのは、モダリティの研究は、モダリティ（語気、情態）に集中しているが、その対立概念としての「命題」についての定義はそれほどはっきりしていない(10)。また、聞き手要素について、語気についての伝統的な二つの研究内容を見てわかるように、中国語の語気についての研究は最初から聞き手の存在が前提とされ、聞き手への伝達態度を重視するものである。単なる命題に対する話し手の主観的態度を表すモダリティは、むしろ最近になって初めて論じ始めたのである。

1.1.2　本書のモダリティ論における立場

　ここまでは、モダリティについての研究、特に日本語と中国語のいくつか主要な説について見てきた。全体的に言うと、日中両言語のモダリティについての考え方と研究は次のような相違が見られる。

　まず、日本語のモダリティ研究は、構文研究、つまり陳述論に基づくものである。時枝（1941）の「詞」と「辞」の考え方や、渡辺（1949/1957）の「叙述」と「陳述」の考え方にさかのぼることができる。そもそも最も典型的な「辞」が「終助詞」であるので、日本語のモダリティ論を講ずる場合、聞き手への伝達機能は避けられない部分となっているのである。一方、中国語の「語気」研究も同じような傾向が見られる。「語気」はそもそも「口ぶり、話しぶり」という意味で、聞き手への伝達が念頭に置かれるものである。従って、中国語の「語気」研究の原点が文の機能と語気詞であり、今までの中国語のモダリティ論では、この二つの内容を殆ど避けることができなかったのである。

　とはいえ、日本語と中国語では、モダリティ論における聞き手の要素の扱い方がまったく違う。日本語は、聞き手に対する伝達態度をモダリティの一環としているが、中国語は、あくまでも、文の機能や語気詞による話し手の伝達意図をモダリティの内容としている。

　次に、両言語の最も新しいモダリティ研究を比べて見ると、日本語のモダリティ論は、文の意味的構成における「事態を表す領域と話し手（表現者）の態度を表す領域」の対立を「命題－モダリティ」の対立とし、「話し手の主観性」や「現実・非現実」などをモダリティ概念の基礎として非常に重視しているが、それに対し、中国語は、概念の段階では「命題－モダリティ」「現実・非現実」という対立や「話し手の主観性」を認めながら、モダリティのカテゴリーについて論じる場合あまり強調しない傾向が見られる。従って、具体的なモダリティのカテゴリーの論述となると、文の意味を中心とするのではなく、個別の助動詞や語気詞の語彙の意味用法の研究が多くなりがちである。

以上の比較を通して、本書のモダリティ論における立場を確立したいと思う。その前に、次の二点を明確にしたい。まず、本書は日本語の意志を表す表現についての研究を出発点とし、それに基づき中国語の意志を表す表現との対照を行うものである。次に、本書は意志を表す形式についての個別の考察ではなく、意志のモダリティのカテゴリーで統一された一連の典型的な表現を連続のものとして考察を行いたい。以上の二点に基づき、本書は、日本語のモダリティ論、特に、仁田（1991）と益岡（1991、2007）を理論の土台にする。そして、意志を表す表現形式を中心とする研究で、基本的に意志のモダリティというカテゴリーを中心とする。仁田（1991）と益岡（1991、2007）は、意志のモダリティを発話類型や表出のモダリティの下位カテゴリーとして扱い、命題に対する話し手の主観的態度だけではなく、聞き手の要素もカテゴリーに含まれている。しかし、本書は、上述のような考え方を認めながら、聞き手の要素によって意志のモダリティの表現形式が現れる意味・機能を、談話レベルで発話の行為が関わる機能の意味として、文におけるモダリティの意味とは区別して論述したい。

　意志のモダリティについてより深く理解するために、本研究に関わるいくつかの重要なモダリティに関する概念を次の節で紹介しておく。

1.1.3　モダリティの関連概念

　この節では、論述を進めるために必要とされるいくつかのモダリティに関する重要な概念を紹介しておく。

　　①現実・非現実

　「現実・非現実」という概念は、恐らくどんな言語にしても、モダリティに言及する時、最も基本的な概念となるだろう。

　益岡（2007）では、「現実－非現実」の対立は、「事態の捉え方において、当該の事態（命題）を現実的なものとして捉えるか非現実的なものとして捉えるか（p.4）」という捉え方の対立を意味しているとしている。更に、「現実

－非現実」の対立と関連して、事態の真偽に関する「真偽判断のモダリティ」は「断定－非断定」という対立が問題となり、事態の是非に関する「価値判断のモダリティ」には「現実像－理想像」という対立が問題となるとし、これらは「現実－非現実」の対立として一般化することができるとしている (p.4)。

　本書が扱う「現実－非現実」の意志のモダリティとの関わりは、次の通りである。まず、意志のモダリティの対象動作が現在時制で未実現のものであることは、意志のモダリティを表す表現形式の非現実性につながっているのである。次に、意志のモダリティを表す表現形式は意志のモーダルな意味以外に、判断なども表せる多義性を持つものが多い。その多義性と大きく関わっているのは、各表現形式が持つ非現実の性質である。

②主観性

　主観性については、二つの面から説明しておきたい。一つは、益岡 (2007) による「命題－モダリティ」という文の意味的構造における主観性についてのアプローチであり、もう一つは、池上 (2003、2004) による「主観性」についての認知言語学からのアプローチである。モダリティ論における主観性の問題は、モダリティの概念やカテゴリーを考えるために必要とされるが、認知言語学における主観性の概念とその言語的指標は、モダリティ形式に見られる形式や言語による主観性の程度差などの相違をはっきりさせるために必要であると思われる。

　益岡 (2007) では、主観性の問題について次のように取り上げている。

　　主観性の問題とは、「客観的な事態 (命題) vs.主観的な態度 (モダリティ)」という基本的構図に関係する。つまり、事態の捉え方、文の述べ方は基本的に主観的な性格のものであるということである。前著ではこの点を「「モダリティ」という概念を規定するための基本となるのは、主観性の言語化されたものであるという見方である。言い換えれ

ば、客観的に把握される事柄ではなく、そうした事柄を心に浮かべ、ことばを表す主体の側に関わる事項の言語化されたものである、という見方である」(p.30) というように述べたのである。(益岡2007：6)

一方、池上（2003、2004）では、言語における主観性について、〈主観的な事態把握の仕方（に基づく発話）〉と規定している。更に、〈主観的な事態把握の仕方〉ということに関して、〈自己中心的〉な視点で事態が〈体験〉として把握されることであると説明している。また、池上は〈自己中心〉について次のように解釈している。

〈自己中心〉という限定は、事態把握の仕方がもっぱら〈自己〉対〈他者〉という構図に基づいているということを意味する。そのような構図では、自己は常に自己同一性を保つ存在として振舞う。このような〈自己〉にとっては、発話の場にあっては〈自己〉以外はすべて〈他者〉であり、たとえ発話の場がたまたま対話の形を取っている場合でも、通常なら〈2人称〉として一般の〈他者〉とは別扱いされる対話の相手というものも〈他者〉扱いである。(池上2003：19)

上の論述に現れる「自己同一性」は「自己の客体化」と対になる概念である。後者は自己が自己を他者並みに扱うということが起こっているが、前者は、自己の他者化が起こっておらず、自己は意識の主体として自己同一性を保ち続ける存在である（池上2003）。つまり、池上は上述のような〈主観性〉にまつわる営みに従事する主体として、〈発話の主体〉と〈認知の主体〉という二つの側面を考えているのである。また、池上（2004）では、〈主観性〉の言語的〈指標〉について、類型論的に把握しようとする姿勢をとりながら、日本語という言語を中心に、どのような言語的特徴を見出しうるかを検討したのである。

「主観性」は近年の中国語の言語研究においても大きな課題の一つであ

る。中国語の「主観性」についての定義は、ほぼLyonsを受け継ぐものである（沈2001）。近年、日中言語間の表現形式に見られる主観性の研究も多く行われている。本研究は、日中両言語の意志のモダリティや意志を表す表現形式の相違について、上述のような「主観性」の観点からもアプローチをしたい。

③モダリティとモーダルな意味

表現のモーダルな意味は普通モダリティと考えられるが、しかし本書ではモダリティとモーダルな意味を区別して扱う立場を取る。モダリティは、先行研究で述べられているように、命題の対立面にある概念である。従って、本書で「モダリティ」という言い方をする場合は、モダリティ形式とその関連要素を全部含む文の意味的構造を意識しているが、各表現形式のモーダルな意味に言及する場合、同一表現形式に現れる多義的なモーダルな意味を意識している。前者は、文の意味的構成としての表現の意味を指しているが、後者は、表現形式自体に備わるモーダルな意味を指している。

④無標形式・有標形式

本研究で問題にする意志のモダリティを表す表現形式を論じるために、無標形式と有標形式という対立概念を説明しておく必要がある。というのは、意志のモダリティを表す表現形式には、無標形式（主に動詞の基本形）もあれば、助動詞などの有標形式もあるからである。

意志のモダリティを考える時、文法的意味における無標形式と有標形式との関係について、仁田（1997）と益岡（2007）は大きな示唆を与えている。

両者とも「文法的カテゴリー」の形成における意義から無標形式と有標形式について論述している。仁田は「文法カテゴリー」について、次のように説明している。

> 統合的（syntagmatic）とは、一つの統一体的全体を顕在的に構成する

快適構成要素間の関係である。統語の関係にある二者は、一つの構文（話線）上に並存・共立（both-and）する。系列的（paradigmatic）とは、同一のポジション・資格で統一的全体を構成する要素が、一つの類・クラスを形成する時の関係である。系列の関係にある二者は、一つの構文（話線）上では排他・対立（either-or）する。

　同一の統合上の地位を占め、対立・排他的に実現する要素は、その統合上の地位に与えられた類・クラスとしての意味を共有し、種としての意味を異にしている。それらは、類・クラス的意味を共有していることによって、一つの《文法的カテゴリ》にまとめられる。〈非過去〉と〈過去〉といった文法的意味は、「ル」と「タ」で表示され、ともに、言表事態の成立時と発話時の先後関係を表すものとして、《テンス》といった文法カテゴリを形成するメンバーをなす（仁田1997：23）。

また、無標形式と文法カテゴリーの関係については、次のように言及している。

　文法カテゴリの抽出にとっては、無標（unmarked）の形式に、どのような文法的意味をどれぐらい読み取れるのかが、大いに問題になる。（仁田1997：23）

更に、有標形式と無標形式との関係については、次のように述べている。

　「有標の形式は有標であることによって、その文法カテゴリーが有している類的な文法的意味を積極的に帯びているが、無標の形式は、無標であることによって、類的な文法的意味から解放されることがある。（仁田1997：25）」

益岡（2007）は、仁田（1997）の「文法カテゴリー」の概念を受け継ぎ、

文法カテゴリーを形成するための無標形式と有標形式の関係について、「対立の関係」にあると述べ、「選択性・必須性によって特徴付けられる関係」と説明している。また、文法カテゴリーの形成には関わっていないが、無標形式と有標形式の間に「付加による関係」もあると指摘した。「付加による関係」は、つまり「要素の付加がかかわる関係」である。本書で問題にしている意志のモダリティを表す無標形式と有標形式は、意志のモダリティのカテゴリーに限定されたものなので、お互いに「付加による関係」にあると思われる。更に、益岡（2007）は標識の有無がこれらの形式の文法的意味にどのように反映されるのかについて論述した。それについて、次のようにまとめることができる。

　　　有標形式は特定の標識を持つことによって、特定の文法的意味を表す。
　　　　　　　　　　　　　　　　　　→内在化された絶対的な意味
　　　無標形式は特定の標識を持たないので、形式自体に特定の文法的意味
　　が刻印されていない。　　　　　　→内在化されていない相対的な意味

　本研究で問題にする意志のモダリティを表す表現形式については、無標形式と有標形式の対立がモダリティのカテゴリーの内部だけではなく、発話としての機能が関わる意味などに見られ、意志のモダリティを表す形式を考える時に避けることができないものである。

⑤情意的・認識的
　まず、この用語は仁田（1991b）に基づくものであると断っておきたい。「情意・認識」という対立の考え方の理論的基盤となるのは、仁田（1991b）の言表事態めあてのモダリティについての考え方である。仁田（1991b）では、言表事態めあてのもモダリティは大きく情意系の〈待ち望み〉と認識系の〈判断〉に分かれるとしている。更に、情意系の待ち望みを有しているのは、〈働きかけ〉と〈表出〉といった文類型であるとされている。〈意志〉や

〈希望〉や〈願望〉はその下位タイプであると指摘されている。また、認識系の判断は、「言表事態に対する話し手の認識的な態度のあり方を表すもの」（仁田1991b：59）としている。実は、このような「認識・情意」の対立は意志という概念自体にも見られる。

　本研究で言及する「情意的性質」と「認識的性質」は、基本的に仁田（1991b）と同じものである。ただし、仁田（1991b）は、モダリティのカテゴリーにおいて「情意系」と「認識系」を検討し、「情意系」を「待ち望み」を有する表現に限定し、「認識系」を「判断」に限定しているが、本研究ではそのような限定は与えない。

　われわれが日常生活で何かについて発話する時、少なくとも、二種類の発話タイプが考えられる。一つは、話し手の即座のリアルな感情によるもの、もう一つは、話し手の知性の判断によるものである。前者は、話し手の感情や気持ちを表し、より主観性が高い表現であるが、後者は、話し手の理性判断や知識を表し、より客観性の高い表現と言えるだろう。次の例を見てみよう。

　　(4)　うれしい！
　　(5)　今日は月曜日だ。

　本研究で考えている情意的性質と認識的性質とは、前者は話し手のリアルタイムの感情表現に近い性質、後者は話し手の知識伝達に近いという性質である。もちろん、そもそも感情と知識は、人間の脳の中でくっきり区別できるものではなく、一つの表現にどちらの要素も入る状況も考えられる。従って、本研究で言及する情意的性質と認識的性質は絶対的なものではなく、あるカテゴリーや意味範疇の中で、より感情表出に近いものを情意的な表現とし、より知識伝達に近いものを認識的な表現とするものである。情意的性質と認識的性質を一つの連続体と考えれば、感情表現と知識伝達表現は、まさにその両極に据わる。本書の研究対象とする意志表現は、表現そのものは情

意的な表現であるが、そのなかにはより情意的性質が顕著なものと、より認識的性質が顕著なものがあると考えられる。

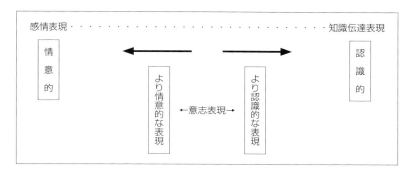

図7　意志表現と情意的・認識的性質

　意志表現により情意的なものとより認識的なものがあるという考え方は、哲学における「意志」についての論争でも証明されている。「意志」は一般的に、意識的にある行為を実現させようとする心的能力あるいは精神的な働きとされ、知識、感情に対立するものと考えられ、合わせて「知情意」と呼ばれる。従来の「意志」と、「知識」や「感情」との関係について、『世界大百科事典第2版』には、次のように記述されている。

　　この意志が知性や感情といった他の心的機能といかなる関係にあるかという点については，哲学者や心理学者のあいだでも意見が分かれ，それぞれを自立した機能と見る知情意三分法（J.N.テーテンス）や，意志は表象や判断のような知的機能から生ずると考える主知的立場（プラトン，デカルト），意志を感情の一種と見るか，あるいは少なくとも感情によって動機づけられると見る主情的立場（ブント），逆に感情を意志過程の反映と見る立場（W.ジェームズ），意志を自我にかかわる欲求と考える立場（F.E.ベネケ）などさまざまである。(2-p.237)

従来の哲学者や心理学者の「意志」と、「感情」や「知的機能」との関係についての意見の分岐は、まさに、「意志」の複雑性を物語っている。というのは、「心的能力」や「精神的働き」としての「意志」には「感情」によるものと解釈しやすいものもあれば、「知的機能」、つまり「認識」によるものと解釈しやすいものもあるからである。例えば、単純に「行く」という動作を行おうとする心理状態は、「どうしても行きたい」という抑えられない感情そのままの表示の場合も考えられれば、感情とは別に「行くことになっている」という認識の表示の場合も考えられる。このような二つの側面の存在は、意志表現に対して情意的性質・認識的性質から考察する原点となっている。

　更に、益岡（2007）は、不定真偽判断が大きく「認識系」と「感情系」に二分できるということを指摘している。事態の真偽に関する認識のあり方を表すものを「認識系」と呼び、話し手の感情が関与しているものを「感情系」と呼ぶとしている。このような区別は、本研究で扱う情意的・認識的性質と同じであると考える。

　この「情意的性質」と「認識的性質」との対立は、意志を表す表現形式に見られる、具体的な意志のモーダルな意味のタイプや、談話における機能が関わる意味に大いに関係している。より情意的な意志表現とより認識的な意志表現との相違について、後の章で意志表現の具体的な形式を取り上げながら、詳しく検討していく。

1.2　発話に関連する理論[12]

　前節では、本書に関わるモダリティ論とその関連概念についての先行研究を明確にしたが、この節では、意志のモダリティを表す表現が、談話レベルにおいて、つまり聞き手や場面などの要素が関わってくる発話行為としての段階でどんな機能が生じるかを考える時、必要とされる先行研究の理論を紹

介しておく。この節では、Austin（1962）、Searle（1969）、山梨（1986）を参考にして、発話行為の基本的な考え方を見てみる。

　われわれは日常生活で発している言葉には、言葉を発するとともに、その言葉を表す行為が遂行されるものがある。例えば、次のような発話は、その例である。

　　(6)　I name this ship the Queen Elizabeth.（山梨1986：10）

　例6のような発話は、発話行為の研究対象となる遂行的発話である。発話行為の研究の起点となるAustin（1962、日本訳1978）は、上記の例6のような発話に見られる遂行的側面を明らかにしようとする研究である。
　Austin（1962）によると、発話行為の基本的な側面は次のように区別することができる。

　　(7)　ⅰ．発語行為（locutionary act）
　　　　ⅱ．発語内行為（illocutionary act）
　　　　ⅲ．発語媒介行為（perlocutionary act）

　この中の「発語行為」は、何らかの言語表現を発する行為である。「発語内行為」は、「発語行為」に基づいて何かを言いつつ遂行される別の次元の行為である。一般に、ⅰの発話行為を介し、命令、約束、依頼、質問、報告等の「発話の力（illocutionary force）」を伴う行為が遂行される。命令、約束などの行為は、「発語内行為」に相当する。また「発語媒介行為」は、この「発語内行為」を介し、何かを言うことにより何らかの効力をその結果として生み出す行為を指す。以上のⅰ～ⅲのタイプの行為のうち、発話行為の研究で特に問題とされるのは、ⅱの発語内行為である。通常、「発話行為」と呼ばれるものである。[13]
　更に、様々な発話行為の基本的な特徴を反映する遂行動詞の基本範疇と関

連して、発話行為は、「a.問題の基本的な発話目的 b.その発話内容としての命題Pとその発話が関わる事態、状況との相互関係（山梨1986：21）」に基づき、発語内行為は次のように概略的に分類できる。

(8) ⅰ．陳述表示型
   a.事態、状況の記述、情報提示。
   b.既に存在している事態、状況に適合させてPを述べる。
 ⅱ．行為指導型
   a.聞き手に所定の行為の義務を課し、それを行わせる。
   b.これから出現すべき事態、状況Pに適合させて新たな世界を構築する。
 ⅲ．行為拘束型
   a.話し手が所定の行為を行う義務を負い、これを行う。
   b.これから出現すべき事態、状況Pに適合させて新たな世界を構築する。
 ⅳ．態度表明型
   a.話し手による事態、状況Pに対する心的態度の表明。
   b.事態、状況Pの存在は前提とされている。
 ⅴ．宣告命名型
   a.事態、状況Pで表せるような新たな世界の構築。
   b.Pと世界との間に、制度的、慣習的な適合関係をもたせる。
    （山梨1986：21〜22）

 もちろん、上述のような分類はあくまでも概略的なもので、実際の発話行為を見る時は、更に下位区分ができる。
 更に、発話行為は文法的な規則に制約されているのではなく、社会的規範に制約されているので、適切に遂行されるために一定の条件が満たされなければならない。Searle（1969、日本訳1986）は発話行為を個別に特徴づける適

切性条件を次のように提案している。

(9) ⅰ. 命題内容条件（Propositional Content Condition）：問題の発話の命題内容が満たすべき条件
　　ⅱ. 準備条件（Preparatory Condition）：発話の参与者、場面ないし状況設定に関する条件
　　ⅲ. 誠実条件（Sincerity Condition）：発話者の意図に関する条件
　　ⅳ. 本質条件（Essential Condition）：問題の行為遂行の義務に関する条件

(9) の各条件の具体例として、山梨（1986）で挙げている依頼型と約束型の発話行為の規定を見てみよう。

(10) Request (X, Y, P)
　　ⅰ. 命題内容条件：PはYによる未来の行為を示す。
　　ⅱ. 準備条件：(a) XはYがその行為を実行する能力があると信じている。
　　　　　　　　(b) XにとってYがその行為をするかどうかは自明でない。
　　ⅲ. 誠実条件：XはYによるその行為の実行を欲している。
　　ⅳ. 本質条件：Yはその行為の実行の義務を負う。（山梨1986：42）

(10) の具体的な例として、次の (11) が挙げられる。

(11) I request you to solve the problem.（山梨1986：42）

因みに、上記の依頼型の準備条件に「上下関係から見て、XはYよりも優位」を付け加えると、命令型の規定になる。約束型の発話行為の規定は次の

通りである。

 (12) Promise（X, Y, P）
  ⅰ．命題内容条件：Pは、Xによる未来の行為を示す。
  ⅱ．準備条件：(a) XはX自身がその行為を実行する能力があると信じている。
      (b) YにとってXがその行為をするかどうかは自明でない。
  ⅲ．誠実条件：Yは、Xによるその行為の実行を欲している。
  ⅳ．本質条件：XはYに対してその行為の実行の義務を負う。
（山梨1986：44）

 (13) I promise that I'll solve the problem.

　本書における、発話行為としての意志のモーダルな意味を表す表現が用いられる発話の機能（力）については、必ずしも、上記のような規定を明示するとは限らないが、本質的には、上記のような各条件が満たされる前提で、談話における発話行為の機能に言及している。
　しかし、実際のコミュニケーションの場面では、常に、例11、13の発話のように文字通りの意味が相手に直接伝えられるとは限らない。

 (14) Can you solve the problem for me?

　例14は、文字通りには、疑問の発話であるが、同時に例11と同じ依頼の発話の力を持っているのである。このような間接的発話行為も発話行為の研究の中で重要な部分である。そもそも、日常生活の中では、発話行為を通じてある目的を達成させようとする時、聞き手との関係を考慮したうえ、例11のような直接的な依頼行為より、むしろ例14のような依頼行為が多く見られる。意志のモーダルな意味を表す表現が用いられる発話も、表面上は話し手

の意志そのものを表出していると同時に、聞き手に対して他の発話の機能を果たしている。それについては、第4章で詳しく論述する。

1.3　コミュニケーションに関連する理論

　聞き手要素が重視される談話レベルにおける意志を表す表現形式についての研究は、もう一つ大きな課題が挙げられる。すなわち、意志のモーダルな意味を表す表現と聞き手への対人配慮、いわゆる丁寧さの問題である。日本語はそもそも敬語システムが発達している言語で、聞き手に配慮するような表現が多々見受けられるが、中国語にはそういった現象が殆ど見当たらない。聞き手が存在する対話の場合、対人関係の振る舞いにおいて両者がどんな違いを見せるかは、第5章で論じたい内容である。それに関わる先行研究は、まず話し手の領域と聞き手の領域に関連する理論として、日本語の研究を中心とする神尾（1990）の情報のなわ張り理論や鈴木（1989、1997）の「話し手の領域・聞き手の領域」理論が挙げられる。更に、言語一般の理論として、Brown & Levinson（1987）のポライトネス理論が挙げられる。上記の各研究については第5章で詳しく説明するので、この節では簡単に提示するに留める。

2　意志表現についての先行研究

　序章で既に言及したが、本書で扱う意志を表す表現形式は全部で七つある。具体的には、日本語側は動詞無標形の「スル」、助動詞形式の「ショウ」「シタイ」、形式名詞が用いられる「スルツモリダ」形式の四つの表現であり、中国語側は、動詞無標形、助動詞の「要」「想」の三つの表現である。
　この節では、日本語と中国語の意志を表す表現についての先行研究を紹介しておく。まず、日本語の意志表現についての研究の主要なものをいくつか挙げ、次に、中国語の意志表現についての先行研究を取り上げる。最後に、

数は少ないが、意志表現についての日中対照研究を取り上げる。

2.1　日本語の意志表現について

　日本語のモダリティの研究においては、意志のモダリティについてのかなり高度な研究が行われている。この節では、意志表現や意志のモダリティについて今までの研究によって明確にされた特徴をいくつか紹介していきたい。

　①「スル」と「シヨウ」の叙法論的性格
　尾上（2001）はウ・ヨウの用法と動詞終止形の用法について、細かく分析を行った。特に両者の対応関係について、次のような表で示している。

表4　ウ・ヨウの用法と動詞終止形の用法との対応関係（尾上2001：425）

	平叙文終止法	疑問文終止法	非終止法
未然形＋ウ・ヨウ	〈推量〉〈意志〉（〈命令〉）	〈可能性〉〈妥当性〉〈事態一般化〉	〈可能性〉〈妥当性〉〈事態一般化〉〈目的〉〈予想内容〉〈仮定〉〈選択肢〉
終止形	a〈確かな予測〉 b〈予定〉 c〈意志・意向〉 d〈状態動詞〉〈現在の描写〉 e〈事態の存在告知〉（〈眼前〉描写を含む） f〈真理・習慣・習性・傾向〉 g〈命令〉	a,b,c,d(f)に対応するもの 〈可能性〉 〈妥当性〉 〈事態一般化〉 （動詞概念の単なる表示形）	（動詞概念の単なる表示形）

　尾上は、「未然形＋ウ・ヨウ」と動詞終止形の叙法としての性格について、「未然形＋ウ・ヨウ」は意志・推量のマークであり、「非現実事態を言語化しているのみ（p.426）」としている。一方、尾上（2001）は動詞終止形については、「事態構成形式に過ぎない（p.427）」とし、「ただ、古代語では、現実事態の構成に限られていたのが、現代語では現実事態にも非現実事態にも用いられるようになった（p.427）」と述べている。

第1章　意志表現に関連する先行研究

②聞き手とのかかわり方について

仁田（1991a,b）は意志の表現として「シヨウ」「スル」「スルツモリダ」の三つを取り上げ、〈聞き手存在会話〉〈聞き手不在会話〉という基準で考察を行った。考察手段として〈「～ト思う」テスト〉と〈「～ト言う」テスト〉が使われる。その結果は次の表で示されている。

表5　仁田（1991a,b）の意志表現と聞き手存在との関係について

			聞き手存在会話	聞き手不在会話
スルツモリダ形			○	
スル	（中心となる使い方）		○	
	（その他）シテヤル・スルゾ			○
シヨウ	誘いかけのシヨウ形		○	
	行為提供の申し出のシヨウ形		○	
	話し手意志のシヨウ	（中心となる使い方）	○	
		（その他）独話化、先行発話に対する反応など		○

上記の表からわかるように、「スルツモリダ」と「スル」は聞き手存在の用法が中心で、「シヨウ」は聞き手不在の用法が中心とされている。このような考え方は、広く認められている。森山（1990）も表現の伝達性という視点から「シヨウ」「スル」について考察した。森山が言及している「伝達性」とは、「聞き手を要求するかどうかということをめぐる問題」であり、仁田の「聞き手存在・不在」と着目点が少し違う。しかし、森山（1990）では意志形（シヨウ）について「聞き手がある場合とない場合がある」とし、単純形（スル）について「必ず聞き手が必要だ」としており、仁田（1991a,b）とほぼ一致している。

また、安達（1999）も意志のモダリティについて、「聞き手の存在・非存在」という考え方を受け継ぎ、その上、「独話か対話かという観点に加えて、聞き手に対する関係に着目して用法を整理」（p.14）した。安達は意志のモダリティを中心的な形式と周辺的な形式に分けた。中心的な形式というの

45

は、動詞の意志形「シヨウ」と基本形「スル」の二形式である。周辺的な形式とは、「ツモリダ」「気ダ」のような形式名詞由来の形式である。中心的な形式の用法については、安達は下記のように整理した。

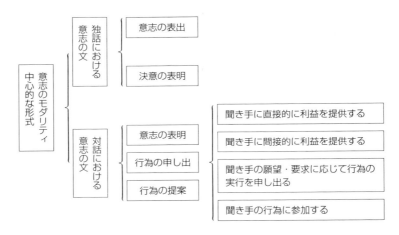

図8　安達（1999）の意志のモダリティの中心的な形式の用法

更に、安達（2002）では、意志のモダリティを表す「シヨウ」と「スル」の発話における機能についても言及している。

　　動詞の意志形「しよう」は話し手がその行為の発動を心内で決めたことを表す非対話的な〈意志の表出〉を基本的な用法とするが、その行為が聞き手に関係づけられることによって対話でも使えるようになり（〈決定の表明〉〈行為の申し出〉）、さらに聞き手を行為者に取り込む（〈促し〉〈提案〉〈引き込む〉）ことによって機能を拡張させる。
　　「する」は本来意志を表す形式ではないが、話し手の未実現の意志的行為に言及する場合に意志の側面が前面に出ることがある。その機能としては、発話現場における宣言という伝達態度を表す〈意志の宣言〉、心内において意志の実行を確認することを表す〈決意の確認〉がある。

(宮崎2002：40,41)

聞き手存在は、従来より意志のモダリティを考察する時の無視できない要素の一つである。そもそも、意志のモダリティはモダリティのカテゴリーの中で「発話類型」や「表現類型」のモダリティと位置づけられ、聞き手要素が含まれるものである。本書も、意志のモダリティを表す諸形式と聞き手との関係について、話し手と聞き手との関係を重視する談話レベルの研究で、説話における発話の機能面から考察したい。

③意志のモーダルな意味の特徴

前節で挙げている森山（1990）は意志形（ショウ）と単純形（スル）について伝達性のほかに、判断形成過程からも考察を行った。つまり、意志形（ショウ）と単純形（スル）についての「判断形成過程における位置」及びそれに関係する「判断の決定権」という二つの面からの考察である。結論は次の表で示している。

表6　森山(1990)による意志の表現と判断形成との関係

	判断形成過程	判断の決定権
意志形	決定しつつある判断	判断形成過程として捉えられる 談話に参加し、判断形成をする資格のある者の発話
単純形	決定済みの判断	その判断を一方的に下すことになる 決定権を独占できるような最高責任者の発話

また、森山は「スルツモリダ」についても考察を行った。「『スルツモリダ』は話し手の心内に予定として組み込まれて記憶されていることである。…判断形成過程を示さないという点で基本的には同様に考えられる。…ところが、『スルツモリダ』の方は、さらに制約は強く既に談話がなされる前から形成され記憶されている場合だけである」（森山1990：9）としている。更に、森山・仁田・工藤（2000）では森山は「～ようと思う」も決定済みの意

志を表すと指摘し、基本的に無標スル形と同じく「意志決定の告知」の段階を表すとしている。

　益岡（2002）は「定表現」「非定表現」「不定表現」という視点で「する」「しよう」「するだろう」について考察を行った。ここでは、「する」「しよう」に関する考え方を挙げることに留める。

　益岡（2002）では、無標形式と有標形式の対立の中で、「スル」と「シヨウ」の関係について、無標形式の「スル」が定表現で、有標形式の「シヨウ」が非定表現であると述べている。益岡によると、「スル」は有標形式と対立する場合、定の真偽判断（すなわち、「断定」）か定の意志（「定意志」）を表す。無標形式による意志表現のスル形が表す意志には二つのタイプがあり、それは発話時に形成された意志（「決意」と呼ぶ）と発話時以前に既に定まっている意志（「既定の意志」と呼ぶ）であると述べている。一方、「シヨウ」は定保留を表す表現であり、意志表現としては、非定の意志を表すとされている。非定意志とは、まだ定まっていない意志を表すと定義されている。非定意志を表す場合として、三つのケースが考えられる。話し手の非定の意志を表すもの、勧誘を表すものと行為の申し出を表すものである。更に、勧誘を表す用法と行為の申し出を表す用法では、話し手自身の意志は定まっていても聞き手との関係で非定意志の形を取ると考えられるとしている。

　一方、宮崎（2006）は、「シヨウ」を意志が定まっていないものとして認識する森山（1990）と益岡（2002）について異議を唱えている。

　　「…森山と益岡は、『シヨウ』と『スル』を対立させ、『シヨウ』は、話し手がまだ決意できていない、話し手の意志がまだ定まっていない、といった意味を表すと記述している。だが、筆者には、『シヨウ』がそのような意味を表すとは思われないのである。…決意前の段階を表すのは『シヨウカ』であって、『シヨウ』はむしろ決意や決心の瞬間を捉えている」

　　「『スル』は、〈断定〉の形として、基本的にレアルな動作を事実とし

て確認して伝えるのだが、一人称主体・意志動詞をとることにより、〈決意〉といったモーダルな意味を帯びることがある」「『スル』は、話し手の未来の動作を確認して伝えるだけであり、〈決意〉のプロセスは普通は存在しないからである」

「『スルツモリダ』という組み立て述語は話し手の意識の中にある動作を捉える表現である」「『スルツモリダ』の使用は、事前の〈決意〉を含意するのであって…」（宮崎2006：47,49,50）

以上の内容を図式化すると次のようになる。

```
決意のプロセス      →   意識化のプロセス
シヨウカ            →   シヨウ        →   スルツモリダ
〈決意前の迷い〉         〈決意〉          〈決意後の意識〉
```

図9 宮崎（2006）による決意のプロセス

宮崎によると、「スル」は状況や文脈の中で〈決意〉や〈決意後の意識〉の意味合いで使用されることもあるが、それらはそれ自体のモーダルな意味として確立されているわけではなく、上記の図式に組み入れることはできないのである。

更に、宮崎（2006）の「シタイ」についての見解を挙げておきたい。従来、「シタイ」は、〈願望〉や〈希望〉を表す表現とされているが、宮崎（2006）ではその基本的なモーダルな意味を〈欲求〉と規定しているのである。宮崎（2006）によると、〈欲求〉とは、人間が現実に働きかけ、それを作り変えていく時の原動力となるような、動作の実現に対する話し手の欲望や意欲である。こういう〈欲求〉は更に二つの状況に分けられる。一つは、「シタイ」の内容が話し手の意志で実現させることができない場合、〈欲求〉は願うことにのみ留まり、〈願望〉を言い表すことになるのである。もう一つは対象の内容が話し手の目標であって、その達成のために主体的に行動す

る意志を表明するような「シタイ」の文になるのである。こういう場合は、〈抱負〉〈意向〉と呼ぶことができる。こういう状況の「シタイ」を述語にする文は意志の表現に近づいていくとされている。

2.2　中国語の意志表現についての先行研究

　中国語における意志を表す表現についての研究は、従来、動詞または助動詞の範囲で多く行われてきた。「要」と「想」の意味と用法についての研究も数え切れないぐらい挙げられる。ここでは、「要」と「想」について、その基本的な用法に関するいくつかの先行研究及び最近の語気や情態の体系における位置づけを重点的に紹介する。一方、動詞無標形の意志を表す用法については今まではそれほど重視されなかった。しかし、認知言語学やモダリティの研究が盛んになるにつれて、動詞無標形による意志のモダリティを表す現象も認められるようになってきた。ここではいくつかの関連研究を挙げて紹介する。

　①「要」と「想」の基本的な意味
　呂叔湘（1999）は「要」と「想」の意味について、全面的に考察を行っている。呂叔湘（1999）によると、「要」は動詞として四つの用法があり、それは「①欲しい/欲しがる/要る」「②もらう/求める/注文する」「③頼む/要求する」「④必要とする」である。また、助動詞としては、「意志」「当為」「蓋然性」「未来」「推測」の用法があるのである。

　また、呂叔湘（1999）では「想」は助動詞として認められておらず、動詞として「思考する」「回想する」「懐かしむ」「願望・心積もり」「見積もり・推測」「（「想＋着」の形で）覚える」という意味を持つとされている。
　王力[14]（1951、1985）では能力や意志を表す助動詞を「能願式」[15]として取り上げた。王力は、「能願式」について、「われわれの話の中に主体の意志が含まれている状況で表した言語形式」と述べている。王力によると、能願式に

は可能式と意志式がある。意志式とは、主体の意志が含まれる文のことで、「要」「欲」「肯」「敢」などで表現される。更に、意志式の標記としての表現について次のように説明している。

(15) 要：ある事を実現させようと望む気持ち。
　　　想・想要・欲：ある種の意向を表す。「欲」は昔の使い方である。
　　　願・願意・情願：喜んである事をする気持ち。
　　　肯：「願」の意味に近いが、人の要求に応じて何かをする時に、「願」より「肯」のほうがよく使われる。
　　　敢：ある事をする勇気がある。意志を持った上、場合によって勇気も必要な状況がある。したがって、「敢」は意志を補助するものである。

　更に、「想」と「要」の区別について、「想」は心の中の考えであって、要求ではないのに対し、「要」は心の中の考えの場合もあるし、要求の場合もあると指摘されている。
　高名凱(16)（1948、1986）は将来時制の議論から入り、「要」が将来時制に使われる用法を認めた上、「要」の基本的意味と用法について検討した。高名凱によると、「要」は古文の中に、二つの意味があり、一つは「必要」、もう一つは「欲求」である。「欲求」を表す「要」は名詞的目的語をとる場合は、普通の動詞のままであるが、動詞的目的語を取る時、文法成分としての助動詞となるのである。後者の助動詞としての「要」は「未来」を表すこともできる。しかし、「未来」を表す意味はあくまでも「欲求」という意味の副次的なものに過ぎないとされている。また、高名凱は「要」が「欲求」と同時に「願望」も表すことについて言及している。更に、「意欲（volition）」の表現として、古代中国語における「将」「欲」「願」「望」「敢」「肯」、現代語における「要」「願意」「希望」「敢」「肯」「想」「打算」を挙げている。(17)
　朱徳熙（1982）は助動詞の特徴を全面的に論じたうえ、典型的なものにつ

いて分類して取り上げた。助動詞全般の特徴について、次のように述べている。

(16) ①後ろに動詞しか接続できず、体言類の目的語と接続できない。
②重ねて使うことができない。
③後ろに「了」「着」「過」をつけることができない。
④「〜不〜」という文型に使える。
⑤単独で使うことができる。

更に、朱德熙は「敢」「肯」「願意」「情願」「楽意」「想」「要」を「意願」を表す表現として扱い、これらの表現の意味の解釈について基本的に王力（1951、1985）と一致している。ただし、「要」については、「願望」と「当為」の二つの意味を持つと指摘している。また、「要」の否定形式「不要」について、「願望」の「要」を否定できるが、「当為」を表す「要」を否定することができないとしている。更に「不要」が命令文に用いられる時、「禁止する・制止する」という意味を表すと指摘している。

劉月华ら（1983）は助動詞を「能願動詞(18)」と呼び、意志・願望を表すものと可能を表すものに分けている。また、能願動詞の特徴について、朱德熙（1982）の助動詞の特徴についての論述を受け継いでいる。更に、劉月华らは能願動詞の主な機能が述語になる(19)ことであり、その他の連体修飾や主語の成分にもなれるが他の文の成分になりにくいと指摘している。そして、能願動詞についての各論では意志・願望を表す「要」「想」「願意」「肯」を取り上げた。具体的な内容は次の通りである。

(17) 要：1、ある事をする意志・願望を表す。否定形式として、「不要」ではなく、「不想」「不打算」が使われる。
2、事実上及び道理上の必要性を表す。未然の状況に多く用いられる。

3、「可能」「会」の意味を表すが、口ぶりが「可能」「会」よりもっと強い。否定形式は「不会」「不可能」で表す。

想：「願望」「打算」を表す。

願意：主観的意志・願望を表す。「乐意(喜んで〜する)」「喜欢(好き)」の意味を持つ。

肯：1、主観的意志・願望を表す。「一定の努力をし、一定の困難を克服する」という意味が含まれる場合がある。

2、有利な状況や条件を人に譲ることを表す。平叙文において、否定形式がよく用いられ、「自己不肯…」などと言える。

3、人の要求に同意することを表す。

②モダリティ論の研究における意志のモダリティと「要」「想」

前節で既に紹介したが、中国語のモダリティの体系作りを試みる様々の研究の中、贺阳（1992）と斉沪揚（2002）は比較的広く受け入れられている研究である。

贺阳は中国語の書き言葉における語気の体系を作り上げ、意志・願望語気を評価・判断語気の能願語気のカテゴリーの下位カテゴリーに置いている。[20] 意志・願望語気については、次のように規定している。

(18) 意志・願望語気はある人が文中の命題を実現させる意志と願望を有するか否かについて話し手の判断を表すものである。助動詞「肯」「願意」「情願」「楽意」「想」「要」及びそれらの否定形式と認められるものが意志・願望語気を表す語気成分を担う。（贺阳1992：65 日本語訳：于康・張勤2000：172）

更に、意志・願望語気を説明するために、贺阳は次のような例文を挙げている。

(19) 他总是愿意（乐意）帮助别人。　（訳文：彼はいつも喜んで人を助ける）
　　　小王想去北京。　　　　　　　（訳文：王さんは北京に行きたがっている）
(贺阳1992：65　日本語訳：于康・張勤2000：172)

　上述の意志・願望語気についての概念及び例文からわかるように、贺阳は意志・願望語気を考察する時、明らかに三人称の場合に限定している。話し手自身の意志・願望を表す一人称主体の場合、話し手の判断を表すものでなくなる意志・願望の表現について、贺阳（1992）は説明していない。
　一方、齐沪扬（2002）は「評価・判断語気」を認めず、代わりに「意志語気」と呼ぶことにしている。齐沪扬は「意志語気」について「話し手が発話内容に対する態度及び感情を表す」ものとし、その下位カテゴリーに「能願語気」を置いている。「意志語気」の概念の解釈によれば、「能願語気」の中の「意志・願望語気」が「話し手の意志・願望を表す語気」になるが、その例として次のようなものが挙げられる。

(20) 他愿意来这儿。（訳文：彼はここに来たがっている）
　　　他不想去北京。（訳文：彼は北京に行きたくないと思っている[21]）

(齐2002：11)

　典型例から見れば、齐沪扬（2002）はやはり贺阳（1992）と同じように、一人称主体の意志・願望をそれほど重視していないのである。贺阳（1992）と齐沪扬（2002）は、中国語のモダリティの体系作りの試みをしているが、モダリティ、特に意志のモダリティに関してはやはり助動詞の研究に限定しているのである。そういう意味で、従来の研究とほぼ変わらない。
　前に挙げたいくつかの研究のように、中国語の意志のモダリティについての研究は殆ど助動詞を中心に行われた。その延長線上に、彭利贞（2007）はモダリティのタイプから主な助動詞のモーダルな意味について研究を行った。
　今までの研究を総合して、彭利贞（2007）は意志・願望を表すモーダル動詞として、「要」「肯」「想」「願意」「情願」「楽意」を挙げている。また、同

じく意志・願望を表すものでも、「要」は強い意志、「肯」は受身の意志、「想」「願意」「情願」「楽意」は一般の意志であると特徴付けている。意志・願望を表すモーダル動詞は基本的に動力（dynamic）のモダリティを表すと述べられている。しかし、意志・願望を表すモーダル動詞の中で、「要」だけは多種のモーダルな意味を持つと指摘している。というのは、「要」は動力のモダリティの「意志・願望」のほか、道義のモダリティの「義務」と認識のモダリティの「必然」を表すこともできるからである。

③動詞無標形の基本と意志を表す側面

　本節では先行研究を紹介しながら、本研究で扱う中国語の動詞無標形の基本的な特徴と意味を見てみる。

　まず形式と名称について見てみよう。本書が採用している「動詞無標形」という言い方は、モダリティ論における日本語の「動詞無標形」という言い方と統一するためのものである。中国語の文法研究の中には、動詞の「無標形式」という呼び方が見当たらない。中国語の動詞は用いられる時、よく後に「補語」がついたり、前に助動詞がついたりして、単独で使われることが少ない。従って、中国語の動詞を講じる時、動詞性の連語やフレーズもしばしば言及されている。いろいろな成分が付加される動詞フレーズと区別するために、呂叔湘（1955）は付加成分がまったくつかない動詞を取り上げ、「光杆動詞」と呼んでいる。本書で扱っている中国語の動詞無標形はまさにこのような「光杆動詞」である。

　しかし、「光杆動詞」はあくまでも中国語の動詞無標形の形式上の制限である。意志表現としての動詞無標形は、意味上の制限がもっと多く見られる。马庆株（1988）は、動詞においては「自主（volitional）・非自主（non-volitional）」という意味的対立が存在すると指摘し、「自主動詞」と「非自主動詞」の文法上の相違と特徴について考察を行った。両者の定義の基本的な特徴について次のように述べている。

「自主動詞」は意識的または意図的な動作や行為を表している。意識的動作・行為は動作の行い手によって、決定され、自由にコントロールされるものを指している。「自主動詞」の意味特徴は［＋自主］・〔動作〕である。一方、「非自主動詞」は無意識的、意図的ではない動作や行為を表している。その動作行為は動作の行い手が自由にコントロールできるものではなく、通常変化や属性を表すものが殆どである。「非自主動詞」の意味特徴は［－自主］・〔変化〕／〔属性〕である。〔変化〕は動態的なもので、〔属性〕は静態的なものである。(23)

上記の「自主動詞」は、その意味特徴からわかるように、日本語では一般的に「意志動詞」と呼ばれている。実際に両者が意味・用法において完全に重なるものかどうかは更なる研究が必要とされる。本研究では、両者の共通する部分に注目する。

中国語の「自主動詞」が意願のモダリティを表せることを積極的に認めているのは、张万禾（2008）である。张万禾（2008）によると、「自主動詞」の性質は、更に［＋意願（willingness）］と［＋可控（control）］に細分化できる。［＋willingness］という性質は、「自主動詞」が意志のモーダルな意味を表す表現として成立させるのである。一方、张万禾は、「非自主動詞」は［－control］であるが、場合によって意志性を持つこともあると指摘している。例えば、「見つかる」という動作は、話し手がコントロールできないが、意志的に行うことが可能である。张万禾（2008）は、自主動詞と「意志」という意味範疇との関係に着目しているが、意志のモダリティについての研究とは言えない。自主動詞が用いられる文や発話のモダリティと機能について、徐晶凝（2008）が詳しく取り上げている。

徐晶凝は最も典型的な平叙文は主語が第三人称のものであるとしている。しかし、主語が第一人称の場合、平叙文は話し手の断定を表せなくなる可能性があり、代わりに話し手の意志・願望、あるいは将来行う予定の行為を叙述することになる。このような文を、意志・願望平叙文と言う。その特徴と

しては、次のようなものが挙げられている。

(21) ⅰ．述語としての動詞はコントロールできる自主動詞である。
　　 ⅱ．一般的に「了」「着」「過」などのテンス・アスペクト標記と共起しない。
　　 ⅲ．（文中の）行為は発話時の後に起こる。⁽²⁴⁾

　また、意志・願望平叙文には意志・願望標記⁽²⁵⁾を持つものと意志・願望標記を持たないものがあり、意志・願望標記を持つものは意志・願望平叙文と呼ばれ、意志・願望標記を持たないものは意向平叙文と呼ばれる。意志・願望平叙文と意向平叙文の他、更に施為平叙文⁽²⁶⁾がある。施為平叙文とは、聞き手に指令あるいは要求を出す平叙文のことである。このような文の特徴として、次のようなものが挙げられる。

(22) ⅰ．主語が一人称である。
　　 ⅱ．述語に当たる文の主語は第二人称である。
　　 ⅲ．話し手が聞き手に指令を出す機能を持つ。

　徐晶凝は、施為平叙文について意志・願望の標記を持つ意志・願望平叙文と意向平叙文との関係について言及していないが、指令類、許可類、期求類動詞⁽²⁷⁾が用いられると述べている。以上の三つの平叙文をわかりやすく説明するために、それぞれ典型例を挙げてみる。例23は、典型的な意志・願望平叙文である。「要」は意志・願望標記に当たるものである。意志・願望標記は、意志・願望を表す助動詞及び動詞に当たるものである。

(23) 我　　要　　　帮助　　你！
　　 私　したい　助ける　あなた
　　 私はあなたを助けたい！

次に、意向平叙文を見られたい。

(24) 我　帮助　　你！
　　 私　助ける　あなた
　　 私はあなたを助ける！

　意向平叙文には特別な標記がないが、承諾行為を表すことができる動詞があれば、意向平叙文が成り立つ。一方、施為平叙文は例25のようなものである。

(25) 我　要求　你　　　现在　就　　帮助　　我！
　　 私　要求　あなた　いま　すぐ　助ける　私
　　 今すぐ私を助けることを要求する！（直訳）
　　 今すぐ私を助けなさい！

　例25のような施為平叙文は、中国語においては形式上話し手の意志を表す文として成り立つが、日本語に訳されると命令文の形を取らなければならないのである。
　以上の内容からわかるように、徐晶凝（2008）が言及している意志・願望平叙文は、形式上や意味上に特徴のある意志のモダリティを表す文のみ取り上げており、文の類型の研究になっているのである。しかし、今までの研究と違い、モーダル動詞や動詞自体より文全体のモダリティの意味を重視することが今までの研究にはあまりなかったので、評価すべきところだと思われる。
　最後に、中国語の動詞と名詞の関係について言及したい。通常、文法上では、動詞と名詞を区別するのは、動詞が用言、つまり述語を表す機能を持ち、名詞が体言、つまり主語・目的語を表すという事実である。しかし、中国語の動詞はかなり特殊で、動詞そのままで述語はもちろん、主語や目的語

にもなりうる。例えば、「勉強する」を表す「学习」は次のように用いることができる。

(26) 我每天都在图书馆学习。
　　 私は毎日図書館で勉強する。
(27) 我喜欢在图书馆学习。
　　 私は図書館で勉強するのが好きだ。
(28) 在图书馆学习是我的爱好。
　　 図書館で勉強することは私の趣味だ。

　例26〜28を見てわかるように、「在图书馆学习（図書館で勉強する）」そのままの形で、述語（例26）、目的語（例27）、主語（例28）を表している。このような現象について、沈家煊（2007）は中国語の動詞が名詞の下位範疇の一つであり、いわゆる「動態的な名詞」であると指摘している。このような事実は、意志表現としての中国語の動詞無標形と大きく関わっているので、ここでは簡単に挙げておいた。

2.3　意志表現をめぐる日中対照研究

　最後に触れておきたいのは、日中対照という観点における意志表現についての考察である。個別の表現間の日中対照研究はたくさん見かけるが、意志のモダリティを表す形式間の体系的な観察はまだ少ない。ここでは、代表的なものとして、土岐（1996、2010）、徐愛虹（2001）金玉英（2011）を挙げることにする。

　土岐（1996、2010）は、日本語の意志表現の「う・よう」「〜するつもりだ」「〜する」の三つの形式を軸に、対応する中国語の表現形式を取り上げ、日中両言語に類似の体系性が見られるかどうかについて論じた。土岐（1996、2010）は二名の中国人留学生の内省で中国語の意志の表現形式を確定

したうえで、人称制限、時制との関係、聞き手の有無、発話の場面差の四つの面から考察を行い、日本語と中国語の意志表現の対応関係を明らかにした。その結果として、「う・よう」の対応形式は「吧」で、「～するつもりだ」の対応形式は「要（～しようと思う）」「打算（～するつもりだ）」「准备（～する予定だ）」で、動詞の無標形式「～する」の対応形式は中国語の動詞の無標形式であるということが明らかになった。

　土岐（1996、2010）は調査票の形で、日本語の意志表現に対応する中国語の表現形式を抽出したので、一部の対応関係しか反映できない。本書の論述から明らかになるが、実際の対応関係は更に複雑である。そもそも、土岐（1996、2010）で取り上げている「吧」は、語気助詞で、断定を避ける働きを持っているが、助動詞と同じレベルのものではない。意志を表す表現に用いられるのは、話し手の意志を表すことができるからではなく、意志動詞を補助して聞き手に対する話し手の態度を表せるからである。従って、本研究は「吧」が用いられる文や発話による意志のモダリティの意味は、動詞無標形によるものと考えている。両者の関係については、第2章で詳しく述べる。しかし、本書も土岐（1996、2010）と同じく、日本語の表現や研究の仕方を軸に中国語の意志表現を考えるという立場を取っている。具体的な考察に日中対訳の方法を取り入れることも有効な研究手段である。

　徐愛虹（2001）は日本語の「～したいと思う」「～しようと思う」と中国語の「想」「要」についてそれぞれの性質、及びお互いの使い分けについて検討した。「シタイト思ウ」と「シヨウト思ウ」の相違について、「行為の意志決定の権利が聞き手にもあると考えている場合には『～（し）たいと思う』が使われ、話し手だけにあると考えている場合には『～（し）ようと思う』が選択される」（2001：73）と指摘している。また、聞き手との間に明確な意志決定のイニシアティブの問題が存在しないような場合は、当該行為が自己完結されるもので、しかもその行為の遂行が可能だと判断されるという条件が揃った時に、「シタイト思ウ」と「シヨウト思ウ」は意味的に重複すると述べている。更に、「想」「要」を加えた四つの表現の関係について、次

のように述べている。

　　「意志表示のために使われる『〜したいと思う』と『〜しようと思う』は、実質的な意味の差が少なく、対人的な配慮に基づいて使い分けられ、"想"と"要"は、行為に対する話し手の捉え方を反映する形式であり、聞き手への伝達の有効性を重視しながら使い分けられていると言えよう。」（徐2001：77）

　徐愛虹は、従来の意味中心のモダリティ研究から一歩、語用論へ進み、実際のコミュニケーション場面の発話に用いられる「〜したいと思う」「〜しようと思う」「想」「要」について聞き手との関係や発話場面差の面から論じている。徐愛虹（2001）は本書の第5章に直接関係しているので、第5章でまた本研究との関連性を詳しく述べることにする。

　上述の二つの研究を受け、金玉英（2011）は、意志表現と聞き手の権限との関係について、日本語の「う・よう」・動詞無標形と中国語の「吧」・動詞無標形を取り上げ、日中対照を行った。考察の結果、日本語では「聞き手の権限」が関わる際にはそれが優先され、中国語では、「聞き手の権限」ではなく「明確に決まったこと」かどうかが、「吧」か動詞無標形かの選択基準となるという結論に辿り着いたのである。

　以上の三つの先行研究を通じて、文論を中心とした研究（土岐1996）から語用論的な研究（徐愛虹2001、金玉英2011）へ発展する傾向が見られる。意志表現についての日中対照研究はますます深まっているのである。本研究は、まさに、上述の研究を受け継ぎ、文論及び語用論の研究方法を用いて、日中両言語の意志表現について体系的な研究を試みるものである。

3　本書と先行研究との関係

　簡単に言えば、本書は先行研究の研究成果を受け継いだうえ、日中対照と

いう研究方法を用いて発展させるものである。繰り返しになるが、本研究は意味を中心とする研究であり、出発点がモダリティ論の研究である。特に、仁田（1991ｂ）、益岡（2007）に大きく影響を受けている。従って、本研究の軸となるものは、始終「意志のモダリティ」という意味カテゴリーである。また、意志のモダリティを表す具体的な表現形式の範囲の確定や、基本的な意味と特徴についての認定も先行研究から受け継ぐ部分が大きい。日本語における意志のモダリティの研究は非常に発達しており、意志の表現形式の意味と特徴がほぼ研究し尽くされているといっても過言ではない。一方、中国語の意志を表す表現形式は、モダリティの文法範疇での研究がまだ少ないが、助動詞の領域や動詞の領域での高度な研究が行われている。従って、本書で意志の表現形式を取り上げる時、ある程度意味と特徴が明らかになっているという前提で考察や対照研究を行っているのである。

　本書は上述のように先行研究を大いに受け継いでいる一方、次のようないくつかの面でオリジナリティを出していきたい。

　まず、序章で既に述べたように、今までの意志表現に関する研究は、文レベルで意志のモダリティを研究することが多く、文レベルに語用論の要素、特に聞き手要素を加えているものが多い。本書は、日中両言語の意志を表す表現形式の相違をはっきりさせるために、敢えて、意志のモダリティを表す表現について文レベルと談話レベルをはっきり分けたうえで、アプローチしたい。文レベルでは、モダリティの意味を中心とするので、意志の意味的構造の成立条件や、意志のモーダルな意味の細分化（つまり、命題となる対象行為に対する話し手の意志の主観的態度の具体的なタイプ）、また各表現形式に見られる意志のモーダルな意味と意志以外のモーダルな意味との関係について論述する。談話レベルでは、意志のモダリティの意味を表す表現は、聞き手要素などの発話場面に関わる要素を考慮する発話として、コミュニケーション上、どんな談話機能を果しているかを考察する。更に、談話における聞き手要素との関係の延長線上に、意志のモダリティの意味を表す表現が聞き手に対する対人配慮が見られる。これについて第5章で考察する。

本書のもう一つの特徴は日中対照の方法を採ることである。日中間の文化や学術交流が盛んに行われる現在、日中対照研究も数多く行われている。しかし、意志のモダリティを表す形式についての体系的な研究はまだ少ない。特に、日中の意志のモダリティの研究において、日本語の方がかなり進んでいて、中国語の方はあまり重視されていない状況が続いている。よって日本語の研究成果を参考に、中国語の意志を表す表現を意志という意味カテゴリーでいったん統一し、お互いの連続性と全体的な特徴を日本語と比較しながら見ることにした。日中対照といいながら、日本語の研究を出発点としたので、研究の理論と方法は日本語に偏る傾向がある。しかし、日本語と中国語との比較を論述全体にわたって行うことが本研究の基本的な姿勢である。
　更に、従来、意志表現についての研究は、特に中国語のほうは、有標形式（助動詞など）のものを重視し、無標形式（動詞そのもの）を無視する傾向がある。本研究では、日本語で広く認められている有標・無標の対立が中国語の意志のモダリティを表す形式にも見受けられる現象を受け、無標の意志表現、特に中国語側の動詞無標形について、ほかの中国語の有標形式または日本語の有標・無標の意志表現との関係を探る。
　最後に、今までの日本語の意志のモダリティ研究は、各意志表現の意味あるいは使い方の相違を重視しているが、本研究は「意志」の概念が感情の側面もあれば知識の側面もあるという複雑性から、意志の表現に情意的性質と認識的性質の両方を見ることができるということを踏まえながら議論を進める。そして、その情意的性質と認識的性質の対立を念頭に置きながら、その対立によって、意志の表現形式に見られる意志のモーダルな意味のタイプの分化、及び談話における機能が関わる意味の分化を明らかにするということを試みたい。情意的性質と認識的性質との対立は、意志のモーダルな意味の内部だけではなく、本研究で扱う意志のモーダル意味を表せる各表現形式に見られるモーダルな意味全体にも反映されている。「意志のモダリティ」の情意的性質と認識的性質を重視することも本研究の特徴の一つである。

【注】
(1) 初版は1986年に出版されている。
(2) 原文は「fears」である。
(3) 益岡（1991）では、「日本語は判断・表現主体の主観的側面が高度に文法化された言語である」(p.30) ことが認められている。
(4) 益岡（1991：37）は、モダリティの形式の中で主観性表現の専用形式である一次的モダリティと、客観化を許す二次的モダリティを区別することができると指摘している。
(5) 『現代漢語詞典第6版』(p.1590) を参照する。
(6) 本書が参考にしたのは、1982年版である。
(7) 本書が参考にしたのは、1985年版である。
(8) ここで言う「文の機能」は、つまり、中国語の文法における叙述、疑問、祈使（命令依頼）、感嘆という四つの発話の類型に関わる機能である。
(9) 日本語の終助詞に当たるものだが、文中に現れることもある。
(10) 于康（1996）は日本語のモダリティの研究の成果を受け、語気についての研究を語気そのものに着目するのではなく、「命題－モダリティ」という文の構造に基づき、中国語の命題内成分と命題外成分について定義する試みを行った。しかし、モダリティの階層構造の提示は、仁田（1991）や益岡（1991）に共通しているので、ここでは詳しい紹介を省く。
(11) 益岡（1991）。
(12) 発話に関連する理論について、山岡（2008）の『発話機能論』なども挙げられるが、本研究の話し手の発話意図を中心とする発話の機能とは違う視点のものなので、本研究では取り上げないことにする。
(13) この段落の発話行為の下位分類の説明は、山梨（1986）を参考にしている。
(14) 本書が参考にしているのは1985年版である。《中国语法理论》（王力著）商务印书馆 1951年。
(15) ここでの「式」はmoodの訳語として使われている。
(16) 初版は1948年（開明書店出版）であるが、本書は1986年版（商務印書館出版）を参考にしている。
(17) 原文には、口語と書いてあるが、当時の口語は今現代語と呼ばれるものである。
(18) 刘月华らは「助動詞」という言い方も認めている。
(19) 刘月华らは、能願動詞の後ろの成分は全部目的語と考えている。
(20) 図6を参照。
(21) 用例の日本語訳は筆者によるものである。
(22) 「光杆」は「光杆儿」とも言う。小学館『中日辞典第2版』では、「1 花や葉

のすっかり落ちた草木や葉のついていない花のこと。2独りぼっちであるさま」とされている。
(23) ここの引用は马庆株（1988）の解釈に基づき、筆者が日本語に訳したものである。
(24) （21）は徐晶凝（2008）に基づき、筆者が日本語に訳したものである。
(25) 意志・願望標記とは、意志・願望を表す「要」などの助動詞や、否定を表す「不」のことである。
(26) 施為とは、話し手が誰かに何かの動作を行わせるという意味である。英語標記はperformative。
(27) 徐晶凝はこれらの類別の動詞について、次のような範囲を提示している。括弧の中は日本語訳である。
指令類：建议(提案する)、劝(勧告する)、警告(警告する)、命令(命令する)など
許可類：允许（許可する）、批准（批准する）、准许（許可する）、禁止（禁止する）など
期求類：请求(頼む)、恳求(懇願する)、央求(お願いする)、恳请(懇請する)、敬请(懇請する)、拜托（お願いする）、麻烦（手数をかける）、要求（要求する）、请（お願いする）

第2章　文構造と意志のモダリティ

0　本章の内容

　本章は、意志のモダリティを表す文の意味的構造において意志表現の考察を行うものである。意志表現は、文字通り意志を表す時、まずどんな条件や制限、または特徴があるのか、本章で明らかにしたい。本章の研究対象とする意志を表す文は、実際の使用状況を念頭に置き、談話など具体的な場面に現れるものとする。具体的な論述は、まず、第1節で意志表現による意志のモダリティを表す文の意味的構造を確立し、その成立に関わる三つの要素を提起する。第2節では、一つ目の要素として、一人称主体が明示されるか否かの問題を取り上げる。それを通じて、日中両言語の意志表現における一人称主体の扱い方の相違を明らかにする。第3節では、二つ目の要素として、意志の対象動作を表す意志動詞と意志表現との関係について、日中両言語の制御性の観点から観察する。第4節では、三つ目の要素として、意志のモダリティを表すモーダルマーカー、つまり意志表現の非現実性を挙げる。日中両言語の意志表現の非現実性のありかたや意味を考察し、意志表現の意志を表す意味について全体的に把握する。最後に、第5節で第2章の内容をまとめる。

1　意志表現による意志のモダリティを表す文の意味的構造

　意志のモダリティが成り立つためには、命題条件とモダリティ形式の総合作用が必要とされる。意志のモダリティを表す文が成立するのには、特定の命題条件とモダリティ条件を満たす必要がある。例えば、「学校に行く」のような表現は、話し手の意志を表す表現にするために、まず命題部分で「動

作主は一人称主体」「動詞のアスペクトは未完成」「テンスは現在（将来）」「意志動詞」という条件が必要とされ、モダリティ部分では「意志を表すモーダルマーカー」が必要とされる。従って、どの言語にせよ、意志のモダリティを表す文として成り立つには、次のような要素による意味的構造が必要だと考えられる。

図1　意志のモダリティを表す文の意味的構造

　日本語と中国語の語順には、根本的な違いが存在しているので、両者は上述の意味構造の具体的な表現形式が違う。日本語基本語順はSOV（主語＋目的語＋述語）であるが、中国語はSVO（主語＋述語＋目的語）である。このような違いは、モーダルマーカー（ここでは意志を表す表現となるが）の現れる場所に直接影響を与えている。日本語の意志のモダリティを表す文の意味的構造では、意志を表すモーダルマーカーは命題部分の外側にあり、命題を包み込む形だが、中国語の意志のモダリティを表す文の意味的構造では、意志を表すモーダルマーカーは一人称主体と動詞の間に位置する。

　　日本語の意志のモダリティを表す文の意味的構造
　　［一人称主体＋　現在時制の未実現意志性動作］　モーダルマーカー
　　中国語の意志のモダリティを表す文の意味的構造
　　［一人称主体］＋モーダルマーカー＋［現在時制の未実現意志性動作］

　上述の意味構造について、"［　］"の中の内容は、命題の部分にあたる。モーダルマーカーとは、具体的には、本書の研究対象となる日本語の意志表現の「スル」「シヨウ」「スルツモリダ」「シタイ」、中国語の「要」「想」、動

第 2 章　文構造と意志のモダリティ

詞無標形のことを指す。動詞無標形の場合、モーダルマーカーは「ゼロ形式」となる。上述の両言語の日中意志のモダリティを表す文の意味的構造について、三つの点について注目されたい。

　一つ目は一人称主体の問題である。日本語でも中国語でも話し手の意志を表す文の動作主に一人称代名詞が用いられるのは言うまでもないが、表示と不表示の程度に相違が見られる。中国語では、話し手の意志を表すのに、「我」が文法的に必要とされているが、日本語では、「私」を明示しなくても、意志を表す発話として成り立つのである。この点は、日中両言語の意志表現の大きな相違で、検討すべきところである。

　二つ目は、意志のモダリティの対象内容となる動詞述語についてである。意志のモダリティとして成り立つのは、意志動詞(1)、すなわち話し手の意図的な動作が述語であることが必要とされている。そこで、その意志動詞はモーダルマーカーとなる意志表現とどのような関係があるかを更に検討する必要がある。本章では、上述の意味的構造を踏まえ、主に、意志表現と動作に対する話し手の制御性との関係に着目したい。

　三つ目はモーダルマーカーの問題である。上述の意味的構造からわかるように、意志のモダリティは、"［　］"の中の命題内容の条件は共通しているが、モダリティ形式、つまり、モーダルマーカーにバリエーションが見られる。意志を表すモーダルマーカーは、大きく二つに分けることができる。具体的には、無標形式と有標形式の二つである。無標形式とは、すなわちモダリティ形式が「ゼロ形式」の場合である。この場合モダリティ形式が存在しないということではなく、意志動詞そのものが意志を表す役割を果たしているということである。日本語では意志表現の「スル」のことで、中国語では動詞無標形式のことである。一方、有標形式は、モーダル動詞や複合形式などがあり、日本語では「ショウ」「スルツモリダ」「シタイ」等の表現、中国語では、「要」「想」などの表現が挙げられる。これらのモーダルマーカーについては、非現実性の問題が重要となってくる。有標形式の意志表現は、話し手の未実現の動作を行おうとする意志のマーカーとして、非現実性を備え

69

ているという点で議論の余地はないが、無標形式の意志表現は、どのように非現実性を表しているかを考えるべきである。また、有標形式は言うまでもなく、非現実性を備えているが、その非現実性のあり方に日中両言語の差が見られるかどうかも興味深いところである。以上の二つの点を考えることで、日中両言語の意志を表す形式が意志のモダリティを表す文の意味的構造における相違を考えたい。

　上述の三つの問題を検討するにあたって、次のような論述を行いたい。まず、一人称主体が明示されるか否かは意志のモダリティとの関係において考察を行う。次に、意志のモダリティを表す文における日中両言語の意志表現について、意志の対象内容となる動作に対する制御性との関係から考察する。最後に、意志表現の非現実性のあり方を検討する。本章では、無標形式と有標形式に分けて、それぞれ論じていく。

2　一人称主体が明示されるか否かの問題

　本節では、日中両言語の意志のモダリティを表す文における一人称主体のあり方について検討する。まず、日本語と中国語をそれぞれ考察し、最後に両者を比較する。日本語の意志表現は主に、「シタイ」「ショウ」「スル」「スルツモリダ」の四つを、中国語の意志表現は主に、「要」「想」、動詞の無標形式の三つを取り上げることにする。

2.1　日本語側の状況

2.1.1　「シタイ」について

　「シタイ」はこれまでの研究では典型的な願望表現として扱われてきた。「シタイ」は原則的に一人称主体の願望や意欲しか表せない。一人称主体以外の願望や意欲を表す場合、「たがる」など別の表現が用いられる。「シタイ」の使用は一人称に限定されているので、実際の対話に用いられる時、一

第2章　文構造と意志のモダリティ

人称主体が現れない場合が多いのである。⁽²⁾

(1)　「大前さん、みんな、森君の企画のリサーチで、定食屋に行きました。」
　　　「それが何か。」
　　　「明日の朝が締め切りなので、今日中に形にしたいんです。大前さんがサポートしてくれれば、心強いです。」
　　　　　　　　　　　　　　　　　　　　　テレビドラマ『ハケンの品格』
(2)　「今まで将来のこととか考えたことなかったけど、朝倉さんの選挙を手伝って初めて前向きな気持ちになったんです。朝倉さんをずっとお手伝いしていきたいんです。」　　　テレビドラマ『CHANGE』
(3)　「(司会者) 少し論点がずれてきてしまったので、改めて増税についてお聞きしたいと思います。」　　　　　テレビドラマ『CHANGE』
(4)　「つまり、衆議院を、解散し、もう1度、総選挙で、国民のみなさんに、国会議員を選びなおしてもらいたいんです。」
　　　　　　　　　　　　　　　　　　　　　テレビドラマ『CHANGE』
(5)　「みんな、特進クラスでの勉強は今日で終わりだ。ついては、この特進クラス最後の授業にあたり、ひとつだけみんなに言っておきたい。」　　　　　　　　　　　　　　　テレビドラマ『ドラゴン桜』

　以上の例文1〜5は、「シタイ」の一人称主体が明示されない場合のものである。実際、上述の例文の出所となるテレビドラマの『CHANGE』『ハケンの品格』『ドラゴン桜』について調べてみると、述語の位置に「シタイ」が現れる文の中で、69%（95文のうち66文）は一人称主語が現れないものである。このような特に「わたし」の存在を強調しない用例に対し、一方で「わたし」を強調する時、一人称主語が次のような形で強調されている。

(6)　「いや、やはり、やって下さい。これは優先順位の問題です。僕

71

　　　　は内閣総理大臣として、小児科医療対策を最優先したいです。」
　　　　　　　　　　　　　　　　　　　　　　テレビドラマ『CHANGE』
(7)　「つまり、この国の主人公は、国民なんです。僕は、この国の政治
　　　を、みなさんの手に、ゆだねたいんです。」
　　　　　　　　　　　　　　　　　　　　　　テレビドラマ『CHANGE』
(8)　「最も残業率の低い仕事が、事務職のハケンだからです。私は就業
　　　時間と、プライベートの時間をきっちり分けたいんです。」
　　　　　　　　　　　　　　　　　　　　テレビドラマ『ハケンの品格』
(9)　「森君、僕のワガママ、聞いてもらえますか？ 僕は、食べた人が
　　　幸せになる食品を作りたい。」　　　テレビドラマ『ハケンの品格』
(10)　「えっ、あの、その、僕はホントは頑張って東大目指したいんです
　　　けど。実は僕、秀明館に通ってる双子の弟がいまして、で、その
　　　弟が前から東大目指してて、つまりその、ウチ、親は普通のサラリー
　　　マンで、家のローンもあって、二人も予備校に行かせるお金ない
　　　んですよ。」　　　　　　　　　　　　テレビドラマ『ドラゴン桜』

　一人称主体が明示される用例において、格助詞「ハ」との共起が最も多く見受けられる。例6～10は「一人称＋ハ」の形で明示する場合である。このような「シタイ」は、他の人のことを意識しながら、「自分としては」の願望や意欲を強調している。一方、自分の願望や意欲が他の人と一致する場合、「一人称＋も」の形で一人称主体が現れる。更に「も」に意味的に近い「だって」も、見受けられる。後者の「だって」はインフォーマルな場面で若い発話者に多く見られる。

(11)　「総理！ この件は前総理も承認済みなんです！ 国交省も関係各省
　　　も決定済みだと思ってるんです。」
　　　「いや。僕も早く結論は出したいんですけど。あっ、でも、絶対に
　　　約束は守りますから。」　　　　　　　　　テレビドラマ『CHANGE』

(12)「森ちゃん、契約更新されるといいね。<u>私も森ちゃんと一緒に、ハケン弁当作りたいよ。</u>」　　　　　テレビドラマ『ハケンの品格』
(13)「じゃあ、漁師さんたちはどうなるの？」
　　　「<u>私だって、何とかしてあげたいわよ。</u>」テレビドラマ『CHANGE』
(14)「何で俺に。」
　　　「早く受け取って、<u>私だって帰りたいんだから。</u>ったく、幼なじみってだけで、みんな私を使おうとするんだから。」
　　　　　　　　　　　　　　　　　　テレビドラマ『ドラゴン桜』
(15)「<u>私だって見返したいもん。</u>」　　　テレビドラマ『ドラゴン桜』

　例13の下線部は若い女性のインフォーマルな場面の発話で、例14、15の下線部は女子高生の発話である。以上の「シタイ」を述語とする文は、「ハ」「モ」「ダッテ」を用いて一人称主体を強調しているが、特に、対比や比較などの意味を強調したくない場合は、格助詞ゼロの形もある。

(16)「<u>僕ちょっとニュース見たいんで。</u>」
　　　「いいから！　見なくていいから！」　　テレビドラマ『CHANGE』
(17)「待って下さい、春子先輩！　毎日そんなに急いでどこに行くんですか？　スキルアップの学校ですか？」
　　　「あなたには関わりないことです。」
　　　「<u>私、春子先輩みたいな派遣になりたいんです。</u>」
　　　　　　　　　　　　　　　　　　テレビドラマ『ハケンの品格』

　以上実際の発話における「シタイ」文の一人称主体のあり方について見てきた。「シタイ」は基本的に、一人称主体を明示しなくてもよい表現だが、一人称の願望や意志を強調する場合は一人称主体が明示される。

2.1.2 「ショウ」について

「ショウ」は意志表現として、話し手の意志決定を表すものである。心内発話の場合は、話し手の意志決定の瞬間を捉えているが、対人会話の場合は、聞き手を巻き込む場合がある。通常、相手の動作の進行に影響を与える場合は、「勧誘」や「申し出」の用法と呼ばれる。

「ショウ」が用いられる意志文の一人称主体のあり方について考える時、「ショウ」の対象となる動作の行い手を考える必要がある。つまり、「ショウ」の対象となる動作の行い手によって、一人称主体が現れるか否かが決められる。

まず、「ショウ」の対象となる動作が一人称主体だけが行い手となる場合を考えてみよう。その動作に、聞き手は関わりがないと思われる場合、一人称主体は明示されないのが一般的である。何故なら、「ショウ」は、そもそも心内発話が典型的なもので、「話し手の意志」というイメージが強いからである。次の例18、19は心内発話で、例20は対人会話の場合である。いずれにせよ、一人称主体の「わたし」または「ぼく」などを出す必要がない。むしろ、一人称主体が明示されると不自然な文となる。

(18) （心内発話）落ち着いて、まずストーリーから考えよう。
寝坊した。急がなきゃ。何だよ、いつもの俺じゃん。
テレビドラマ『ドラゴン桜』

(19) （心内発話）これじゃ簡単すぎるよな。もう少し長くしよう、東大の英作文なんだし。
テレビドラマ『ドラゴン桜』

(20) 「お前、東大に行かないか？」
「まだ言ってる。私が行くわけないでしょ。」
「じゃ、聞き方を変えよう。東大に行きたくないか？」
テレビドラマ『ドラゴン桜』

一方、対象となる動作が聞き手への申し出の場合、一人称主体が明示され

ることもある。「一人称＋が」の形で用いられ、「他の人ではなく、私」という意味合いである。例21、22を参照されたい。

(21)　「かけましょう！　こういうのはね、はっきりさせたいのよね！」
　　　と匡子。
　　　「そうですよね。」
　　　「じゃ、拾った私がかけよう。」　　　テレビドラマ『ハケンの品格』
(22)　「私がケーキ屋さんまで走って、もらってきましょう。」
　　　エプロンをはずそうとする私を制して、ルートが口を挟んだ。
　　　　　　　　　　　　　　　　　　　　　　　　　『博士の愛した数式』

　次に、「シヨウ」の対象となる動作が聞き手を巻き込む場合を考えてみよう。この場合も二通りの状況がある。話し手が聞き手にある動作を共同で行うように呼びかける場合と、話し手が聞き手にある動作を行うように呼びかける場合である。どちらの場合も、一人称主体が殆ど現れない。動作主として現れる場合、前者は「みんな」「私たち」のような一人称複数動作主や相手の名前、後者は呼びかける相手の名前などがよく現れる。また、用例を見てみると、後者の方は、特定の人物が呼びかけの対象となる場合、その人の名前が現れる確率が高い。具体的な例を挙げてみると、テレビドラマ『ドラゴン桜』と『ハケンの品格』に対しての調査では、「シヨウ」の対象動作が話し手と聞き手の共同動作である49文のうち、話し手を含む「私たち」「俺ら」のような一人称複数が2文、話し手を含まない複数の聞き手に呼びかける「みんな」や特定の聞き手の名前が現れる文は13ある。また、「シヨウ」の対象動作が聞き手だけの動作の場合、合計18文のうち、聞き手の名前が現れるのは8文である。つまり、聞き手を対象動作に巻き込む「シヨウ」文は、対象となる動作の行い手が一人称主体だけの場合と同じように一人称主体が現れにくいが、聞き手に対する呼びかけが多く現れる。パーセンテージからいえば34％で、3文のうち一つの確率で、聞き手に対する呼びかけが現

れる。

(23)「ありがとう、みんな。」
　　「じゃね。」
　　「さあ、私たちは片づけしましょう。」
　　　　　　　　　　　　　　　　　テレビドラマ『ドラゴン桜』
(24)「みなさん、マーケティング課も頑張って、いい企画、出しましょう。」と賢介。
　　「はい！」美雪が笑顔で返事する。
　　　　　　　　　　　　　　　　　テレビドラマ『ハケンの品格』
(25)「ねえ勇介、もうやめようよ。勝負なんてバカバカしいよ。」
　　　　　　　　　　　　　　　　　テレビドラマ『ドラゴン桜』
(26)「東海林さん、セキュリティーの問題、最初に指摘したのは、大前さんと近君だから、部長に報告しようよ。」
　　　　　　　　　　　　　　　　　テレビドラマ『ハケンの品格』

　上述の例文、例23、24の動作は話し手と聞き手の共同動作で、例25、26は聞き手の動作の場合である。
　以上、実際の発話における「ショウ」文の一人称主体のあり方について見てきた。「ショウ」は基本的に、一人称主体が明示されなくてもよい表現である。特に「ショウ」は「シタイ」のように「ノダ」などの文末表現と共起することができず、もっぱら話し手の感情を表す表現であるため、伝達性を持っていない。そういう意味で、一人称主体を明言する必要はまったくない。ただ、「ショウ」は聞き手がいる場合、聞き手を動作に巻き込むことができる表現なので、聞き手を話し手の意志に巻き込もうとする場合は、聞き手に対する呼びかけがよく現れる。

2.1.3 「スルツモリダ」について

　テレビドラマの台詞において、「スルツモリダ」を調べてみたところ、疑問の形や「シタツモリダ」の形、あるいは名詞の「ツモリ」の形が殆どであることがわかった。この章では、あくまでも意志のモダリティを表す文において「ツモリ」を考察するので、できるだけ話し手の意志を表す「スルツモリダ」に絞りたい。従って、「スルツモリダ」の例文は、ドラマの台詞と較べて相対的に多く現れるいくつかの小説の会話文からも取り上げることにする。

　「スルツモリダ」が用いられる用例を見る限り、やはり一人称主体が明示されるものは少ない。つまり、実際の使用では、一人称主体が現れないのが、「スルツモリダ」意志文の典型的なものである。反対に、一人称が明示される場合は、強調または対比などの意味合いが表される。

(27)「半年間、どうもありがとうございました。」彼女は前で手を揃え、頭を下げた。
　　「僕は何もしていないよ。それより、君は今後どうするの？」
　　「しばらく実家でのんびりするつもりです。明後日、札幌に帰るんです。」　　　　　　　　　　　　　　　　　　　　　『白夜行』

(28)「大阪の元刑事さん？　ははあ」笹垣の顔をしげしげと眺めた。
　　「どうしても康晴さんの耳に入れておきたい話があってね。」
　　一成がいうと、康晴はすっかり笑みの消えた顔で、「じゃあ家の中で話を聞こうか」と室内を指した。
　　「いや、ここでいいよ。今日は比較的暖かいし、話をしたらすぐに帰るつもりだから。」
　　「こんなところでか」康晴は二人の顔を交互に見てから頷いた。「まあいいだろう。タエさんに何か温かい飲み物でも持ってきてもらおう。」　　　　　　　　　　　　　　　　　　　　　　　『白夜行』

(29) 窓の外はすっかり暗くなり、サンルームは沈黙に包まれていた。

月は出ているのだろうか、と青豆は思った。しかし彼女の座った場所からは外が見えなかった。
　　　老婦人は言った。「事情はできる限り詳しく説明するつもりです。でもその前にあなたに会ってもらいたい人がいます。これから二人で彼女に会いに行きましょう」
　　　「その人はこのハウスで生活しているのですか?」と青豆は尋ねた。
　　　　　　　　　　　　　　　　　　　　　　　　　『1Q84　BOOK1』

(30)　桐原は唸った。
　　　「事情はわかった。相手の旦那がおまえのことを知ってるとなると、たしかにごまかすのは難しそうや。しょうがない。がんばって警察の取り調べを受けてくれ」突き放すような口調だった。
　　　「俺、何もかも本当のことをしゃべるつもりや」友彦はいった。「あのマンションでのことも、当然話すことになると思う」
　　　桐原は顔をしかめ、こめかみを掻いた。　　　　　　　　　『白夜行』
(31)　「神林さんが出馬されるんでしょうか?」
　　　「私は若手を推すつもりです。」　　　　テレビドラマ『CHANGE』

　上述の例文は、例27〜29が一人称代名詞の明示されない「スルツモリダ」文で、例30、31が、明示される文である。両者を比較してみると、やはり後者のほうは「俺」や「私」を出すことによって、「話し手」による「意志」を強調している。
　以上、意志のモダリティを表す「スルツモリダ」文における一人称主体のあり方について見てきた。基本的に、「スルツモリダ」も一人称主体が明示されなくてもいいという点において「シタイ」「シヨウ」に共通している。本節の冒頭で述べたように、実際の用例を見てみると、上述の用例のような話し手の意志を表す「スルツモリダ」文はそれほど多くない。むしろ、疑問文や、名詞のままなどの形で用いられている。「ツモリ」の意志表現としての意味は、次の章で更に追究したいと考える。

2.1.4 「スル」について

小説などの文学作品の会話文から集めた145の意志のモダリティを表す「スル」文のうち、「一人称＋ガ」主格の形は14、「一人称＋ハ・モ・ナラ」など取り立て助詞の形は13、「一人称＋ゼロ助詞」の形は9であった。パーセンテージからいえば、今回の調査では、「スル」文のうち、25％は一人称主体が明示され、75％は明示されていないのである。まず、用例を見てみよう。

(32)「すみません、ちょっと貸してください」笹垣は顔の前で手刀を切った。「本部のほうに持ち帰って、複写させてもろうたら、すぐにお返ししますから。もちろん、第三者には絶対見られんよう、細心の注意を払います」　　　　　　　　　　　　　　　『白夜行』

(33)「なんでそんなにトイレットペーパーばっかり買うんや」
「そんなこと説明してる暇ないわ。とにかく行ってきます」カーディガン姿の克子は、財布を手に慌ただしく出ていった。
　　　　　　　　　　　　　　　　　　　　　　　　　　『白夜行』

(34)「たしかにあの部屋に忘れてきたの？　何なら、調べてもらおうか？」
「いえ、あの、とりあえずそれは結構です。あの部屋ではなかったかもしれないので、もう少しほかの場所を探してみます」
「そう？　じゃあ、もし見つからなかったらいってちょうだい」
　　　　　　　　　　　　　　　　　　　　　　　　　　『白夜行』

(35)「お代わりはいかがですか？　たっぷりとこしらえましたからね、いくらでもお注ぎしますよ。」
私は油断し、心安く声をかけた。　　　　　『博士の愛した数式』

(36) 靴を磨く私に向かい、何度も博士は念押しした。
「いいね、君も一緒なんだからね。散髪の間に、勝手に帰られたりしたら困るんだ。」

「はい、大丈夫ですよ。<u>お供します</u>。」　　　　『博士の愛した数式』
(37) ぼくは自分の言ったことにとらわれていた。何気なく口にした言葉を、未来への道しるべのように感じた。
「<u>かならずここから連れ出してあげる</u>」重ねて言った。「どうしてもだめなときは、そうしよう」　　　　『世界の中心で、愛をさけぶ』

以上のような例文は一人称主体が現れない場合の「スル」意志文で、全体的に最も数が多い。このような場合では、特にその意志が「話し手による」ということを強調する必要がない。一方、話し手の存在を強調することが必要な場合は、一人称主体が文において提示される。

(38) 「じゃあ、この人の買物を絵にしてみようじゃないか。まず、ハンカチが2枚だろ。それから、くつ下が2足と……」
「それ、くつ下に見えないよ。太った芋虫だよ。<u>僕が描いてあげる</u>」
　　　　『博士の愛した数式』
(39) 「もし僕が買わないといったら？」
「その時は仕方がないわね」雪穂は吐息をついた。「<u>あたしが買います</u>」
「君が？」
「あの場所なら、銀行もお金を貸してくれると思うもの」
　　　　『白夜行』
(40) 雪穂がフォークを置いて立ち上がった。
「大丈夫よ、妙さん。<u>あたしがやりますから</u>」「いい。スープなんていらない」そういうと美佳はクロワッサンを掴み、かじった。そして優大の前に置いてあるミルクの入ったグラスを手にすると、ごくりと一口飲んだ。　　　　『白夜行』
(41) 「桐原はどうするつもりや」
「<u>俺は、今夜はここに泊まる</u>。<u>奈美江が連絡してくるかもしれん</u>」

　　　　　　　　　　　　　　　　　　　　　　　　　　　　　『白夜行』
(42)「じゃあどうするんだ、ゴルフスクールのほうは。説明会には出ないのか」
　　「悪いけど、あなた一人で出てくれない？ あたしはここから、タクシーで店に行きますから」
　　「僕一人でか」誠はため息をついた。「仕方がないな」　　　『白夜行』
(43)　桐原の真剣な目を見つめ、友彦は絶望的な気分になった。こんな目をした時の彼を説得することなど、自分には到底無理だと思った。
　　「俺も……手伝うよ」
　　「断る」
　　だけど、やばいよ、と友彦は口の中で呟いた。　　　　　　『白夜行』
(44)　二年生の先輩がいなくなってから、雪穂が近づいてきた。
　　「ひどいね、江利子が練習する時間がなくなるじゃない。あたし、手伝うから」
　　「大丈夫、すぐにできると思うよ」　　　　　　　　　　　『白夜行』
(45)　それから約三十分後、隣のドアの開く気配がした。さらに十秒ほどすると、店のドアが開けられ、桐原が顔を覗かせた。
　　「俺、ちょっと松浦さんを、そのへんまで送ってくるから」
　　「あ、お帰りか」
　　「うん。すっかり長話になった」　　　　　　　　　　　　『白夜行』

　例38〜40は「一人称＋が」のスル文で、例41、42は「一人称＋は」、例43は「一人称＋も」、例44、45は「一人称＋ゼロ助詞」の形のスル文である。上述の「スル」意志文の現れる場面からわかるように、「一人称＋が」の場合は「他の人ではなく私」という意味合いを表し、「一人称＋は・も」や「一人称＋ゼロ助詞」の場合は、両方とも一人称主体を取り立てることになるが、「一人称＋は・も」のほうは他人との比較、対照という意味合いが入っている。一人称主体のあり方から見れば、「スル」は「シタイ」にかな

り近い。

2.1.5　まとめ

　以上、日本語の意志のモダリティを表す意志文における一人称主体のあり方について、表現形式ごとに考察してきた。各形式は細かいところに違う振る舞いを見せているが、全体的に一人称主体が明示されない傾向があると言えよう。更に言えば、日本語の意志のモダリティを表す文は、一人称主体不表示の場合を無標と見れば、一人称主体が明示される場合はむしろ有標である。前者は、特定の意味を持っていないのに対し、後者は、一人称主体の表示によって、対比や強調の意味が表されている。このような特徴について、次の節で中国語の意志表現と比較しながらもう一度考えたい。

2.2　中国語側の状況

　本節では、中国語の典型的な意志表現の「要」「想」、動詞無標形を取り上げて、一人称主語のあり方との関係を明らかにする。

2.2.1　「要」・動詞無標形・「想」について

　まず、「要」による意志のモダリティを表す文では、一人称主体「我」が明示されるのが殆どである。

　　（46）田奶奶：真好吃哎，真好吃。
　　　　　沈阿婆：其实啊，我还有很多拿手的呢，想做给你们吃，可你们都太客气了，什么事也不让我做，所以我也没法了。田奶奶，我要告诉你一件事，我儿子他变好啦，就是上次田老师，到我们家去狠狠教训他一通，他慢慢想通了。
　　　　　　　　　　　　　　中国ドラマ『田教授家の28人の家政婦さん』
　　　日本語訳文[(4)]

ティエンおばあさん：すごくおいしいよ。
　　　シェンおばあさん：本当は、ほかにも得意なものがあって皆さんに食べさせたいんですけど、皆さんは遠慮して私に何も仕事をさせないし、仕方なくて。<u>ティエンおばあさん、お話があるんです。息子がいい子になったんですよ。</u>前回ティエン先生がうちに来て息子を厳しくしかってから、少しずつ納得したようです。

(47)　単无双：我不能再靠感觉谈恋爱了。
　　　陆广琳：那你要凭什么谈恋爱啊？
　　　单无双：当然凭条件谈恋爱啊。<u>我要找一个年纪相当，收入相当，目标相当的对象。</u>　　　　台湾ドラマ『敗犬女王』

日本語訳文(5)
　　　単無双：もうフィーリングで恋愛したりはできないわ。
　　　陸広琳：じゃあ、何で決めるの？
　　　単無双：当然、条件で決めるよ。<u>わたしにふさわしい年齢、収入、目標を持つ男性を探すわ。</u>

(48)　俞心蕾：(闭着眼睛) 你的双眼皮很厚，鼻子很挺，脸型不圆也不方，笑起来的时候，嘴角有个小梨窝，怎么样，我记得你的样子哦，呵呵……
　　　秦朗：心蕾（啊？），我有话跟你说。<u>其实我明天……要回台湾。</u>
　　　　　　　　　　　　　台湾ドラマ『ホントの恋の見つけかた』
日本語訳文
　　　俞心蕾：(目を閉じて) あなたの目はとてもはっきりした二重で、鼻筋が通っていて、丸顔でも角張った顔でもないわ。笑うと口元に小さなえくぼができる。どう？ あなたの顔、覚えたわよ。はは……
　　　秦朗：心蕾(何?)、話があるんだ。<u>実はあした……台湾へ帰るんだ。</u>

83

もちろん、一人称「我」がなくても、文として成立する場合もある。例えば、例47の下線部だけ取り出してみよう。

(49) 我要找一个年纪相当，收入相当，目标相当的对象。
(50) 要找一个年纪相当，收入相当，目标相当的对象。

　例49は、「我」がなければ例50のような文になるが、これは二つの意味になりえる。一つ目は、「私」が省略されて、「〜ような相手を見つけたい」という話し手指向のままの意味だが、もう一つは、「〜ような相手を見つけなさい/見つけたほうがいい」という聞き手指向の意味になる。実際、聞き手指向の場合、二人称が省略されやすいので後者の方の意味になりがちである。つまり、「要」による意志文は主体が明示されないと、情報が不完全な文となり、話し手の意志を表す文より聞き手指向の命令文に解釈されやすい。このような現象は中国語の動詞無標形にも見られる。中国語の動詞無標形も基本的に意志のモダリティを表す場合、一人称主体「我」の明示が必要とされる。動詞無標形や「要」による話し手の意志を表す文は、いくつかの中国のテレビドラマを調べる限り、殆ど「我」が明示されている。

(51) 刘青：这怎么叫报复，这是防止疾病传染，是为了别人的健康呢。
　　　田教授：对，我糊涂，我马上告诉人家去，这事不能开玩笑，你看我们现在像干什么的。
　　　　　　　　　　　　中国ドラマ『田教授家の28人の家政婦さん』
日本語訳文
　　劉青：仕返しじゃない、伝染病の防止よ。他人の健康のために。
　　田教授：そうだな。私が勘違いしてた。すぐ伝えてくるよ。冗談じゃすまないよな。我々のこの姿、何しているように見える？
(52) 单无双：下个礼拜呢是我大学登山社的聚会，我一定要在去之前找到男朋友，要不然我的下场会很惨，我告诉你，兵不厌诈，

第2章　文構造と意志のモダリティ

　　　　这是一场战争。
　卢卡斯：你根本没有时间去相亲。
　单无双：当然有。明天的编辑会议，我就会让你知道。<u>我一定拼了老命找出时间来。</u>（离开）
　卢卡斯：<u>愚蠢的女人，我一定把你时间排得满满的。</u>奇怪，她去相亲我那么介意干吗？（内心独白）

　　　　　　　　　　　　　　　　　　台湾ドラマ『敗犬女王』

日本語訳文
　単無双：来週の日曜日、大学の登山クラブの集まりがあるの。わたしはそれまでに絶対彼氏を作る、そうでないと悲惨だわ。言っておくけど、戦いならだまし討ちは当たり前よ。これは戦争なの。
　蘆卡斯：そもそも見合いをする時間なんかないじゃないか。
　単無双：もちろんあるわ。明日の編集会議でわかるわよ。<u>なんとかして必ず時間を作るから。</u>（立ち去る）
　蘆卡斯：<u>ばかな女だ、僕がスケジュールをいっぱいに埋めてやる。</u>おかしいな。どうして彼女の見合いが気になるんだろう。

　例51、52は動詞無標形による意志文で、やはり述語ごとに「我」が明示されている。特に興味深いことに、例52の二つ目の下線部は心内発話となっているが、やはり一人称主語「我」が明示されている。動詞無標形による意志文は、「我」がなければ、前後のコンテクストによって話し手の意志を表すこともできるが、文を単独に見れば一般的に聞き手に対する命令と捉えられやすい。例えば、例51の下線部の「我」を外せば、次の例53になり、「すぐ教えに行って」という聞き手に対する命令文になる。

　(53) 马上告诉人家去。

「想」による意志文は「要」と動詞無標形のような命令を表す機能を持っていないので、基本的に一人称主体が現れない場合でも、意志を表す文として許容度が高い。実際に、次のような用例がある。

(54) 周信东：谢谢你能来。<u>想去深圳，换个环境。</u>
　　　陶春：是因为王小珍结婚的原因吧。
　　　周信东：怎么会是她呢，是我拒绝她的嘛。因为我在这儿把事情给搞砸了，这么别扭地待在这儿，我挺郁闷的。
　　　　　　　　　　　　　中国ドラマ『恋・愛・都・市〜恋がしたい』
日本語訳文
　　　周信東：来てくれてありがとう。<u>深圳に行って環境を変えようと思うんだ。</u>
　　　陶春：王小珍が結婚したからでしょう。
　　　周信東：そんなわけないだろう、振ったのは僕だよ。ある事に失敗しちゃったからさ。こんな気持ちでずっとここにいるなんて、やりきれないよ。

しかし、「想」は人称制限がないので、主語がないとやはり「誰が？」と聞き返したくなる。実際の用例を調べたところ、例54のような主体を省略するものはやはり数少ないのが実情である。

2.2.2 まとめ

以上、中国語の意志のモダリティを表す文における一人称主体のあり方について考察を行った。基本的に、中国語の意志表現は、一人称主体の明示が必要とされる。一人称主体がないと、別の意味になったり、意味不明な文になったりする恐れもある。

2.3　日中両言語の意志のモダリティを表す文における一人称主体のあり方の相違

　上述の論述から、意志表現による意志のモダリティを表す文における一人称主体のあり方は、日中両言語に大きな違いが見られることがわかった。日本語のほうは、基本的に一人称主体の不表示が常態で、表示された場合はむしろ特別な意味（強調や対比など）を表しているのである。一方、中国語のほうは、基本的に一人称主体の明示が常態で、明示されない場合は意味不明な文や別の意味の文になる可能性がある。このような違いはどんなことを意味しているのだろうか。

　池上（2003）では、言語における主観性について、〈主観的な事態把握の仕方（に基づく発話）〉と規定している。更に、〈主観的な事態把握の仕方〉に関して、〈自己中心的〉な視点で事態が〈体験〉として把握されることと説明している。また、池上は〈自己中心〉について次のように解釈している。

> 　〈自己中心〉という限定は、事態把握の仕方がもっぱら〈自己〉対〈他者〉という構図に基づいているということを意味する。そのような構図では、自己は常に自己同一性を保つ存在として振舞う。このような〈自己〉にとっては、発話の場にあっては〈自己〉以外は全て〈他者〉であり、たとえ発話の場がたまたま対話の形を取っている場合でも、通常なら〈2人称〉として一般の〈他者〉とは別扱いされる対話の相手というものも〈他者〉扱いである。（池上2003：19）

　上の論述に現れる「自己同一性」は「自己の客体化」と対になる概念である。後者は自己が自己を他者並みに扱うということが起こっているが、前者は、自己の他者化が起こっておらず、自己は意識の主体として自己同一性を保ち続ける存在である（池上2003）。

　モダリティとは、話し手の態度を表すもので、そもそも主観性に関わる概念である。モダリティ論における主観性の問題は、「客観的な事態（命題）

VS 主観的な態度（モダリティ）」という基本的構図に関係するとされている（益岡2007）。文の意味を考える場合、「客観的な事態（命題）VS 主観的な態度（モダリティ）」という対立は非常に有効的であるが、モダリティの意味的構造を表す主観的な形式と形式の間の関係を考える時、特に言語間の相違について、むしろ池上の認知的な主観性に関わる〈自己〉対〈他者〉という構図が有効的であると考える。

今回の考察を通じて、中国語の意志表現と較べると、日本語の意志表現の主観性の度合いはより高いのではないかと思われる。その根拠として次の二つの事実が挙げられる。

まず、日本語のほうは、一人称主体が表示されなくても話し手の意志を表す表現として成り立つのであるが、中国語は、一人称主体が表示されなければ、意味不明な文や別の意味の文になる恐れがあるということである。このような現象に対し、池上（2003：35）は「最大限の〈主観的把握〉は発話主体の〈ゼロ〉形式としての表示に類像的に対応する」とも述べている。[6]

次に、日本語の四つの意志表現には、人称制限が多く見られるが、中国語にはまったくないのである。例えば、「シタイ」と「ショウ」は意志を表すモーダル助動詞として、一人称主体にしか使えないが、「要」と「想」は三人称にも制限なく使える。前者は、自己同一性を保ち、後者はむしろ自己を他者並みに扱っていると言えよう。もちろん、無標形式や「スルツモリダ」となると、主観性の度合いにおいては「シタイ」や「ショウ」と完全に一致しているとは言いがたい。しかし、全体的に一人称不表示の傾向がある点から、やはり日本語の意志のモダリティを表す表現形式は、「自己」対「他者」という構図を前提としているのではないかと思われる。反対に、中国語は例55、56のように、むしろ「自己」と「他者」を同等に扱う傾向がある。

(55) 我想/要回家。
　　　私は家に帰りたい。
(56) 他想/要回家。

彼は家に帰りたがっている。

　実は、以上のような現象は、意志のモダリティを表す表現に限るものではなく、むしろ言語全体の一般的な傾向ともいえる。池上（2003）では、日本語の—とりわけ、英語のような言語との対比を特に強調するという—立場からするならば、むしろ〈主観的〉な事態把握の方が言語化を意図しての事態把握の基本的な—プロトタイプとも言ってよい—形式ではないかと述べられている。池上（2003）の言う英語を中国語に置き換えても同じことが成り立つだろう。今回は、意志表現の人称の現れ方という個別の事例を取り上げるのみに留めたが、言語全体の特徴との関係については、更に他のタイプの表現を見る必要があると思われる。

3　意志のモダリティを表す文における動詞と意志表現との関係

　この節では主に意志表現による話し手の対象動作に対する制御性の異同について検討したい。従来、話し手の対象動作に対する制御性の有無は願望表現と意志表現を分ける基準とされている。この話し手の動作に対する制御性は二つの面から考えることができる。一つは話し手の動作そのものをコントロールする能力、もう一つは、話し手の動作の実現という事態をコントロールする能力である。

3.1　日本語側の状況について

　日本語では、典型的な意志表現、例えば意志形や動詞無標形を使うと、意志の対象内容となる動作は必ず意志的で且つ話し手が制御できるものと認められている。つまり、「シヨウ」や「スル」で表す動作は、話し手がコントロールできるものでなければならない。前に出た用例だが、ここでもう一度

見てみよう。

 (57)「お前、東大の行かないか？」
   「まだ言ってる。私が行くわけないでしょ。」
   「じゃ、<u>聞き方を変えよう</u>。東大に行きたくないか？」
             テレビドラマ『ドラゴン桜』
 (58)「なんでそんなにトイレットペーパーばっかり買うんや」
   「そんなこと説明してる暇ないわ。<u>とにかく行ってきます</u>」カーディガン姿の克子は、財布を手に慌ただしく出ていった。
                 『白夜行』

 例57、58の「聞き方を変える」や「行く」という動作は、話し手がコントロールできる動作でもあり、話し手が実現させることが可能な動作でもある。実際に、例57の「聞き方を変えよう」という意志の元で、別の聞き方に変えたし、例58の「行ってきます」という発話の後、発話者が出て行ったように、それぞれ動作が実現したのである。つまり、日本語の「シヨウ」と「スル」に関する話し手の対象動作に対する制御性とは、その動作自体だけではなく、動作の実現までコントロールする能力である。従って、「シヨウ」と「スル」は動作の実行を表出の重点に置く動的な表現で、意志の内容となる動作の実現の確実性も高い。
 一方、「シタイ」は典型的な願望表現として、話し手の対象動作に対する制御性において、「シヨウ」と「スル」とは違う振る舞いを見せる。最も典型的な願望表現は、「シタイ」の対象動作を話し手が制御できない場合である。

 (59) 鳥になって、空を飛びたい。
 (60) 「あれでよく面接受かりましたね。」近が呟く。
   「社員か…。」と呟く美雪。

「森ちゃん、契約更新されるといいね。私も森ちゃんと一緒に、ハケン弁当作りたいよ。」と小笠原。嬉しそうに微笑む美雪。

　　　　　　　　　　　　　　　　　　　テレビドラマ『ハケンの品格』

(61)「大前さん、みんな、森君の企画のリサーチで、定食屋に行きました。」
　　「それが何か。」
　　「明日の朝が締め切りなので、今日中に形にしたいんです。大前さんがサポートしてくれれば、心強いです。」

　　　　　　　　　　　　　　　　　　　テレビドラマ『ハケンの品格』

　例59は、鳥になるという動作も空を飛ぶ動作も、普通の人間ができる動作ではない。従って、例59はあくまでも話し手の願望となるのである。それに対して例60の「作る」という動作や例61の「形にする」という動作は、両方とも話し手の能力で制御できる動作であるが、動作を含む事態の実現は話し手が制御できるものではない。例60の下線部の実現は、話し手が決められることではないし、例61の下線部の実現も話し手だけではなく、他人の協力が必要とされている。このような場合に、話し手の望んでいる気持ちを表すのに、「シタイ」が使われている。しかし、話し手の力だけですぐにも実現できるような「シタイ」もある。

(62)「起訴されたわけでもないのになぜ辞職されるんですか!?」
　　「私はこの世界に、長くい過ぎました。政治家としてけじめをつけたい。それが、辞職の理由です。」　　テレビドラマ『CHANGE』
(63)「みんな、特進クラスでの勉強は、今日で終わりだ。ついては、この特進クラス最後の授業にあたり、ひとつだけみんなに言っておきたい」
　　「何だよ、改まって」
　　「"お前たち1年間よく頑張った"とか言ってくれちゃったりするの」

テレビドラマ『ドラゴン桜』

　例62、63の「けじめをつける」や「言っておく」という動作は、話し手がコントロールできるもので、理論上では「政治家としてけじめをつける」や「ひとつだけみんなに言っておく」という事態も話し手だけによって実現できる事態である。それにも関わらず、「シタイ」の使用によって、表面上では話し手だけではどこか決められない部分があるという形を取っているのである。そもそも、「シタイ」による意志表現は、動作の実行や実現よりも、話し手が動作を行おうとする意向の表出に重点を置いているのである。つまり、「シタイ」という表現自体は、気持ちの表出であり、事態の実現まで関わっていないのである。従って、例62、63のような用例でも、動作の実行ではなく、動作を行おうとする気持ちを強く表すものである。また、「シタイ」の後に、打ち消しのような表現が許容される現象もその裏付けである。

　(64)「じゃあそれまでに探さなきゃ。」と生方。
　　　「でも、首席秘書官ですからね。」と秋山。
　　　「簡単には見付かりませんよ。」と西。
　　　「あの僕、この世界に入ってまだ日が浅いんで、人脈が…」と啓太。
　　　「<u>僕の秘書を紹介しましょうと言いたいところですが、うちも人手不足で。</u>」と生方。　　　　　　　　　テレビドラマ『CHANGE』

　最後に、「スルツモリダ」の対象動作について見てみよう。「スルツモリダ」が用いられる意志のモダリティを表す文を見る限り、「シヨウ」と「スル」と同じように、話し手が動作自体と事態の実現まで制御できるものを意志の対象内容としている。そもそも、「スルツモリダ」は話し手の即座の意志を表すことができず、既に決まった意志しか表せない。また、このような意志は、森山（1990）によると、「つもり」という語彙的な意味の通り、話し手の心内に予定として組み込まれて記憶されているものであり、基本的に

静的な心構えを表す表現であるとされている。静的・動的な観点から見れば、「スルツモリダ」は「シタイ」と一致している。例64で「シタイ」の後に、打ち消しのような表現が許容される現象について言及したが、「スルツモリダ」にもこのような現象が見受けられる。

(65)「お母さんが階段から落ちちゃって。でも矢島がさ、とっさにかばってくれたおかげで、すっごくヤバイことにはならなかったんだけどさ」
「そうか」
「人生180度変えるつもりだったけどできなかった。クルッと360度回って元に戻っちゃった」　　　　　　　テレビドラマ『ドラゴン桜』

以上、日本語の意志表現は、「シタイ」以外は、基本的に対象動作と事態を話し手が制御できるものである。ただし、意志表現によって対象動作に対する表出の焦点が違う。「ショウ」「スル」は動作の実行に着目する動的な表現であるが、「シタイ」「スルツモリダ」はそうではない。

3.2　中国語側の状況について

日本語の意志表現の対象動作の制限は、今までの研究において多く言及されてきたが、中国語の意志表現では、それほど問題にされていない。ここでは、日本語の意志表現についての研究に基づき、中国語の状況を見てみたい。

まず、中国語の動詞無標形について見てみよう。意志のモダリティを表す動詞無標形は、意志の対象内容となる動詞が意志動詞で、話し手によってその動作の実行と実現は制御可能なものである。

(66) 小林：思文，我得回去了，否則東家会怪我的。
　　　思文：你住几号，我送你。

中国ドラマ『田教授家の28人の家政婦さん』
日本語訳文
　　小林：スーウェン、私もう帰らなくちゃ。ご主人に怒られる。
　　スーウェン：何号楼に住んでいるの？　送るよ。

　一方、「要」による意志の対象動作も話し手によって制御可能なものが多い。例えば、例67のような場合が考えられる。

(67)　小妹：田奶奶，钥匙。
　　　田奶奶：你看我差点忘了，走，把门关上，锁上啊，走吧。
　　　田奶奶：<u>以后阿，我要多出来走走，锻炼锻炼我这脚。</u>
　　　　　　　　　　　　　中国ドラマ『田教授家の28人の家政婦さん』
日本語訳文
　　小妹：おばあさん、鍵。
　　ティエンおばあさん：また忘れるところだった。さあ行こう、ドアを閉めて。鍵も閉めて。行こう。
　　ティエンおばあさん：<u>これからはなるべく外出して、足を鍛えるよ。</u>

　しかし、「要」は必ずしも意志の対象動作が話し手によって制御可能なものとは限らない。次のような用例もよく見られる。

(68)　单无双：下个礼拜呢是我大学登山社的聚会，<u>我一定要在去之前找到男朋友，</u>要不然我的下场会很惨，我告诉你，兵不厌诈，这是一场战争。
　　　卢卡斯：你根本没有时间去相亲。　　　台湾ドラマ『敗犬女王』
日本語訳文
　　单無双：来週の日曜日、大学の登山クラブの集まりがあるの。<u>わたしはそれまでに絶対彼氏を作る</u>、そうでないと悲惨だ

わ。言っておくけど、戦いならだまし討ちは当たり前よ。これは戦争なの。

蘆卡斯：そもそも見合いをする時間なんかないじゃないか。

(69) "……来世——如果有的话——我要当一朵花，在阳光中开放；我要当一只小鸟，飞在天空，只让孩子们着迷……"刘华玲说不下去了，呜呜哭起来。　　　　　　　　　　　　　　　　　　　《王朔文集》

日本語訳文

"…来世——もしあれば——私は花になって、日光を浴びて咲きたい；私は小鳥になって、空を飛び、子供達に夢中になってもらいたい…"劉華玲は話が続けられなくなって、オンオンと泣き出した。

例68の下線部「彼氏を作る」という事態は話し手だけでコントロールできる事態ではないのである。更に、例69の下線部の「花になる」ことや「鳥になる」ことなどは実現不可能な事態である。何故「要」が使われているのか、この点については後で、「要」のモーダルな意味を検討しながら、詳しく見ていく。

一方「想」も対象内容となる動作が話し手によって制御可能なものと不可能なものの両方がある。

(70) 田奶奶：阿婆呀，你跟他分开过吧。

沈阿婆：没么容易啊，分开过还得借房子，这开销就大了，他毕竟是我的儿子，我还想帮他承担一些。田奶奶，我这辈子是好不了了，田奶奶，我到厨房去。

中国ドラマ『田教授家の28人の家政婦さん』

日本語訳文

ティエンおばあさん：おばあさん、息子さんと離れて暮らした方がいいよ。

沈阿婆：そう簡単じゃないんです。離れれば家を借りなきゃなら

ないし、支出も馬鹿にならない。あんなんでも自分の息子だから、少しは助けてやりたい。ティエンおばあさん、私の人生はもう楽になりません。台所を見てきます。

(71) 俞心蕾：你是这里老板啊？

　　秦朗：不是啊……世界一流蚵仔煎主厨，秦朗。

　　俞心蕾：(心里想)怎么办，我绝不能像这种人低头！不对，我付钱要他教我做蚵仔煎，这也不算是低头。(对秦朗说)我想包下这里跟你学做蚵仔煎。

台湾ドラマ『ホントの恋の見つけかた』

日本語訳文

　　俞心蕾：あなたがここの店長なの？

　　秦朗：いや……世界的なカキオムレツの名人、秦朗だ。

　　俞心蕾：(心の中)どうしよう、こんな人に頭を下げるなんて絶対嫌！　いいえ、お金を払って教わればいいんじゃない。それなら頭を下げる必要もないわ。(秦朗に)ここを借り切って、カキオムレツの作り方を習いたいの。

(72) 言浩军：我是不是有点徒有虚表啊？

　　黎明朗：差不多。

　　言浩军：所以我必须，必须拥有事业，我想做音乐编辑，我相信我会做得很好。

　　黎明朗：那你去试试啊。

中国ドラマ『恋・愛・都・市～恋がしたい』

日本語訳文

　　言浩军：もしかして僕は見かけ倒しの男みたいに見えるの？

　　黎明朗：そんなところね。

　　言浩军：それならどうしてもちゃんとした仕事に就かないとな。音楽の編集をしたいんだ。うまくやる自信はある。

　　黎明朗：じゃあ、やってみなさいよ。

例70の「助けてやる」ことは聞き手の了承も必要なく、話し手自身で決められることであり、心積もりに近いものである。例71の下線部は、相手が承知しないと、動作の実現ができないもので、例72は、下線部の実現は聞き手が音楽の編集の仕事を提供できる立場の人で、その聞き手の助けが必要とされるものである。両者とも願望に近い表現である。

「要」と「想」は対象動作が制御可能か否かの点において共通しているが、両者が表している意志の確実性に差が見られる。「要」で表す意志は確定したもので、「想」で表す意志は、変更や不確実さが許されるものである。[(7)] 例えば、例73はごく普通の表現だが、例74は不自然な表現になる。

(73) 我想去学校，可是没时间。
　　　学校に行きたいが、時間はない。
(74) *我要去学校，可是没时间。

以上、中国語の意志のモダリティを表す動詞無標形、「要」「想」の対象動作の制限について見てきた。動詞無標形は、確実にある行為を行う意志を表すので、話し手が制御できる動作（事態全般の制御も含む）にしか使われない。一方、「要」と「想」は、行為や事態の実行に重点を置いていないので、話し手が制御可能な動作と制御不可能な動作の両方に使うことができる。

3.3　まとめ

話し手による対象動作に対する制御性から見れば、日本語の意志表現と中国語の意志表現の性質は次のようにまとめることができる。

表1　話し手による対象動作に対する制御性

	制御できる動作だけを対象内容とするもの	制限なしのもの
日本語	スル　　シヨウ　　スルツモリダ	シタイ
中国語	動詞無標形	要　想

　以上の表からわかるように、日本語と中国語の意志表現は、対象動作における制限と意志の性質において、相違が見られる。では、意志のモダリティを表す文の意味的構造における意志表現は、どのように非現実性を表しているのか。それについて、次の節で検討したい。

4　意志のモダリティを表す文の意味的構造における意志表現の非現実性

　意志のモダリティを表す文として成り立つためには、非現実性が最も重要な要素の一つである。本節では、意志を表すモーダルマーカー、つまり意志表現の非現実性のあり方について考察を行う。意志を表すマーカーは、日本語でも中国語でもいくつかの表現に分化する現象が見られる。これらの表現は、意志のモダリティを表す時、非現実の表し方においてどんな相違が見られるか、更に、日中両言語の間にどんな特徴が見られるか検討すべきところである。ここでは、議論を進めやすくするため、無標形式と有標形式を分けて見ていきたい。まず、無標形式の「スル」と中国語の動詞無標形の非現実性を検討する。次に、有標形式の意志表現の非現実性のあり方について考える。

4.1　動詞無標形の非現実性

4.1.1　非現実性のあり方

　まず、日本語の意志表現の「スル」形式について簡単に触れる。今まで意志表現というと、一人称主語で、意志動詞を取るという条件の下で、「スル」

は典型的なものとしてよく挙げられてきた。安達(2002)では、「スル」は本来意志を表す形式ではなく、話し手が未実現の意志的行為に言及する場合に意志の側面が前面に出ることがあると述べられている。つまり、日本語の「スル」形式の非現実性は、動詞自体に備わる未実現性によるものである。というのも、日本語の動詞が「る・た」の対立を持つからである。

では、中国語の動詞無標形はどうだろう。筆者が日本語の小説(『白夜行』『博士の愛した数式』『世界の中心で、愛をさけぶ』)における意志を表す「スル」文について調査したところ、中国語の動詞無標形に訳されているのは145例のうち111であった。具体的には、次のような表にまとめることができる。

表2「スル」の対訳形式に当たる動詞無標形の状況

スルの対訳形式		動詞無標形				
内訳		成分補充なし	文末に「了」	文末に「吧」	時間副詞	そのほかの成分補充
用例数	各	17	20	4	14	56
	合計	111				

上記の表は、「スル」の対訳形式に相当する中国語の動詞無標形を取り上げて、その内訳を詳しく記述したものである。「成分補充なし」というのは、「スル」の意志文が中国語の動詞無標形に訳される時、原文の要素がそのまま中国語になった場合である。一方、原文の要素以外に何か成分が付け加えられれば、成分補充となる。表に現れる関連表現について説明していくと、「了」は文末に用いられるアスペクト表現で、「完了」や「変化」を表すもの、「吧」は文末表現で、「相談・提案・要求・命令」などを表す終助詞である。時間副詞は、「再」「就」のような未然を表す表現を指している。また、上記の表における「そのほかの成分」とは、動詞述語にまつわる主語、目的語、動作の対象、動詞の補語などの成分を指すものである。

①文末に「了」
(75)「なんでそんなにトイレットペーパーばっかり買うんや」
「そんなこと説明してる暇ないわ。とにかく行ってきます」カーディガン姿の克子は、財布を手に慌ただしく出ていった。
『白夜行』

"买那么多手纸干吗？"
"现在没空跟你解释，我先出去了。"穿着开襟羊毛衫的克子拿起钱包匆匆出门。
《白夜行》

②文末に「吧」
(76)「私がケーキ屋さんまで走って、もらってきましょう」
エプロンをはずそうとする私を制して、ルートが口を挟んだ。
「僕が行くよ。僕のほうが足が早いんだから」
『博士の愛した数式』

"我跑到蛋糕店去拿回来吧。"
我正要解下围裙，平方根拦住了我，插嘴道："我去吧。我跑得比你快。"
《博士的受情算式》

③文中に時間副詞
(77)「行き先ぐらい教えてくれたっていいでしょ」
秋吉は少し迷ったようだが、面倒臭そうに答えた。「大阪だ」
「大阪？」
「明日から行く」　　　　　　　　　　　　　　　　　　『白夜行』

"跟我讲一下地点有什么关系？"
秋吉似乎有点犹豫，但还是一脸厌烦地回答："大阪。"
"大阪？"
"明天就出发。"　　　　　　　　　　　　　　　　　　《白夜行》

(78)「桐原さん、あの人とどんな話をしているのかな。大体あの人、何者なの？　友彦さんは何か知ってるの？」

「うんまあ、それについては、ゆっくり話をするよ」そういって友彦はコートの袖に腕を通した。一言で説明できる話ではなかった。

『白夜行』

"桐原跟那个人讲些什么啊？他究竟是干吗的？你知不知道？"

"嗯，这件事慢慢再告诉你。"说着，友彦穿上外套。这并不是三言两语讲得完的。　　　　　　　　　　　　　　　　《白夜行》

(79)「また連絡する」帰り際に彼はいった。　　　　　『白夜行』

"我再跟你联系。"分手之际，他这么说。　　　《白夜行》

④成分補充なし

(80)「海ね」

「でもあまり水の汚いところは嫌だぞ」

「うん、わかった。きれいなところを見つけて撒くよ」

『世界の中心で、愛をさけぶ』

"海对吧？"

"不过水太脏了我不乐意。"

"噢，明白了，找干净地方撒。"　　　《在世界中心呼喊爱》

　表2でわかるように、「スル」形式と比べ、中国語の動詞無標形は意志表現として文脈的制限がより強いのである。「スル」で表す意志表現を中国語の動詞基本形に訳す時、未来時制を表す時間副詞や主語、目的語や動作の対象、「了」「吧」などの文末表現などはよく補われる。一人称主語の明示の問題については、既に上の節で述べた。また、目的語や動作の対象など動詞の項構造に関係する問題は、具体的な動詞の用法に関わる問題で、ここでは省略する。問題は、何故、「了」「吧」のような文末表現や「再」「就」のような時間を表す成分が補われているかである。それについて見てみよう。

上で述べたように、日本語の「スル」形式は、特に共起表現がなく、「行く」という発話は、未来のある時点に「行く」という動作を行うことを意味している。しかし、中国語の動詞は違う。「去」という発話は、具体的な場面がなく、単独で現れると、自然な表現として成り立ちにくいのである。何故なら、これはただ時間や空間から離れている抽象概念だからである。

　　（81）去。（行く）

　それを具体化し、意味のある文にするには、具体的な時間、具体的な空間（場面）が必要となる。そして、主語や、目的語、時間副詞を足していくと、例82、83の表現となる。例82、83になると、具体性を持つようになり、表現としてだんだん自然になってくる。ただし、例82の成立は、聞き手からの意志要求が必要とされるが、例83はそういった制限がなく、いきなりの発話としても成立する。

　　（82）我　去　　学校。
　　　　　私　行く　学校
　　　　　私は学校に行く。
　　（83）我　現在　去　　学校。
　　　　　私　今　　行く　学校
　　　　　私は今学校に行く。

　もちろん主語、未来時制を表すマーカーが明示されなくても、意志表現として成り立つものもある。その場合は、談話の流れや場面によって具体性が与えられているのである。例81の「行く」は、例84においては、成分が欠けていても、相手の発話や状況の設定などによって補われている。

　　（84）明天　的　聚会　　你　　去　不去？

明日　の　パーティ　あなた　行く行かない
明日のパーティは行く？
去。
行く。

　沈家煊（2007）では、例83のような自由形式（使用の制限なし）と例82や例81のような拘束形式（使用の制限がある）の対立について、「中国語の統語範疇というものが、かなりの程度で語用範疇によって構成されているため、語用範疇を離れると統語論を論じることができなくなる、あるいは、論じられる統語論は大してなくなってしまう、ということを意味する」（日本語訳：影山2012：236）としている。[10]

　上述の例文と共に総合的に考えると、中国語の動詞無標形自体は、非現実性を持っておらず、モーダルな意味も備えていない表現である。つまり未来時制を表す成分と共起していない動詞無標形は、ただ抽象概念を表す素材表現に過ぎないのである。[11] 従って、動詞無標形は、未来時制を表す時間副詞「再」「就」やアスペクト表現「了」や語気助詞「吧」を付け加えて初めて意志表現の「スル」の対訳形式として機能するのである。これらの表現によって、動詞基本形は非現実性を帯びるようになり、意志表現として成り立つわけである。大河内（1997）では、動詞述語形式と種々の補助成分との関係について、「補助成分をとることによって、裸の動詞とは違った特異な機能を得ているのである」（1997：170）と指摘している。

　更に、中国語の動詞が、そのままの形で名詞としても成り立つことは、動詞基本形が素材表現であることの裏付けの一つではないかと考えられる。例85を見てもらいたい。「去图书馆学习（図書館へ勉強しに行く）」という表現はそのまま名詞になる。

(85)　去　　图书馆　学习　　　是　　　他　的　习惯。
　　　行く　図書館　勉強する　（コピュラ）彼　の　習慣

<u>図書館へ勉強しに行くことは彼の習慣です。</u>

沈家煊（2007）は、中国語の動詞が指示語にも陳述語にもなる現象について、次のように論述している。

> 「中国語の名詞・動詞を構成するのがすなわち指示語・陳述語（語用範疇）であり、このため、「統語上」どんな範疇であるかという問題は存在しない。動詞は陳述だけでなく、指示にも用いられるが、動詞が指示語として用いられる場合、中国語では構成の関係になることから、もし上記の問いから統語上（"句法上"）という三文字を削れば、"出版"は動詞（陳述語）であり名詞（指示語）でもあるということができる。」[12]（日本語訳：影山2012：233）

また、沈家煊（2007）では、明確に中国語の動詞が名詞の下位範疇の一つであり、「動態的な名詞」だと指摘されている。また名詞の下位範疇として、動詞の特殊性は、述語という典型的な機能を持つことにあるとされている。

素材表現という名詞的な性質から、中国語の動詞無標形は意志表現として「スル」より更に自由度が高くなる。意味から言えば、「スル」と同じように、即座の意志と既定の意志、つまり予定の両方を表すことができる。一方、伝達性の面から見れば、「スル」が基本的に伝達性を持つ表現であるのに対し、中国語の動詞無標形は対話にも独り言にも使える。

以上のことに基づき、日中両言語の動詞無標形の相違は次のようにまとめることができる。日本語の動詞無標形「スル」は未来の動作を表す非現実性を備え、一定の条件を備えると、そのまま意志表現になるが、中国語の動詞無標形は非現実性を持っておらず、そのままの形で未来の動作を表すことができない。[13]意志のモダリティを表す文の意味的構造における中国語の動詞無標形の非現実性は、未来時制を表す時間副詞や非現実性を備える文末表現、

または文脈や場面によって与えられている。

4.1.2 動詞無標形の意志表現の非現実性の特徴

　日本語の無標形式の「スル」で表す意志について、益岡（2007）は、二つのタイプがあり、それは発話時に形成された意志（「決意」と呼ぶ）と発話時以前に既に定まっている意志（「既定の意志」と呼ぶ）であると述べている。研究者によって呼び方は多少違うが、「スル」は即座の意志と既定の意志の両方を表すことが広く認識されている。では、中国語の動詞無標形で表す意志はどうだろう。

　中国語の動詞無標形が意志表現として成立するための制限は日本語の「スル」形式より多いが、素材表現という名詞的な性質を備えるので、いろんな表現と組み合わせられ、「スル」より更に意味のバリエーションが多い。中国語の動詞基本形は基本的に即座の意志も、既定の意志も、心内発話にも会話にも用いることができる。ここでは、意志表現によく現れる動詞無標形の三つのパターンを取り上げて詳しく見ていく。

　まず、「未来時制を表す時間詞＋動詞無標形」について。例77〜79のように、この場合の意志表現としての動詞無標形は将来のある時点にある動作を行う予定を表している。この場合は、基本的に既定の意志を表している。

　次に、「動詞無標形＋了」の形式もよく見受けられる。「了」は、絶対的な非現実性を備える表現ではない。「了」は完了や変化を表すアスペクト表現で、現在にも過去にも使える。従って、「動詞無標形＋了」を使う表現は、「動作の完了」と動作を行う意志の両方を表すことができ、その区別は形からではなく、場面から判断するしかない。意志表現としての「動詞無標形＋了」における「了」は、動作の完了や変化を表すのではなく、場面の変化を表していると思われる。例えば、その例として次のような例文が挙げられる。

(86) 我　　去　　吃　　饭　　了。
　　 私　 行く　食べる　ご飯　了

〈私はご飯を食べに行く。〉

　例86は未実現の動作について言及する場合、意志表現として成り立つ。この場合の「了」は「ご飯を食べに行っていない場面」から「ご飯を食べに行く」場面への変化を表している。例86のような表現は、変化の宣言である。従って、例86のような「動詞無標形＋了」の意志文の動作は、その後まもなく行うものが多い。例えば、出かける時家族に対して言う「行ってきます」のような表現は、中国語に訳されると、「動詞無標形＋了」が用いられる「我走了」の形になる。
　最後に「動詞無標形＋吧」について見てみよう。「吧」が文末に来る動詞述語文は、勧誘や動作の申し出を表すことができるので、よく意志表現と誤解されている（土岐2010）。しかし、次の用例を見てわかるように、意志を表す機能は「吧」によるものではなく、動詞無標形によるものである。つまり、例87、88は「吧」がなくても意志表現として成り立つのである。ただし、「吧」を外すと、かなり強引な表現になりがちである。

(87) 一起去吧。
　　　一緒に行こう。
(88) 我来吧。
　　　私がやろう。

　動詞無標形は、話し手の未実現の動作を表す時、話し手の意志を表すが、聞き手の未実現の動作を表す時、聞き手への命令を表すことになる。どちらも、そのまま表せば断定的な表現になり、「吧」(14)を付け加えることで断定を避け、文の調子が和らぐ。もちろん、「吧」は対人的な機能以外に、非現実性を与えることができる。「吧」は終助詞として、話し手の即座の感情や態度を表す表現なので、動詞無標形に具体的な場面と時間を与えるのである。
　益岡（2002）では、意志表現についての無標形式と有標形式の対立の中

で、「スル」と「ショウ」の関係について、次のように表している。

　　　スル（無標形式：定）──　ショウ（有標形式：非定）

　益岡によると、「スル」は有標形式と対立する場合、定の真偽判断（すなわち、「断定」）か定の意志（「定意志」）を表す。一方、「ショウ」は定保留を表す表現であり、意志表現としては、非定の意志を表すとされている。非定意志とは、まだ定まっていない意志を表すと定義されている。非定意志を表す場合として、三つのケースが考えられる。話し手の非定の意志を表すもの、勧誘を表すものと行為の申し出を表すものである。更に、勧誘を表す用法と行為の申し出を表す用法では、話し手自身の意志は定まっていても聞き手との関係で非定意志の形を取るものと考えられるとしている。
　しかし、「ショウ」で表す意志は、本当にまだ定まっていないものなのだろうか。非定意志を表す典型例として、益岡（2007）は次のような例文を挙げている。

　　（89）行こうか止めようか。どうしよう。よし、行こう。

　この例は、「決意すると同時に発話されるものである。この場合、決意された瞬間では、意志はまだ定まった状態にないものとして扱われている。」（益岡2007：179）とされている。しかし、例89を見る限り、むしろ定まっていない状態から定まった状態への変化を捉えていると思われる。最後の「よし、行こう」は、決意した瞬間、つまり、決定が下された瞬間でもある。ここで定意志の「行く」が現れないのは、意志が定まっていないのではなく、形式上「行く」は決意の瞬間を表すことに重きを置く表現ではないからである。この点について、宮崎（2006）も同じような考えを示している。

　　　…決意前の段階を表すのは「ショウカ」であって、「ショウ」はむし

ろ決意や決心の瞬間を捉えている。「シヨウ」と「スルダロウ」は、非現実の出来事を対象的な内容の中に描き出してはいるが、だからと言って、判断が未成立であることを意味するのではなく、「シヨウカ」「スルダロウカ」との対立において、むしろ判断の成立段階を捉えていると考えるべきではないかと思う。このように、意志表現としての「シヨウ」は、決定段階にある話し手の意志を表現するのであり、…（p.48）

更に、益岡が挙げている「シヨウ」の三つの意味の連続性から考えれば、やはり、「シヨウ」による意志は、決められたものでなければ、聞き手への勧誘や申し出が成り立たなくなるのではないかと思われる。

しかし、意志を表す「シヨウ」を「定」とすれば、推量を表す用法と矛盾が生じてしまう。この点について、どう考えればよいだろう。

ここでは、話し手の中での決定と事態実現の確実さを区別したい。前に述べたように、「シヨウ」による意志は話し手の中で既に決まったものである。しかし、このような話し手の中で既定の意志は、「スル」による確実の意志と違うものである。そもそも、「シヨウ」は「意志」の実行の確実さより、実行する決心を強調する表現で、基本的に発話段階では、話し手が意志を定めたつもりでいても、実行の確実さに対して関心を持っていないのである。例えば、ある旅番組で、主役となる旅行者は、時間の関係で行けなかった観光地について、次のような発話をしている。

(90) 絶対、今度行こう。

例90は、話し手の「行く」決心を強く表しているが、行くという行為がどれぐらい確実に行われるかは明確ではない。同じように、「シヨウ」は対人対話において、確実さによる強制力がないため、聞き手にも決定権を与える勧誘や動作の申し出の発話になるわけである[15]。そういう意味で、「意志」を表す「シヨウ」は、事態の不確実さを表す推量用法の「シヨウ」とも意味上

において、同じである。益岡（2007）は「シヨウ」の全般的な用法を考えたうえで、「スル」との対立を意識し「非定」としているが、本研究はこのような観点を否定していない。ただし、本研究は「シヨウ」が事態実現の不確実さを備えながら、発話における話し手の意志が既定のものであることを強調したい。発話時の話し手の決まった意志を表す点は「シヨウ」を「シタイ」などの願望表現と区別し、事態実現の不確実さを持つ点は、「シヨウ」を「スル」のような予定を表す表現と区別しているのである。

従って、単純に「シヨウ」による話し手の意志は定か不定かという観点から見ると、発話の時点では定まっていると言わざるを得ない。「シヨウ」による意志は打ち消しや変更が許容されないこともその裏付けである。しかし、定意志とはいえ、「スル」と同じレベルのものではなく、発話時限定の定意志と規定したい。

中国語の動詞無標形は、意志表現として成り立つ場合、基本的に定意志を表す表現である。「スル」と同じように、既定の意志も発話時に決まった意志も表すことができる。また、文末にモーダルマーカー、例えば「吧」を付けると、上述の「シヨウ」のような、聞き手に関係する勧誘を表す用法と、行為の申し出を表すことができる。前に述べたように「吧」は対人関係を表す表現だからである。益岡（2007）における話し手の意志を表す「シヨウ」は、特に心内発話の場合、動詞無標形そのままになるのである。例えば、迷う時の「どうしよう」は中国語に訳されると、「怎么办？」になり、「吧」が現れない。

4.2　有標形式の意志表現の非現実性

4.2.1　有標形式の意志表現の非現実性のあり方

有標形式は、意志を表すマーカーを有することによって無標形式と対立関係を構成している。意志表現としての有標形式は、本書では日本語の「シタイ」「シヨウ」「スルツモリダ」、中国語の「要」「想」が挙げられる。これら

の意志表現は現在時制で使われる時、未実現の動作を行う意志を表し、言うまでもなく非現実性を備えている。しかし、非現実性のあり方は、多少差が見られる。

「ショウ」は典型的な有標形式の意志表現として、過去の意志や、一人称以外の意志を表すことができず、話し手のリアルタイムの意志しか表せない。「行こう」という文は、どんな文脈に置かれても、話し手のリアルタイムの意志しか表さない。一方、「シタイ」「スルツモリダ」は、過去の時制にも使われる。しかし、過去の時制に使われても、話し手の意志の内容となる動作が未完成のものである点に変わりはない。

(91) あの国、一度行ってみたかった。
(92) 来年、留学に行くつもりでした。

更に、「スルツモリダ」は、「シタイ」「ショウ」と比べて、人称の制限がなく、話し手以外の三人称に使うこともできる。

一方、中国語の有標形式の意志表現の「要」と「想」も、非現実性を備える表現である。「要」「想」は「スルツモリダ」と同じように、過去の時制にも現れるし、人称の制限もない。ただ、過去の時制に現れても、未実現の動作を表すことに変わりはない。

4.2.2 非現実性の特徴

4.1.2で既に述べたが、「スル」「ショウ」と中国語の動詞無標形は「定意志」[16]を表す表現である。では、ほかの表現はどうだろう。結論から言えば、「シタイ」「スルツモリダ」「想」は「未定の意志」を表す表現で、「要」は定意志を表す表現である。

まず、ここでは、「定意志」「不定意志」「未定意志」の概念について見てみよう。益岡（2007）では、「スル」で表す意志は「定意志」で、「スルカ」「ショウカ」で表す意志は「不定意志」とされている。「定意志」は定まって

いる意志であるが、「不定意志」は定まっていない意志である。筆者がここで一緒に挙げる「未定の意志」とは、定まっていない「不定意志」と「定意志」の間にあるもので、完全に定まった意志ではないものである。「定意志」は、既に定まった意志で、基本的に変更したり、打ち消したりすることがないとされる。しかし、「未定の意志」は、完全に決まっていない部分があるので、必ず実行されるとは限らない。「シタイ」「スルツモリダ」「想」はこのような「未定の意志」を表す表現である。理由として、次のようなものが挙げられる。

　一つ目は、意志のモダリティを表す文の意味的構造における意志動詞についての考察では既に言及したが、「シタイ」「スルツモリダ」「想」は、「スル」「シヨウ」のような実行しようとする姿勢を表す表現と違い、話し手が動作を行おうとする意向や意図の表出に重点を置いているのである。この点について、「シタイ」と「想」は話し手が制御不能な動作や事態を意志の対象内容にできることにも裏付けられる。一方、「スルツモリダ」もそもそも「ツモリ」が名詞的で静的な表現であるため、動作の実行より、意図を述べることに重点が置かれるのである。

　二つ目は、「シタイ」「スルツモリダ」「想」で表す意志は、変更や打方消しが許容される。上でも同じような用例を挙げたが、ここでもう一度見てみよう。

(93) 僕の秘書を紹介しましょうと言いたいところですが、うちも人手不足で。　　　　　　　　　　　　　テレビドラマ『CHANGE』
(94) 人生180度変えるつもりだったけどできなかった。
　　　　　　　　　　　　　　　　　　　テレビドラマ『ドラゴン桜』
(95) 我想去学校，可是没时间。
　　　学校に行きたいが、時間はない。

「想」が未定の意志を表すのに対し、「要」は定意志を表す表現である。ま

ず、「要」による意志は、変更や打ち消しが許容されない。例95の「想」は「要」に置き換えることができない。この点について、張万禾（2007）でも言及されている。張は「要」と「想」の区別について、「要」で表す意志・願望は確定したもので且つ変更できないという特徴を持っていると述べている。

更に、「要+了」の意味は、「動詞無標形+了」の意志文に近く、発話後まもなくある動作を行うことを意味しているのである。実際に、「要〜了」は将然相を表すアスペクト表現としてもよく取り上げられている（相原1996）。何故なら、「要」は生物だけではなく、無生物が将来の時点で行う動作を表すこともできるからである。もちろん「要」は単独の場合でも、将来の時点（発話時を基準）のある動作や事態の発生を表すことができる。ただし、対象動作が意志的な動詞の場合、意志の意味が前面化しやすいのである。いずれにせよ、「要」は話し手の断定する態度を表す表現で、意志表現の場合は「定意志」を表すのである。

(96) 我要回家。
　　　家に帰る。
(97) 我要回家了。
　　　家に帰るよ。
(98) 飞机要起飞（了）。
　　　飛行機はもうすぐ出発だ。

上で述べたように、「要」の意志の対象動作で、話し手が制御不能なものもあるのである。つまり、「要」による意志の中には、対象動作が現実的に実現できないものもある。このような現象は一見「定意志」を表すことと矛盾しているように見える。しかし、「定意志」はあくまでも話し手の事態に対する断定的な態度を表し、事態が必ず実行されるとは限らない。また、この問題については、「要」のモーダルな意味を見る必要があるので、次の章

で詳しく検討する。

4.3 まとめ

　以上、日本語と中国語の意志表現が意志のモダリティを表す時の非現実性について考察を行った。結論として、中国語の動詞無標形は、それ自体に非現実性を備える表現ではなく、共起表現、文脈や場面によって非現実性を持つのである。非現実性を持って初めて、意志のモダリティを表す意志表現になるのである。それに対し、日本語の「シヨウ」「スル」「スルツモリダ」「シタイ」及び中国語の「要」「想」は、発話時の未実現の動作を表す表現なので、それ自体に非現実性を備える表現である。更に、上述の意志表現の非現実性の意味について次のようにまとめることができる。

表3　意志のモダリティを表す文の意味的構造における意志表現の非現実性の意味

	定意志	未定の意志
日本語	シヨウ(17) スル	シタイ スルツモリダ
中国語	動詞基本形（非現実性を備えるもの） 要	想

5　終わりに

　本章は、意志表現による意志のモダリティを表す文の意味的構造を確立し、その意味的構造における意志表現について考察を行ってきた。意志のモダリティを表す文の意味的構造が成り立つには、一人称主体、意志動詞、意志を表すモーダルマーカーの三つが必要とされる。本章では、談話に使われる意志のモダリティを表す意志表現について、文単位で考察し、一人称主体や対象動詞との関係、非現実性のあり方の三つの面から論述した。

　一人称主体が明示されるか否かの問題については、中国語と日本語には顕

著な相違が見られる。日本語の意志表現は、一人称主体を特に強調する必要がない場合、通常一人称主体が明示されない傾向がある。それに対し、中国語の意志表現は、一般的に一人称主体の明示が必要とされている。むしろ不表示の場合は意味不明になったり、具体的な意志表現によって、別の意味（命令）になったりする可能性がある。このような現象は、言語の主観性の程度に関わると思われる。日本語は主観性の高い言葉とされ、この点においては、中国語との明確な差が現れる。

　次に、意志表現と対象動詞との関係について、主に話し手の対象動作の制御性という角度から考察を行った。結論は、p.98で挙げた表1の通りである。

　最後に、意志のモダリティを表す意志表現の非現実性について、非現実性のあり方と非現実性の意味の二つの面から考察を行った。上で述べたように、他の意志表現と違い、中国語の「動詞無標形」はそれ自体に非現実性を持っていない表現である。このような違いは、動詞無標形のみでの使用には制限をもたらしているが、他の成分を付加することで動詞無標形の意志表現として表現できる意味の範囲を広げているのである。[19]

　また、日本語と中国語の各意志表現の非現実性の意味、主に定意志か未定の意志かという点については、上の表3のような結論に辿り着いている。[20]

　以上、意志のモダリティを表す文の意味的構造の成立条件から日本語と中国語の意志表現を考察したが、本章の結論を生かして、次の章で更に意志表現のモーダルな意味を検討していく。

【注】
（1）　意志動詞の定義や性質、範囲について更なる厳密な規定が必要と思われるが、本書は、動詞中心の研究ではないので、それについての考察は今回は割愛する。しかし、意志表現を考える時、動詞は基本であり、意志表現についての研究を深める重要なものであることを強調しておきたい。
（2）　調査の対象となる用例は、基本的に「シタイ」が述語部分に現れるものに限られている。従って、ここで取り上げている「シタイ」文は必ずしも「シタイ」

で完結するのではなく、「シタイ＋ノダ」の形も含まれている。ただし、文末に「ノダ」が現れる場合は、話し手の願望の直接的な表出ではなく、表面上では、話し手の願望、意欲についての説明になるのである。しかし、話し手の願望や意欲を表す点において変わりはないので、ここでは敢えて区別しない。

（3） 具体的には、『白夜行』『博士の愛した数式』『世界の中心で、愛をさけぶ』である。

（4） ここで挙げているドラマの台詞の訳は『ドラマで楽しむ中国語』によるものである。以下『田教授家の28人の家政婦さん』から出た用例も同様。

（5） 日本語訳は『中国語ジャーナル』によるものである。以下『敗犬女王』『ホントの恋の見つけかた』『恋・愛・都・市～恋がしたい』も同じ。

（6） 記号学によると、記号と対象との関係が位相的に類似性、共通性に基づくものが類像である。

（7） 「要」と「想」の相違については、モーダルな意味及び談話における機能を概観したうえで、第4章で更に詳しく述べることにする。

（8） しかし、スル形は必ず未来の動作を表すとは限らない。尾上（2001：394）では、「（主文述語に限っても）スル形は必ずしも非過去時を表さない。（ⅰ）スル形が時間性を持たない場合がある。（ⅱ）ある動詞のスル形は現在時を表し、ある動詞のスル形は未来時を表すと決まるものではない」とされている。本研究は、意志を表すスル形を対象にしているため、基本的に「未来」や未実現の動作を問題にしている。

（9） 例えば、「どこへ行く？」「何をしに行くの？」など予定についての問いに対する回答として自然になる。

（10） 沈家煊（2007）の日本語訳は影山・沈力（2012）の『日中理論言語学の新展望3　語彙と品詞』によるものである。

（11） 尾上（2001）では、橋本説や渡辺実説を踏まえ、終止形の「する」も素材表示的な意味を持っていると認識されている。しかし、中国語と較べると、「スル」形は、特に意志に関わる諸用法は時間との関係が明らかなものなので、ここでは「スル形」の未実現の動作を表す面に着目することにする。

（12） 沈家煊（2007）によると、文法概念あるいは文法範疇のメタファーに「実現性」と「構成性」の違いがある。二つの類似した文法範疇のうち、一方が具体的で、もう一方が抽象的である場合において、後者に対する理解が、前者の説明を借りて後者を具体化するに過ぎないならば、二者の関係は実現の関係である。また、もし後者に対する理解がすなわち前者であり、前者を離れると後者の概念がなくなってしまうのであれば、二者の関係は構成の関係である。印欧

語が「実現性」であるのに対し、中国語は「構成性」である。

(13) 「スル」と中国語の動詞無標形は、definite・indefiniteの観点から見れば、「スル」はある程度限定されたもので、中国語の動詞無標形は、どちらかというと「to drink」や「飲み」のような限定されていない抽象的な動作である。もちろんこの点について、更なる観察と議論が必要である。第2章の冒頭の「意志動詞」の問題と合わせて、意志表現をめぐる動詞中心の研究が必要であると思われる。意志表現に関する動詞の研究は、本書では取り組むことができなかったが、これからの研究の方向にしたい。

(14) 胡明杨（1981a,b)は、「吧」は肯定文に用いられる時、肯定を表す文を肯定保留を表す文に変えるだけである。また、肯定の叙述に肯定保留の語気を加えると、「信じるところを伝える」ということになるとしている。

(15) 談話における対人的機能については、第4章で更に詳しく述べることにする。

(16) ただし、「シヨウ」は「発話時限定の定意志」である。

(17) 発話時限定という条件付き。

(18) 特に、「動詞無標形」と「要」。

(19) 共起する表現の助けにより、意味のバリエーションが多様になるということ。

(20) 表3を参照されたい。

第3章　意志を表す表現形式のモーダルな意味

0　本章の内容

　第2章では、意志のモダリティを表す文の意味的構造において、構造と意味との関係から意志を表す表現形式について考察を行ったが、本章はもっぱら意味に着目し、意志を表す各表現形式のモーダルな意味について考察を行う。ここで言及するモーダルな意味とは、意志だけではなく、各形式に見られるほかのモーダルな意味も含まれている。本章は次の四つの節からなる。第1節では、日本語と中国語の意志を表す表現形式が表している意志のモダリティの意味を細分化し、各形式で表す意志のタイプを詳細に規定する。この節では、日本語の意志を表す表現形式についての定義に基づき、中国語の意志を表す表現形式を考察し、意志のタイプを規定するという形で論述を進める。第2節では、意志のタイプの相違に見られる情意的・認識的性質から、各形式で表す意志のモーダルな意味の特徴について、考察を更に深める。意志のモダリティの内部には情意的性質と認識的性質との間につながりが存在することを確認できる。更に、第2節で確認した情意と認識のつながりは、各形式の全体的なモーダルな意味からも確認できるので、第3節では、意志を表す表現形式の各形式に見られる意志という情意系のモーダルな意味と認識系のモーダルな意味との関わりについて論述する。第4節では、第3章のまとめをする。

1　意志のモーダルな意味

1.1　日本語の意志のモーダルな意味の細分化

　意志を表す表現形式に見られる意志のモーダルな意味を更にわかりやすくするため、意味の細分化をする必要がある。つまり、各意志を表す表現形式は、実際の使用の中で、どんな意味で使われているのかを、検討すべきである。第2章では、意志を表す表現形式について、意志のモダリティの意味的構造において、一人称の表示・不表示や各意志を表す表現形式の動詞の制限、非現実性の意味から考察を行った。ここでは、動詞の制限、非現実性の意味に基づき、各表現形式の表している意志のモーダルな意味を説明する。まず、日本語の状況を見てみよう。

表1

	シタイ	シヨウ	スル	スルツモリダ
動作に対する制御性が必要か	不要	必要	必要	必要
非現実性の意味	未定の意志	発話時限定の定意志	定意志	未定の意志

　表1のような性質を踏まえ、また、先行研究を参考にして、上述の意志を表す表現形式の具体的な意味について、次のように規定しておきたい。
　まず、話し手は意志の対象動作をコントロールできないが、動作の実現を望む場合の意志を「願望」と規定する。対象動作が話し手によって制御不能なタイプである「シタイ」は、典型的な願望表現だと思われる。更に、「シタイ」の対象動作が話し手の能力によって実現できる場合、「願望」ではなく、「意欲」(1)と呼びたい。一方、対象動作は話し手がコントロールできるものだが、まだ定まってはおらず変更可能な意志を表す「スルツモリダ」は「意図」を表すものと規定する。これについては、安達（1999）の呼び方を

参考にしている⁽²⁾。そもそも、形式名詞の「つもり」が心積もりを表す表現で、意志を表す表現形式としての「スルツモリダ」もこの意味を受け継いでいるのである。「意欲」を表す「シタイ」と「意図」を表す「スルツモリダ」は、単に意志のモダリティの意味的構造から見ればかなり近いが、実際にはまったく違うものである。両者の相違については、後の節で論述する。

　意志の対象動作が話し手のコントロールする事態で、定意志を表す表現形式は、意志の定まった時間によって、「予定」か「決意」かに決められる。発話時に決まった意志は、「決意」と呼び、発話時の前に既に決まっている意志は「予定」と呼ぶ。「シヨウ」は、発話時の意志しか表せないので、「決意」を表す表現であるが、一方「スル」は両方とも表すことができる⁽³⁾。しかし、「シヨウ」による「決意」は「スル」による「決意」と決して同じものではない。「スル」による「決意」は実行の確実性を強調しているが、「シヨウ」による「決意」は、決心をする瞬間を捉え、決心の強さを強調している。「シヨウ」による意志は、基本的に聞き手の存在を必要としていないが、聞き手が存在する場合、聞き手との関わり方によって、派生的な意味が生じる。話し手の表す対象動作に聞き手も参加してもらおうとする場合、「シヨウ」は勧誘、更に命令の意味となる。また、話し手が聞き手に対象動作を行うことを申し出る場合、動作の申し出になるのである。これらの用法については、先行研究で数多く取り上げられている。しかし、これらの用法は聞き手の存在する談話における話し手の発話意図に関わるものなので、基本的にモーダルな意味とはみなさないことにする。

　以上のことをまとめると、次の表2になる。

表2

	シタイ	シヨウ	スル	スルツモリダ
動作に対する制御性が必要か否か	不要	必要	必要	必要
非現実性の意味	未定の意志	定意志	定意志	未定の意志
意志のモーダルな意味	願望・意欲	決意	決意・予定	意図

以上、先行研究や、各表現形式の特徴をおさえながら、日本語の意志を表す表現形式の「シタイ」「シヨウ」「スル」「スルツモリダ」の意志のモーダルな意味を考察した。

1.2　中国語の意志のモーダルな意味の細分化

　1.1で述べた日本語の状況を参考に、中国語の意志を表す表現形式による意志のモーダルな意味について見てみたい。まず中国語の意志を表す表現形式についての第2章での考察結果を次の表で見てみよう。

表3

	想	要	動詞無標形 （非現実性を備えるもの）
動作に対する 制御性が必要か	不要	不要	必要
非現実性の意味	未定の意志	定意志	定意志

　表3の結果に基づき、中国語の意志を表す表現形式を日本語と比較しながら、意志のモーダルな意味を見ていきたい。まず、「想」と「シタイ」について見てみよう。

1.2.1　「想」の意志を表す表現形式としてのモーダルな意味

　話し手の対象動作に対する制御性と非現実性の意味から考えれば、「想」と「シタイ」は完全に一致している。しかし、これは、「想」が「シタイ」と同じモーダルな意味を持つことを意味しているのだろうか。両者のモーダルな用法を比較してみよう。

　まず、「想」のモーダル動詞としての意味を考える前に、「想」の基本的な意味を考える必要がある。「想」はそもそも思考動詞であり、「思考する、想像する」という意味を持っているとされている。このように、思考動詞とし

ての「考える」を表す用法が最も基本的であるが、実際の使用においては、「思い出す、思い起こす」「懐かしむ」「願望・心積もり」「見積もり・推測」などの意味も生じ、定着するようになった。いずれの用法にせよ、「想」の基本的な意味「考える・思考する」がベースとなっていることに変わりはない。その上で、問題にしたいのは、話し手の意志に関わる用法である。

　「想」の意志のモーダルな意味を考える時、対象動作が話し手によって制御不能なものと制御可能なものに分けて、見ていく必要がある。対象動作を話し手によって制御できないものの場合は、願望になる。

(1)　他則把双手插進裤袋，十分平静地说："我想和你谈谈。"
　　　　　　　　　　　　　　　　　　　　　　　　《四月三日事件》
　　　彼は両手をズボンのポケットに入れ、穏やかな口調で「ちょっと話したい。」と言った。
(2)　"福贵，我不想死，我想每天都能看到你们。"　　　　《活着》
　　　「福貴、わたし、死にたくない、毎日家族の顔がみたいわ」
　　　　　　　　　　　　　　　　　　　　　　　　　　『活きる』
(3)　"我想请你们看篇稿。"女孩红着脸说。　　　　　　《王朔文集》
　　　「あなた達に原稿を見てもらいたいのですが」女の子は顔を赤くして言った。

　例1、3の「想」の対象動作は聞き手の協力を得て初めて動作が実現できる。そして、例2の「毎日家族の顔がみたい」という事態は、話し手でコントロールできるものではなく、ただ話し手の願望に過ぎないのである。
　一方、「想」の対象動作が話し手によってコントロールできるものもよく見かける。

(4)　我想进城赶明早的班车。
　　　明日のバスに間に合うように、町に行こうと思います。

(5) （友人に結婚の予定を伝える時）我们想明年结婚。
　　来年結婚するつもりだ。

　例4、5のような「想」は、話し手の既に決まった意志を表し、「予定」に近いものである。しかし、「想」による意志は、変更や取り消しが可能なので、「予定」ではなく、ただの「意向」である。「想」による「意向」と「スルツモリダ」による「意図」はほぼ同じものだが、「スルツモリダ」による「意図」は聞き手あてのものであるのに対し、「想」の「意向」は話し手中心のものである。更に、「想」で表す「願望」と「意向」は「シタイ」の「願望」「意欲」と区別する必要がある。「シタイ」は話し手の望んでいる気持ちを直接表す表現であり、話し手の意欲をそのまま表すのに対し、「想」はそもそも思考を表す動詞で、「想」による意志は「考え」の一種であり、望んでいる気持ちの強さは「シタイ」ほど強くないのである。従って、強い気持ちを表す「シタイ」は、例6のように「想」ではなく、しばしば「要」と訳されている。

(6) 赤いスズキアルトに乗った小さな女の子が、助手席の窓から顔を突き出し、ぽかんと口を開けて青豆を眺めていた。それから振り向いて母親に「ねえねえ、あの女の人、何しているの？どこにいくの？」と尋ねた。「<u>私も外に出て歩きたい。ねえ、お母さん、私も外に出たい。</u>ねえ、お母さん」と大きな声で執拗に要求した。母親はただ黙って首を振った。それから責めるような視線を青豆にちらりと送った。　　　　　　　　　　『1Q84 BOOK1』

中国語版訳

　红色SUZUKI ALTO车上的小女孩，从助手席窗户伸出头来，嘴巴大大张开眺望着青豆。然后转向母亲问「妈妈，那个女的，在做甚么？她要去哪里？」大声执拗地要求「<u>我也要出去外面走。你看，妈妈，我也要出去。</u>好不好，妈妈。」母亲只是默默摇头。然后对青豆一瞥，

122

投以责备似的眼神。　　　　　　　　　　　　　《1Q84BOOK1》

1.2.2　「要」の意志を表す表現形式としてのモーダルな意味

　中国の漢の時代に書かれた『説文解字』という中国の最も古い漢字字典では、「要」の本来の意味は「身中」で、「からだの中間」つまり「腰」のことを指している。腰は体の要の部分なので、そこから「重要」「肝心」の意味が派生し、また、腰が帯を結ぶところということから、「約束」の意味も派生した。現代中国語では、「要」は動詞として基本的に「（〜が）欲しい、（〜を）必要とする」や「（〜を）もらう、（〜を）要求する」という意味で使われている。モーダル動詞としての「要」は、意志を表す時、「願望」を表すこともできれば、「決意」や「予定」を表すこともできるのである。
　「要」は、例7のように話し手が対象動作をコントロールできない場合、「願望」を表すのである。

　（7）　"……来世──如果有的话──<u>我要当一朵花，在阳光中开放；我要当一只小鸟，飞在天空，只让孩子们着迷</u>……"刘华玲说不下去了，呜呜哭起来。　　　　　　　　　　　　　　　　《王朔文集》
　　　　"…来世──もしあれば──<u>私は花になって、日光を浴びて咲きたい；私は小鳥になって、空を飛び、子供達に夢中になってもらいたい</u>…"劉華玲は話が続けられなくなって、オンオンと泣き出した。

　ただし、「要」による「願望」は「想」と比べれば、望んでいる気持ちが強いものである。というのは、「要」はそもそも話し手の要求や欲望を表す表現だからである。願望を表す点においては、「シタイ」と一致している。
　対象動作が話し手によって制御できる事態の場合、「要」による意志は即座の意志であれば「決意」となるが、発話時以前に決めてあるものであれば、「予定」となる。

(8) "我一定要把这件事搞个水落石出！"老单铁青着脸，声音嘶哑地说。
　　　　　　　　　　　　　　　　　　　　　　　　　《王朔文集》
　　「俺は必ずこの事件の真相を明らかにしてやる」単さんは怒りで血相を変え、かすれた声で言った。
(9) 我不放弃自己的要求，我要捍卫自己的权益。　　　《王朔文集》
　　私は自分の要求を諦めない、私は自分の権利を守る。

　例8、9は話し手の発話時の意志を表しているので、「決意」となる。しかし、「要」による決意は、「スル」による決意と同じように、決定を下した瞬間を強調するものではなく、必ず実行するという姿勢を強調するものである。従って、次のような決心をする瞬間を捉えた「決意」を表す「シヨウ」は中国語に訳される時、「要」が現れないのである。

(10)　「その通りだ。19なら？」
　　　「4×5－1です」
　　　「実に正しい」
　　　幸福そうに博士はうなずく。
　　　「もう一つ付け加えよう。前者の素数は常に二つの二乗の和で表せる。しかし、後者は決して表せない」　　　『博士の愛した数式』
　中国語版訳
　　　"正确。19呢？"
　　　"4×5－1。"
　　　"完全正确。"博士一脸幸福地点点头。"再附加一题。前一个素数通常用两个数的平方和来表示，但是后面一个决不能这样表示。"
　　　　　　　　　　　　　　　　　　　　　　　　　《博士的受情算式》

　最後に、「予定」を表す「要」を見てみよう。

(11)"我想起来了，今天我不能带你到我家去，我要回家接待一个代表团，由乡下亲友组成的代表团。"　　　　　　　　　　《王朔文集》
「思い出した。今日はあなたを家に連れて帰れないんだ。家に戻って代表団を接待することになっているから。田舎の親戚からなる代表団だけど。」

(12) 秦朗：心蕾，我有话跟你说。其实我明天……要回台湾。
　　　　　　　　　　　　台湾ドラマ『ホントの恋の見つけかた』
日本語訳文
　　秦朗：心蕾、話があるんだ。実はあした……台湾へ帰るんだ。

例11、12の「要」の意志は基本的に発話時以前に決まったものである。例11の「田舎の親戚の代表団を接待する」ことも、例12の「台湾に帰る」ことも発話時に形成するものではなく、それ以前に決定されたものである。「要」による「予定」は、「スル」による「予定」と同じように、実現の可能性はかなり高い。ただし、「要」は、意志を表す用法以外に、他のモーダルな用法もあるので、上述の「決意」や「予定」を表す「要」は、「当為」と解釈することもできる。何故このような曖昧さが生じるのか、後の節で詳しく見ていく。

1.2.3　中国語の動詞無標形

最後に、中国語の動詞無標形の意志を表す表現形式としてのモーダルな意味を見てみよう。第2章で述べたように、中国語の動詞無標形自体は非現実性を持っていないので、文脈や、関連表現によって非現実性を与えられることが必要とされる。非現実性を持つ動詞無標形は、意志を表す表現形式として、コントロールできる動作や事態を対象に、定まった意志を表している。このような性質から、中国語の動詞無標形は、日本語の「スル」形式に意味上は近いことがわかる。というのは、中国語の動詞無標形にも発話時の「決意」と発話以前に決まった「予定」のモーダルな意味があるからである。た

だし、前節で述べたが、「スル」による決意と「シヨウ」による決意は違うのだが、中国語の動詞無標形は、両方の「決意」を表すことができる。

(13) 小胖：小妹就这么一次了，算你救我了，他们那帮人说得到做得到，要不然到时候我死了，你伤了，后悔就来不及了呀。
　　 小妹：不不，这怎么行呢，<u>对，我找我表姐去。</u>
中国ドラマ『田教授家の28人の家政婦さん』

日本語訳文
　　シャオパン：シャオメイ、今回だけだ。助けると思って。あいつらはやると言ったらやるんだ。俺が死んで、お前が怪我をして、それから後悔しても遅いんだぞ。
　　シャオメイ：だめよ。そんなのだめ。<u>そうだ、従姉に相談してくる。</u>

(14) 亿文：会不会也煤气中毒啦。
　　 田教授：不至于吧，中毒他也该有个踪影啊，你说是吧。小贝来帮我找找。
　　 小贝：<u>外公我来帮你找。</u>
中国ドラマ『田教授家の28人の家政婦さん』

日本語訳文
　　億文：ガス中毒になっちゃたんじゃない？
　　田教授：それはないだろう。中毒になったって姿は見せるはずだ。そうだろ。シャオベイ、探すのを手伝ってくれ。
　　シャオベイ：おじいちゃん、<u>僕が手伝ってあげる。</u>

　例13は、話し手の即座の決定を表すものであり、例14は、聞き手の依頼に応じたもので、話し手の即座の意志を表し、実行することを強調している。更に、動詞無標形は、共起表現によって、「シヨウ」のように聞き手に対する勧誘や申し出の発話にもなりうる。
　「予定」を表す動詞無標形は、未来時点を表す時間表現との共起が多く見

られる。上で述べたように、「予定」というモーダルな意味は、動作を行うかどうかに焦点を当てているのではなく、いつ行うかまたは情報全体を伝えることに重点を置いているのである。

(15)（聞き手に対する発話）我明天去一趟大阪。
　　　　　　　　　　　　明日大阪に行って来る。

1.2.4　まとめ

以上、日本語の意志を表す表現形式のモーダルな意味を参考にしながら、中国語の「想」「要」、動詞無標形の意志のモーダルな意味を考察してきた。その結果は、次のような表で示すことができる。

表4

	想	要	動詞無標形 (非現実性を備えるもの)
動作に対する 制御性が必要か	不要	不要	必要
非現実性の意味	未定の意志	定意志	定意志
モーダルな意味	願望・意向	願望・決意・予定	決意・予定

1.3　意志のモーダルな意味から見る日中両言語の意志を表す表現形式の対応関係

上では、日本語の「シタイ」「シヨウ」「スルツモリダ」「スル」と中国語の「想」「要」「動詞無標形」の意志を表す表現形式としてのモーダルな意味を見てきた。1.2での日中対照を通じて、中国語の意志を表す表現形式の「想」「要」「動詞無標形」は日本語の「シタイ」「シヨウ」「スルツモリダ」「スル」と意志に関わるモーダルな意味において次のような対応関係をなしているということがわかった。

図1　意志のモーダルな意味における中国語の意志を表す表現形式と日本語の意志を表す表現形式との対応関係

　図1における対応関係は、日中の文学作品の対訳に反映されている。いくつかの例を挙げることにしよう。

(16)　「ねえ」少し迷ってから典子はいった。「今から連れていってくれない？」

　　　秋吉が彼女を見た。眉間に皺ができていた。

　　　「あたし、あなたが住んでた町を見てみたい」

　　　「遊びはここまでだ」　　　　　　　　　　　　　　　　　『白夜行』

　　中国語版訳

　　　"嗯，"典子犹豫了一会儿说，"等一下带我去好不好？"

　　　秋吉看着她，皱起眉头。

　　　"我想看看你住过的地方。"

　　　"只能玩到这里。"　　　　　　　　　　　　　　　　　　《白夜行》

(17)　「半年間、どうもありがとうございました」彼女は前で手を揃え、頭を下げた。

　　　「僕は何もしていないよ。それより、君は今後どうするの？」

　　　「しばらく実家でのんびりするつもりです。明後日、札幌に帰るんです」

　　　「ふうん……」彼は頷きながら、ハンカチを包みに戻した。

　　　　　　　　　　　　　　　　　　　　　　　　　　　　　『白夜行』

　　中国語版訳

　　　"这半年来多谢你了。"她双手在身前并拢，低头行礼。

"我什么都没做啊。倒是你,以后有什么打算?"
"想暂时回老家休息一阵,后天回札幌。"
"哦……"他点点头,收起手帕。　　　　　　　　《白夜行》

(18)「三年ほど前、僕は結婚した。だけどじつは結婚式の前日、僕はある重大な決心をして、ある場所に行ったんだ」
千都留は首を傾けた。その顔からは笑みが消えていた。
「その内容について、君に打ち明けたい」
「はい」　　　　　　　　　　　　　　　　　　　　　　　『白夜行』

中国語版訳

"大约三年前,我结婚了。但事实上,在结婚典礼前一天,我作了一个重大决定,到某个地方去了一趟。"
千都留偏着头,笑容从她脸上消失了。
"我要告诉你此事的经过。"
"好的。"　　　　　　　　　　　　　　　　　　　　　《白夜行》

(19)「二、三日留守にする」
秋吉が突然いいだした。典子が風呂から上がり、ドレッサーに向かっている時だった。
「どこに行くの?」と彼女は訊いた。
「取材だ」
「行き先ぐらい教えてくれたっていいでしょ」
秋吉は少し迷ったようだが、面倒臭そうに答えた。「大阪だ」
　　　　　　　　　　　　　　　　　　　　　　　　　　『白夜行』

中国語版訳

"我要出去两三天。"秋吉突然说。当时典子刚洗完澡,坐在梳妆台前。
"去哪里?"她问。
"收集资料。"
"跟我讲一下地点有什么关系?"
秋吉似乎有点犹豫,但还是一脸厌烦地回答:"大阪。"

　　　　"大阪？"　　　　　　　　　　　　　　　　　　　《白夜行》

(20)　「トイレの換気扇よ。そうすれば漏れ出た青酸ガスは排出されるから、ドアの外には漏れないんじゃないかな」
　　　秋吉は黙って考え込んでいたが、やがて典子の顔を見て頷いた。
　　　「よし、それでいこう。典子に相談してよかった」
　　　「いい小説が書けるといいね」と典子はいった。　　　『白夜行』
　　　中国語版訳
　　　　"卫生间的排气扇啊，打开排气扇，让马桶里漏出来的氰化氢排出去，就不会跑进屋里了。"
　　　　秋吉默默思考片刻，然后看着典子点点头。"好！就这么办！幸好我找你商量。"
　　　　"希望你能写出一部好小说。"典子说。　　　　《白夜行》

(21)　「そこで相談なんだけど、もし朔太郎くんが一緒に行ってくれると、アキも喜ぶと思うんだけど、どうかしら？もちろんあなたの了承が得られれば、ご両親にはあらためてお願いしてみるつもりなんだけど」
　　　「行きます」ぼくは躊躇なく答えた。『世界の中心で、愛をさけぶ』
　　　中国語版訳
　　　　"所以想跟你商量件事：如果你肯一起去，我想亚纪也会高兴，你看怎样？当然，如果得到你的同意，我们打算再求你的父母……"
　　　　"我去。"我毫不犹豫地回答。　　　　　《在世界中心呼喊爱》

　もちろん、上述のような対応関係はあくまでも全体的な傾向であり、実際には、場面や文脈などの状況によって、上述の表現以外の表現が現れることも十分考えられる。各意志を表す表現形式の談話における選択については、第4章で具体的に論述する。

2 意志のモーダルな意味に見られる情意的・認識的性質

　1.1では、日本語の意志を表す表現形式の対象動作に対する制御性や非現実性の意味と意志のモーダルな意味との関係について表2にまとめたが、ここでは、もう一度取り上げてみよう。

	シタイ	シヨウ	スル	スルツモリダ
動作に対する制御性が必要か否か	不要	必要	必要	必要
非現実性の意味	未定の意志	定意志	定意志	未定の意志
意志のモーダルな意味	願望・意欲	決意	決意・予定	意図

　動作に対する制御性と意志の定・未定との関係から考えれば、通常、話し手が対象動作をコントロールできる場合は、定意志につながりやすく、話し手が対象動作をコントロールできない場合は、未定の意志につながりやすいと思われる。しかし、「スルツモリダ」は対象動作が制御可能なものでありながら、変更や取り消しの可能な意志を表している。更に、意味から言えば、「スルツモリダ」による意志は「意図」であり、話し手の実行しようとする意欲も実行する確実性も含まれていない。また、「スルツモリダ」が常に周辺的な意志を表す表現形式として扱われているのも、他の意志を表す表現形式と比べて、異なる性質を持っているからである。では、「スルツモリダ」は意志のモダリティを表す表現として、他の意志を表す表現形式とどう違うのか、次項で見てみよう。

2.1　意志のモーダルな意味を表す典型的な認識的形式と典型的な情意的形式

　本項では、まず意志を表す表現形式としての「スルツモリダ」の意味を検討したい。「スルツモリダ」については、意志表現というカテゴリーにおいて、多く研究されてきた。ここでは、もう一度「スルツモリダ」の関連先行

研究を挙げておく。

森山(1990)では、情報伝達・処理過程に注目し、「スルツモリダ」について考察を行った。「スルツモリダ」は既に談話がなされる前から確立された意向を表し、情報伝達の現場とは関係のないところで、いわばもともとの意向だけが取り上げられるとされている。

安達(1999)では、「つもりだ」「気だ」を意志表現の周辺的な形式として扱い、「スルツモリダ」は「主体の動作の裏にある意図を表すのが本来的な意味である」(p.70)と指摘している。

宮崎(2006)では、意志表現の体系における「シヨウ」と「スル」「スルツモリダ」の関係について述べる部分で、「スルツモリダ」について次のように述べている。

> 次に「ツモリダ」という組み立て述語は、話し手の意識の中にある動作を捉える表現である。(中略)「スルツモリダ」の文は、話し手の未来の動作が話し手の現在の意識の中に覚悟や決心の結果として存在することを表す。
> 「スルツモリダ」が単なる〈予定〉を表すわけではないことに注意する必要がある。「スルツモリダ」の使用は事前の〈決意〉を含意するのであって、…(後略)(p.50,51)

山岡(1992)では、日本語教育で「スルツモリダ」と「シタツモリダ」をそれぞれ別のものとして扱う事実を踏まえ、「ツモリダ」が「意志表明」を表すのは、あくまでも伝達としての効力であり、「ツモリダ」の基本の意義は「主体の行為に関して現実との対応に関する客観的確証を持たず、自己認識に範囲を限定して行う陳述」(p.78)を表すモダリティ形式だとしている。

「スルツモリダ」の意義について、研究者によって言い方が違ったり、研究の角度が違ったりしているが、基本的に意志を表す表現形式の「スルツモリダ」の特徴を効率よくまとめていると考える。以上の先行研究からわかる

ように、「ツモリダ」は典型的な意志を表す表現形式ではない。前述の意志のモダリティの意味的構造を総合して考えると、「スルツモリダ」の意志性は「ツモリダ」そのものに備わる性質ではなく、むしろ意志性動詞「スル」から受け継いだものである。「ツモリダ」は基本的に、単純に「意図」を表すものと思われる。「意図」というのは、「意志」と違い、話し手はある行為を積極的に行う主観性を持っておらず、どちらかというと、一種の考えや意思である。この点については、前に挙げた先行研究によってある程度証明されているが、次の事実からも裏付けられる。

まず、「スルツモリダ」は意志を表す心内発話に用いられることがない。「スルツモリダ」は会話文や談話にしか現れない。この点について、先行研究でも多く言及されている。仁田（1991a）では、聞き手の存在から意志を表す表現形式を考察し、話し手の意志を表す非過去形の「スルツモリダ」系は〈聞き手存在発話〉であると述べている。常に聞き手への伝達性を持つ点は、「スルツモリダ」の特徴である。それに対し、「シタイ」と「シヨウ」は必ず伝達性のある表現とは言えない。

次に、「スルツモリダ」は即座の意志を表すことができない。従って、例22のような決意を表す場面には、「スルツモリダ」が用いられない。これは、先行研究でも述べられているように「スルツモリダ」で表す意志は、発話時点で既に決まったものであり、即座の意志、つまり決意を表す意志には使えないからである。

(22)「招待か。うん、それは悪くない案かもしれないぞ。<u>よし、それをやろう。</u>まず、特約店のなかで特に成績のいいのを数十名、<u>東京に呼ぶことにしよう。</u>その人選を営業部にやらせるよう、きみから伝えてくれないか」　　　　　　『人民は弱し、官吏は強し』

更に、「スルツモリダ」による意志は、働きかけ性を持っておらず、「シタイ」や「シヨウ」のように聞き手を巻き込むことは絶対にない。例えば、タ

食に何を食べるかについて、夫婦が相談する場面では、次のような会話が考えられる。

(23) 妻：晩御飯、何にしよう？ ラーメンはどう？
　　 夫：ラーメンか。あっさりしたものを食べたいなあ。
　　 妻：じゃあ、そばはどう？
　　 夫：いいね、そばにしよう。

　例23の「シタイ」と「ショウ」は共に聞き手を巻き込む表現である。「あっさりしたものを食べたい」と言う表現は、話し手の願望を表すものだが、聞き手を自分の望んでいる事態に巻き込もうとする表現でもある。また、最後の「そばにしよう」は、話し手が決定を下した形だが、聞き手もその決定に従うことになるのである。以上の二つの表現には、「スルツモリダ」を用いることができない。「スルツモリダ」は完全に話し手自身の状況について述べるもので、聞き手に働きかけることはない。例24を参照されたい。

(24) 晩御飯はそばにするつもりです。

　最後に、「スルツモリダ」は対象動作の実現に対して望んでいる気持ちが見られない。「シタイ」と「ショウ」の重要な特徴として、話し手が意志の内容となる動作や事態の実現を望んでいる点がある。(4) しかし、「スルツモリダ」は対象動作を実現させる意欲や決心より、既に形成された意志を意図として伝達することを重んじているのである。
　以上、四つの側面から「スルツモリダ」と「シタイ」「ショウ」との相違を論じてきた。「スルツモリダ」による意志と「シタイ」「ショウ」による意志は、根本的にどんな違いを持つのか、意志の概念をもう一度考える必要がある。
　『世界大百科事典第2版』は意志について、次のように解説している。もう

一度見てみよう。

> いし【意志 will】
> 　意志は多義的な概念で広狭さまざまにとらえられる。日常の語法で意志が〈強い〉とか〈弱い〉と言われるような場合の意志とは、人間が本能的衝動を抑制し、一定の目的意識のもとにある行動を起こしたり持続したりする人間特有の心的能力を指す。この意志が知性や感情といった他の心的機能といかなる関係にあるかという点については、哲学者や心理学者のあいだでも意見が分かれ、それぞれを自立した機能と見る知情意三分法（J.N.テーテンス）や、意志は表象や判断のような知的機能から生ずると考える主知的立場（プラトン、デカルト）、意志を感情の一種と見るか、あるいは少なくとも感情によって動機づけられると見る主情的立場（ブント）、逆に感情を意志過程の反映と見る立場（W.ジェームズ）、意志を自我にかかわる欲求と考える立場（F.E.ベネケ）などさまざまである。(2-p.207)

　上述の「意志」は、われわれが文法上で指している意志とは必ずしも一致しているとは言えないが、意志の含意を考える時、大いに参考になる。特に、意志と知性や感情などとの関係について考え方が分かれるという点は、まさに意志表現の特徴を反映するものである。すなわち、意志には情意的な面と認識的な面があり、意志を表す表現形式には情意的なものもあれば、認識的なものもあるということである。そうすると、この現象はまさに上述の「意志が知性や感情といった他の心的機能といかなる関係にあるか」について意見が分かれる原因につながるのではないかと思われる。

　上述の「スルツモリダ」についての考察を通じて、「スルツモリダ」で表される話し手の意志は、感情そのままではなく、一種の認識として伝達されているので、まさに認識的なものではないかと思われる。その反面、上述の四点において、「スルツモリダ」とまったく違う振る舞いを見せた「ショウ」

「シタイ」は話し手の感情を表すもので、情意的なものだと思われる。ここでもう一度、典型的な情意的表現形式としての「シタイ」と「シヨウ」の特徴をまとめてみよう。

まず、「シタイ」と「シヨウ」は基本的に聞き手が必要とされない表現である。「シタイ」と「シヨウ」は話し手の心内発話や独り言にも用いられる。話し手が最も直接的に自分の感情を表す表現の形である。

(25) (ホットドッグを売っている屋台を見て)
　　　ホットドッグを食べたいなあ。
(26) (試験の時の心内発話)
　　　落ち着いて、まず、ストーリーから考えよう。
　　　寝坊した。急がなきゃ。何だよ、いつもの俺じゃん。
　　　　　　　　　　　　　　　　テレビドラマ『ドラゴン桜』

次に、「シタイ」と「シヨウ」は、即座の意志を表すことができる。特に、「シヨウ」は、話し手の決意を表す表現で、決意の瞬間を捉えた即座の意志しか表せない。一方、「シタイ」による願望や意欲は即座に形成するものもあれば、発話時以前に形成するものもある。例25、26は即座の願望や意志の場合である。

更に、「シタイ」と「シヨウ」による意志は、聞き手を対象動作に巻き込むことができる。これは情意的なものと認識的なものとの大きな区別の一つである。何故なら、認識を表す表現は聞き手を動作に巻き込むことができないからである。次の例文は「シタイ」と「シヨウ」による意志が聞き手に働きかけているものである。例27は間接的な依頼、例28は直接的な勧誘の形となっている。

(27) 赤いスズキアルトに乗った小さな女の子が、助手席の窓から顔を
　　　突き出し、ぽかんと口を開けて青豆を眺めていた。それから振り

向いて母親に「ねえねえ、あの女の人、何しているの？ どこにい
　　　くの？」と尋ねた。「<u>私も外に出て歩きたい。ねえ、お母さん、私
　　　も外に出たい。ねえ、お母さん</u>」と大きな声で執拗に要求した。
　　　母親はただ黙って首を振った。　　　　　　　　『1Q84　BOOK1』
（28）「<u>さあ、もう寝ましょう。</u>明日も早いんだから」私は言った。
　　　「うん」ルートはラジオのスイッチを切った。
　　　　　　　　　　　　　　　　　　　　　　　　　『博士の愛した数式』

　最後に、「シタイ」と「シヨウ」は対象動作の実現に対して望ましく思う表現である。この点については、既に前節で述べたので、ここでは省略する。
　そもそも、感情表現というのは、話し手に限定する、聞き手の存在に頼らない、即座的である、聞き手を巻き込むことができるなどの特徴が考えられる。「シタイ」と「シヨウ」を感情表現と照らし合わせると、かなり性質が近いことがわかり、より情意的な意志表現と位置づけたわけである。一方、「スルツモリダ」は聞き手存在会話にしか現れない、決まった意志を表す、聞き手を対象動作に巻き込むことはない、意志の主体は話し手以外でもよいという点から、感情表現に相反する知識または情報伝達の表現に近いことがわかった。情意的か認識的かを両極にすれば、「シタイ」「シヨウ」は情意的意志を表す表現形式の典型的なものであるのに対し、「スルツモリダ」は認識的意志を表す表現形式の典型的なものであるといえよう。問題は、決意も予定も表せる「スル」である。続いて、上述の四つの基準を用いて、「スル」について見てみたい。

2.2　無標形式の「スル」と情意的・認識的性質

　動詞無標形の「スル」が意志を表す表現形式として即座の意志と既定の意志（前者は「決意」、後者は通常「予定」と呼ばれるが）を表すことは広く認められている。「決意」を表す「スル」は、意味上「シヨウ」と近いのである

が、情意的な部分が大きいのではないかと思われる。具体的には、「決意」を表す「スル」は即座の意志を表し、実行への積極的な姿勢を示している。更に、「ショウ」ほど著しくはないが、一定の条件のもと、心内発話や独り言に使え、聞き手を巻き込むこともできる。

仁田（1991）では、話し手の意志を表す「スル」系の表現形式は、その中心が聞き手存在発話にあるものの、聞き手不在発話にも使えないわけではないと述べられている。聞き手不在発話について、次のような例文が挙げられている。

(29) 大原部長（子供達の様子を見ながら）「もっと大自然とふれあうようにせんといかん。わしがおしえてやる。」
大原部長「みんなあつまれ！　この飯ごうでのメシのたき方をおしえてやる。」 （仁田1991：115）
(30) 両津「くそっ、人のたばこなど当てにするか！自給自足でいくぞ！たばこなど原理は簡単だ。」 （仁田1991：115）

上述の例29、30の下線部は、いずれも独り言で、決意を表す「スル」である。実際に、例29、30の下線部の「スル」形は「ショウ」に置き換えても、意味は殆ど変わらない。また、聞き手を動作に巻き込むという点については、広く認められている用法ではないが、日常生活ではしばしば見受けられる。

(31) 「私がケーキ屋さんまで走って、もらってきましょう」
エプロンをはずそうとする私を制して、ルートが口を挟んだ。
「僕が行くよ。僕のほうが足が早いんだから」『博士の愛した数式』
(32) 「(前略) しかしやっぱり今日は、江夏は投げなかったなあ……」
「うん。今度はローテーションをちゃんと調べてから切符を買うよ」
「とにかく、勝ったんですからいいじゃありませんか」私は言った。

『博士の愛した数式』
(33)（家族でどこかに外出することになって、出発時刻になった時、家族に対して）
行くよ。

　例31〜33も基本的に話し手の即座の意志を表すものである。例31の「行く」という動作は、相手に対する申し出であり、ある意味聞き手を動作に巻き込んでいる状況である。例32、33は聞き手を巻き込む意味において更にはっきりしていて、聞き手への軽い命令にもなる。例32の下線部は聞き手であるお母さんに対しての息子の発話である。切符を買う人がお母さんであるため、下線部は話し手が聞き手であるお母さんに対しての行為の指導であり、命令とも言える。更に、例33は日常生活によく現れる発話であるが、ここの「行く」は自分の行為だけではなく、聞き手への「もう行く時間になったから行こう」という呼びかけにもなっている。基本的に聞き手への動作指導であり、命令とも言える。実際、例33のような「スル」の用法は、「命令」と認める学者もいる（尾上2001）。

　以上の論述から、「決意」と呼ばれる「スル」は情意的な意志を表す表現形式と結論づけられるわけである。では、「予定」を表す「スル」はどうだろう。「予定」は既に決まった意志を表しているので、発話時に形成された意志の場合には用いられない。次の場合は、「予定」とは言えない。

(34)「俺のいうこときくか」
「きくよ。何でもきく」友彦は首を縦に振った。　　　『白夜行』

　例34は発話時に形成された意志の典型例と思われるが、この場合、動詞無標形による意志を表す表現形式の焦点は対象動作を行うか否かということである。一方、「予定」としての意志は、焦点を動作自体ではなく、時間や予定の有無に当てるのである。

(35) 雪穂は立ったまましばらく俯いていたが、「来週の土曜日に帰ります」というと、ドアを開けて出ていった。　　　　　『白夜行』

　例35では「雪穂」が出張するということは聞き手にとって既に明白な情報であり、「いつ帰るか」が聞き手にとっての未知の情報である。従って、下線部の表現は、焦点が「帰る」という動作の進行ではなく、「来週の土曜日」という時間に当てられている。もちろん、発話者にとっては既に決めてあることだが、聞き手にとっては行動自体が新情報である状況も考えられる。

(36)　「桐原はどうするつもりや」
　　　「俺は、今夜はここに泊まる。奈美江が連絡してくるかもしれん」
　　　　　　　　　　　　　　　　　　　　　　　　　　　　『白夜行』

　この場合の表現も焦点は「泊まる」という動作を行うかどうかではなく、動詞にまつわる情報全体を伝えることである。感情や態度の表出というより、情報伝達の印象が強い。そういう意味で、予定は認識を表す意味合いが強いのではないかと思われる。また、予定としての意志は聞き手を巻き込むことがないという点も、認識的性質の裏付けであろう。
　以上のことをまとめてみると、無標形式の「スル」は、ほかの日本語の意志を表す表現形式と違い、情意的な意志と認識的な意志の両方を表すことができる。この事実は、無標形式の特徴を反映している。益岡（2007）は、無標形式は特に標識を持たないので、形式事態に特定の文法的意味が刻印されていないと述べている。意志を表す表現形式としての動詞無標形もそうである。動詞無標形による意志は特定されているわけではないので、情意的な意志も表せれば、認識的な意志も表せる。
　上述の考察から日本語の意志を表す表現形式の情意的・認識的特徴については、次の表のようにまとめられる。

第3章 意志を表す表現形式のモーダルな意味

表5 日本語の意志を表す表現形式の情意的・認識的特徴

	シタイ	シヨウ	スルツモリダ	スル
意志の モーダルな意味	願望・意欲	決意	意図	決意・予定
情意的か 認識的か	情意的	情意的	認識的	両方を表せる

　表5からわかるように、モーダルな意味を見る限り、願望や意欲、決意は基本的に情意的なもので、意図や予定は認識的なものである。では、中国語の「要」「想」「動詞無標形」はどうだろう。次項で、情意的か認識的かという角度から中国語の意志を表す表現形式を考察してみよう。

2.3　中国語の意志を表す表現形式の状況

　まず、中国語の意志を表す表現形式の「要」「想」「動詞無標形」のモーダルな意味についてもう一度確認してみよう。

表6　中国語の意志を表す表現形式のモーダルな意味

	想	要	動詞無標形 (非現実性を持つもの)
モーダルな意味	願望・意向	願望・決意・予定	決意・予定

　日本語の意志を表す表現形式の意志のモーダルな意味について、既に認識的か情意的かという角度から考察を行ったが、その考察結果は、中国語の意志を表す表現形式にも適用できる。
　まず、中国語の動詞無標形から考えてみよう。中国語の動詞無標形は「決意」と「予定」のモーダルな意味を持っており、「スル」と同じように情意的性質と認識的性質の両方をはっきり区別しない表現である。この点は無標形式の特徴にも一致している。
　次に、有標形式の「想」と「要」について詳しく見ていこう。「想」と

「要」は意志のモーダルな意味を見る限り、基本的には情意的性質がはっきりしている表現である。具体的には、次のような特徴が見られる。

①「想」と「要」は会話にも心内発話にも現れる。

特に、願望を表す「想」と願望や決意を表す「要」は聞き手の存在が必要とされず、独り言などにも使われる。例えば、一人で歩いている時に、自動販売機のジュースを見かけて、心の中で「ジュースを飲みたいなあ」と思う時、心内発話として「好想喝果汁啊。」「我要喝果汁。」などが考えられる。そもそも、中国語の意志を表す表現形式は、もっぱら聞き手めあての形式が存在せず、会話か独り言かというような使用制限がないのである。

②「想」と「要」は即座の意志を表せる。

意志を表す表現形式としての「要」は即座の意志も既定の意志も表すことができる。例37は即座の意志の用例である。

(37) "我要看，不管谁说什么都要看！我要去，絶対要去！"
《博士的受情算式》
日本語原文:「観たい。誰が何と言おうと観たい。行くよ。絶対に行く」　　　　　　　『博士の愛した数式』

一方、「想」による意志・願望も即座のものと既定のものの両方を表すことができる。即座のものについて次の例の下線部を見てみよう。

(38) "我　明天　要　去　趟　京都。" "我　也　想　去(5)。"
　　　私　明日　要　行く　一回　京都　　私　も　想　いく
　　　「明日京都に行って来る」「私も行きたい」

③「想」と「要」は働きかけ性を持つことができる。

「要」による願望や決意と「想」による願望は聞き手に働きかけ、対象動作に巻き込むことがある。

(39) （子供が親に対して）我　要　吃　　冰激凌。
　　　　　　　　　　　　　私　要　食べる　アイスクリーム
　　　　　　　　　　　　アイスクリームを食べたい。
(40) 我　身上　　有　　枪，我要你　　　跟　　我　来。
　　　私　手元に　ある　銃　私　要　あなた　従う　私　来る
　　　銃を持っているから、ついて来なさい。

例39の「要」は聞き手に対しての間接的な依頼、例40の「要」は聞き手に対しての直接的な命令を表している。

「想」も「要」と同様に、働きかけ性を持ち、間接的な依頼もあれば、直接的な依頼もある。例39の「要」を「想」に置き換えても、親にアイスクリームをねだる効果は変わらない。ただし、「要」は「要求」を表すのに対し、「想」はもっと控えめな印象を与える。

(41) （子供が親に対して）我　想　吃　　冰激凌。
　　　　　　　　　　　　　私　想　食べる　アイスクリーム
　　　　　　　　　　　　アイスクリームを食べたい。

(42) 姐姐，我想你陪我去买一部打字机。　　　　　　　《七姐妹》
　　　お姉さん、タイプライターを買いに行くのに付き合ってほしい。

④「想」と「要」は動作の実行や事態の実現を望む気持ちを伴っている。

「願望」や「決意」というモーダルな意味は、動作の実行や事態の実現に対する積極的な気持ちによって成り立つものである。従って、「シタイ」や

143

「シヨウ」と同じように、願望や決意を表す「要」と願望を表す「想」は、動作の実行や事態の実現を望む気持ちが伴う表現である。

上述の①から④の特徴から、「願望」を表す「想」や「願望・決意」を表す「要」は、情意的な表現であることがわかった。一方、「意向」を表す「想」と「予定」を表す「要」は異なる性質を示している。

前項で述べたように、「想」による「意向」は「スルツモリダ」による「意図」とほぼ同じもので、基本的に発話時以前に形成されたものであり、聞き手に対する働きかけ性もなく、認識的性質の特徴がはっきりしている。一方、「予定」を表す「要」も「予定」を表す動詞無標形と同じように、認識的性質の特徴が著しいのである。上で挙げた例をもう一度見てみよう。

(43)（友人に結婚の予定を伝える時）我们想明年结婚。
　　　来年結婚するつもりだ。
(44) 秦朗：心蕾，我有话跟你说。其实我明天……要回台湾。
　　　　　　　　　　　　　　　台湾ドラマ『ホントの恋の見つけかた』
　日本語訳文
　　　秦朗：心蕾、話があるんだ。実はあした……台湾へ帰るんだ。

例43、44は、話し手の既定の意志を表す表現である。このような表現は性質が「意図の伝達」を表す「スルツモリダ」に非常に近い。情報伝達を目的とするタイプの表現なので、聞き手を対象動作に巻き込むことは絶対ないし、決定済みの段階の意志なので「待ち望み性」も持っていない。

以上の論述をまとめてみると、次の表7になる。

表7　中国語の意志を表す表現形式の情意的・認識的特徴

	想	要	動詞無標形 （非現実性を持つもの）
モーダルな意味	願望・意向	願望・決意・予定	決意・予定
情意的か認識的か	情意的な意志も認識的な意志も表せる		

上の表からわかるように、中国語の意志を表す「要」「想」は、性質が情意的か認識的かという点において、日本語ほどはっきりと分化していない。「要」「想」は基本的に情意的な意志も認識的な意志も表せる。そもそも、「要」と「想」はモーダル動詞である前に自立動詞であり、自立動詞としての用法も可能である。「要」は特に多義な表現で、「当為」「推測」などの認識的なモダリティの意味も持っている。例43は、「想」の自立動詞の意味が強く出て、例44は、「要」の「予定」「当為」の意味が強く出ているのである。

2.4 まとめ

　日本語と中国語の意志を表す表現形式を比較してみると、無標形式は意志のモーダルな意味のタイプにせよ、情意的か認識的かという性質にせよ、同じような特徴を見せているが、有標形式には大きな相違が見られる。日本語の有標形式の「シタイ」「シヨウ」「スルツモリダ」は情意的か認識的かという性質において、はっきりと分化しているのに対し、中国語の「要」「想」は分化していない。

　有標形式における日中両言語の意志表現に見られる相違は、どんなことを意味しているのだろうか。第2章で挙げた両言語の意志表現の一人称主体のあり方や人称制限の相違は、まさに情意的・認識的性質に関連している。第2章では、一人称主体のあり方についての考察を通じて、中国語の意志表現は一人称主体の明示が必要とされるが、日本語の意志表現はむしろ不表示が常態であることが明らかになった。このような相違は、言語の主観性に大きく関わっている一方、情意的・認識的性質にも大きく関係しているのではないかと思われる。特に、典型的な情意的表現の「シタイ」と「シヨウ」は基本的に一人称主体が明示されない形式で使われるが、「要」「想」は主体の人称を明示することが必要である。「要」と「想」は、情意的な意志を表すとは限らないので、話し手の意志を表す時でも、一人称主体が表示されなけれ

ば、意味不明あるいは別の意味の文になる恐れがあるのである(6)。更に、情意的な意志表現の「シタイ」「シヨウ」は基本的に話し手の意志に限られるが、認識的な意志表現の「スルツモリダ」や認識的な面を持つ「要」「想」には人称制限が見られない。これもやはり情意的・認識的性質に関係しているのである。人称の問題のほか、情意的・認識的性質は意志表現の談話における機能や、表現形式にも関係している。これらの問題については、第4章、第5章で述べることにする。

　以上、意志を表す表現形式の意志のモーダルな意味の性質について、日本語と中国語を比較しながら考察してきた。しかし、情意的か・認識的かはあくまでも意志のモダリティを表す表現形式の意味の内部に関わる問題で、上述の意志を表す表現形式は、モダリティの体系全体から言えば、判断系のモダリティなど話し手の認識に関わるモダリティとは区別される情意系のものである。しかし、ここで扱っている意志を表す表現形式は、情意系のモーダルな意味を持つ一方で、判断系のモーダルな意味をも持っている。次は、意志のモーダルな意味と他のモーダルな意味との関係について見てみよう。

3　意志を表す有標形式に見られる情意系・認識系のモーダルな意味の連続性

　第2節では、情意系の意志を表す表現形式による意志のモーダルな意味には、情意的なものもあれば認識的なものもあるという現象を見てきた。しかし、情意的性質と認識的性質との連続性は、意志を表す表現形式の意志のモーダルな意味にだけではなく、これらの形式に見られる多義的なモーダルな意味の全体にも見られる。つまり、これまでに言及した意志を表す表現形式には情意系としてのモーダルな意味だけではなく、判断系のモーダルな意味もあるということである。これは、意志のモダリティと判断系のモダリティとの連続性の問題である。前述のように、無標形式は開放的な意味を持つ表現なので、用いられる場面や状況の違いによって、多様な意味が現れう

ることはいうまでもない。従って、ここでは、特定の文法的意味の定着した度合いが高い有標形式のみを取り上げ、意志のモーダルな意味と判断系のモーダルな意味との関係を見ていきたい。本節では、まず有標形式のなかで多義性の特徴が最も著しい「要」を取り上げ、それから「想」「シタイ」「ショウ」「スルツモリダ」を取り上げて見ていく。

3.1 「要」のモーダルな意味の連続性

「要」はモーダル動詞として、意志を表す意味以外に、「当為」「可能性」「推測」「未来（確実な予測）」などの意味を持っている。これらの用法は、意志の意味とどんな関係があるのだろうか。これから詳しく見ていきたい。

3.1.1 「意志」と「当為」の漠然性

前の節では、意志のモーダルな意味を表す「要」は「当為」と捉えることもできることについて少し触れたが、ここでは、この現象を詳しく見てみよう。

(45) "我想起来了，今天我不能带你到我家去，我要回家接待一个代表团，由乡下亲友组成的代表团。"　　　　　《王朔文集》
「思い出した。今日はあなたを家に連れて行けないんだ。私は家に帰って代表団を {接待することになっているから/接待しなければならないんだ}。田舎の親戚からなる代表団だけど。」

(46) 陈主编打断他们二人的争论。"稿子我看了，认为这不错，但有些情况我要对你作些说明。很感谢你对我刊的信任。你也知道，我刊不是纯文学刊物。"　　　　　《王朔文集》
陳編集長は二人の論争をさえぎって、「原稿を見ました。いいと思いますよ。しかし、あなたにいくつかの事情を {説明しておかなければなりません/説明しておきたいのです}。ご存知だと思いま

すが、我が社の刊行物は純粋な文学雑誌ではありません。」
(47) 在说下面那些话前，我要先声明一下。　　　《王朔文集》
次のことを言う前に、私は（次のことを）あらかじめ ¦言明しなければならない/言明したい¦。

　例文45の「要」は予定と捉えてもいいし、「しなければならない」という当為の意味と捉えても不自然ではない。また、例文46、47を日本語に訳す場合、「シタイ」と「しなければならない・すべきだ」のどちらでも自然な文になる。基本的に、一人称動作主の場合、意志の「要」（願望を除く）と当為の「要」は、形式で区別することができない。(7) というのも、どちらの「要」も現れる位置や対象動作が意志性のものである点において共通しているからである。何故このような現象が生じているのか。それは「要」の動詞としての意味に深く関わっている。「要」は動詞として、「～に対して望んでいる・要求する」意味以外に、「～を必要とする」という意味も持っている。この「要求・求める」と「必要」の二つの意味は「要」のモーダルな意味の基本となっている。この二つの意味が「要」のモーダルな意味を統一させているのである。
　「要」による文は「意志表出」を表す文か「当為」を表す文か簡単に区別できないが、関連表現との共起によって判断できる場合もある。例えば、「一定」(8)と共起する「要」は意志を表すものとなる。

(48)"我一定要把这件事搞个水落石出！"老单铁青着脸，声音嘶哑地说。
　　　　　　　　　　　　　　　　　　　　　　　　　《王朔文集》
「俺は必ずこの事件の真相を明らかにしてやる」単さんは怒りで血相を変え、かすれた声で言った。

　しかし、実際の使用においては、「要」の当為と意志の意味を区別する必要はないと思われる。意味の曖昧性は、「要」によるモーダルな意味の特徴

といえよう。

　もちろん、上述の文の「意志」と「当為」の曖昧性は、一人称動作主に関わるもので、二人称主語にすれば、明らかに「当為」の意味になり、命令という発話効力を持つ表現になってしまう。また、動作主が三人称の場合、「当為」より「動作主の意志・願望」の意味が前面に出やすい。

(49) 你要好好想想。
　　 よく考えなければなりません／よく考えなさい。
(50) 他要好好想想。
　　 彼はよく考えたいと思っている。

3.1.2 「意志」と「確実な予測（未来）」

　「要」は「意志」「当為」のほかに、もう一つ重要な意味として「確実な予測（未来）」を表す。太田（1957）によると、意志を表す「要」は唐代頃から現れるが、単なる未来を表す用法は宋元以降に現れるとのことである。すなわち、「要」の未来を表す用法が意志を表す用法より後に現れたということである。未来を表す用法が「意志」を表す用法から派生したものかどうか、言い切ることはできないが、両者の間に緊密な関係があることは認めざるをえない。それは、「未来」を表す「要」と「意志」を表す「要」の意味合いの境界線が漠然としている現象からも窺える。

(51) "这么着吧。"瘸子一拐一拐扭出存车棚对我们说。"<u>反正我也要吃饭</u>，咱们就一起吃吧，找个地儿。"　　　　　　　　　　　《王朔文集》
　　 「こうしよう」瘸子はびっこを引きながら駐輪場から出て、私たちに言い出した。「<u>どうせ俺もご飯を食べるから</u>、一緒に食べよう、どこかを探して。」
(52) "你是想气我。"<u>我抬腿要走</u>，一下被周瑾立起拉住，她哭了，哽咽禁地流着泪，紧紧拽着我的胳膊："我爱你。"　　　　　《王朔文集》

「俺を怒らせるつもりだね。」私が家を出ようとすると、すぐ周謹に止められた。彼女は泣き出し、涙にむせんで、しっかりと私の腕をつかんで、「愛しているよ。」

(53) "现在我们开会了。"刘先生摸了摸自己的头发说。"<u>今天我要给工友们讲的是为什么要在中国进行阶级斗争？</u>"　　　　《王朔文集》
「今から会議を始めます。」劉さんは自分の髪の毛を触って言い出した。「今日皆さんに <u>|話すのは/話したいのは|</u>、何故中国で階級闘争をすべきかです。」

(54) "老马，<u>我要跟你说几句心里话了。</u>在孩子面前该装还得装，不能太让他们看透你。……"　　　　《王朔文集》
「馬さん、あなたに本音を <u>|話したい/話す|</u> よ。子供の前ではもったいぶるべき時はもったいぶらなきゃいけないよ。あんまり子供たちに見透かされないほうがいいよ。」

(55) 两个女人都公开对齐怀远说："抓牢他，<u>否则我们就要把自己嫁给他了。</u>"　　　　《王朔文集》
二人の女は公然と斉懐遠に宣言した。「彼をしっかり捕まえてよ、<u>そうじゃなかったら、私たちは自ら彼のお嫁に行くよ。</u>」

(56) "少来。我到团里就不整天泡这儿了，<u>我要学习了。</u>"　　《王朔文集》
「よそうよ、団に行けば毎日ここで時間つぶしをしないようにするわ。<u>私は勉強するよ。</u>」

(57) 房门方向传来愈加猛烈的敲击声，单立人在喊："开门吧，白丽，我知道你在里头，<u>再不开门我要砸了。</u>"　　　　《王朔文集》
ドアの外から激しいノックの音が聞こえ、単立人は「開けなさい、白麗。中にいるのは知っている。<u>これ以上開けなかったら、ドアをぶっ壊すぞ</u>」と叫んでいる。

(58) "直说了吧，<u>我回去要干掏粪工啦。</u>"　　　　《王朔文集》
「はっきり言おう、<u>私は帰って糞の清掃員の仕事をするよ。</u>」

例文51〜53は形の面から、既に「未来」か「意志（予定）」か判断できない。そのうえ、意味からしても、どちらかの用法に決めることが難しい。例文54〜58の「要…了」は「未来」を表す典型的な形式上のマークであり、形式的には「未来」を表す用法に近いように見えるが、意味から見れば、やはり「意志（予定）」を表す意味を取り除くことができない。上述の例は、単純に「意志」、あるいは単純に「未来」と解釈しにくいものであり、両方の性質をともに備えているといわざるをえない。

このような現象は、実は「一人称＋動詞の意志性」によるものである。従って、「要」による単純に「確実な予測」を表す表現は、一人称と「意志動詞」が共起していないものに限られる。例えば、例59、60は、話し手の意志性が入っていないので、「確実な予測」を表す用法となる。

(59) 我要晕倒了。
　　　私は倒れそうだ。
(60) 他要上大学了。
　　　彼は（もうすぐ）大学へ行く。

3.1.3 「要」のほかのモーダルな意味：可能性、推測

上述の用法のほかに、「要」には「可能性」「推測」の用法が見られる。この二つの用法は、表面上は意志を表す用法からかけ離れているように見えるが、未実現の事態を表す点において「要」のほかのモーダルな用法と共通している。また、「要」の「可能性」「推測」を表す意味は、話し手の事態に対する確信を表しているという点で「確実な未来」ほどではないが、基本的につながっているものである。

(61) 就是不相干的外国摔了一架飞机，我们也要难受好久。夜里在被窝里哭完，白天还要上飞机哟。　　　　　　　　　　《王朔文集》
　　　まったく関係のない外国で飛行機が事故を起こしたにしても、私

たちは長いこと悲しむと思う。夜は布団を被って泣いて、昼はまた飛行機に乗らなければならないよ。

(62) "李江云都对我说了。你在这里不要客气，你要客气我反倒要别扭。"

《王朔文集》

「李江雲は全部言ってくれた。ここでは遠慮する必要はないよ。あなたが遠慮すれば、私はかえって落ち着かない」

(63) 会议大概要到月底才能结束。(9)

会議は恐らく月末に終わるだろう。

(64) 你比我要了解得多。

あなたは私よりよく知っているだろう。

(65) 我要比他高一些。

私は彼より背が高いと思う。

例文61〜63は、「可能性」を表すものである。基本的に、将来のある可能性について語り、人称制限は特にない。「要」の後ろの動詞は、非意志動詞や状態を表すものが多い。また、例文61、62の「要」は「会」(10)で置き換えることができ、文の意味は殆ど変わらない。例文64、65は、「推量、見積もり」を表す「要」であるが、このような用法は比較文に多く見られる。

更に、「要」には条件表現としての用法もあるが、「要」のモーダルな用法を中心に論述したいので、紙面の関係で、ここでは省略する。

3.1.4 「要」のモーダルな意味の全体像

ここまでのモダリティの体系についての記述を基にすると、「要」のモーダルな意味の全体像は次のようにまとめることができる。

表8 「要」のモーダルな意味

情意系	認識系	
意志	価値判断	真偽判断
・願望 ・決意 ・予定	・当為	・確実な予測（未来） ・可能性 ・推量

　「要」のこのような多義性は、「要」の非現実性によって統一されているものだと思われる。古川（2006）では、「要」の動詞から接続詞への文法化について考察を行い、「要」の文法化の動機付けは主観化と非現実性だと述べている。「要」の意味の変貌について、次のような図で表している。[11]（古川 2006：27）

```
主語の意志・願望      →    義務
      ↓
話し手の意志・願望    →    話し手の推量判断    →    仮説
```

　古川によると、「要」の基本となる意味は動作主の意志・願望を表す自立語としての意味で、そこから二つの方向へ意味の拡張が生じ、一つは当為という意味で、もう一つは発話者の意志・願望の意味になった。また、話し手の意志・願望を表す用法から、話し手の推測判断を表すようになり、最終的に条件表現へと発達したのである。以上の変化の動機付けは、主観化の働きと非現実性という共通の意味だとされている。

　このような主観性と非現実性による多義の現象は、「要」だけではなく、「想」「シタイ」「ショウ」にも見られる。

3.2　他の有標形式の多義性

　本項では、「想」「シタイ」「ショウ」「スルツモリダ」の四つの表現形式について、意志を表す表現形式としてのモーダルな意味とそれ以外のモーダル

153

な意味との関係を探りたい。

3.2.1 「想」について

　中国の漢の時代に現れた漢字の字形や字源についての初めての辞書『説文解字』では、「想」を「思」と説明し、「思う、思考する」という意味を表すとしている。これが「想」の最初の意味である。時代の変遷により、「想」は、自立語の動詞の意味だけではなく、助動詞としてのモーダルな意味も持つようになってきた。⁽¹²⁾「想」によるモーダルな意味は、意志・願望という情意系のもののほか、認識系のものを表すこともできる。具体的には、「想」には推測・判断を表すモーダルな意味がある。この場合の「想」は「我想」の形で用いられ、「想」の述語となる内容は句や文でなければならない。意志を表す表現形式としての「想」の非現実性は「未定の意志」で表すのに対し、推測・判断の「想」は「非断定」の形で表す。「非断定」を表す「想」は、述語となる思考内容によって二通りの意味を持っている。

　まず、述語となる思考内容が、現実性を持つ事柄の場合、例66のような例が考えられる。

　　(66)　我　想　他　昨天　去　　学校　　　　了。
　　　　　私　想　彼　昨日　行く　学校　（過去）
　　　　　彼が昨日学校に行ったと思う。

　例66の下線部は「我想」の付加によって「彼は昨日学校に行った」という事態が話し手の一種の考えに変化し、非現実性が与えられ、話し手の推測・判断を表す表現になる。

　次に、述語となる思考内容が非現実性を持つ事柄の場合であるが、推測・判断を表す「想」の文は、思考内容となる「想」の述語部分に「可能」「会」「一定」などの非現実性を表すモーダルマーカーを持つものが最も一般的である。この場合は、述語となる思考内容は既に非断定を表している。しか

第3章　意志を表す表現形式のモーダルな意味

し、「我想」は決して余分な表現ではない。

(67) 你　　一定　　喜欢　到野外　去　　玩。　　　《美妙雨夜》
　　　あなた　きっと　好きだ　野外へ　行く　遊ぶ
　　　野外へ遊びに行くことがきっと好きだろう。
(68) 我　想　你　　一定　　喜欢　　到野外　去　　玩。
　　　私　想　あなた　きっと　好きだ　野外へ　行く　遊ぶ
　　　野外へ遊びに行くことがきっと好きだろうと思う。

　例67は聞き手の領域の情報に直接踏み込んでいるのに対し、例68は聞き手の領域に踏み込まないように、自分の領域の情報に留めるという話し手の気遣いが見られる。
　このように「我想」の付加によって、直接的には文の表現の断定性を和らげる働きがあり、間接的には、聞き手への配慮、すなわち丁寧さを表す。実際の用例を見ると、思考内容が現実性を持つ事柄を表す使い方より、このような使い方の「想」のほうが一般的である。
　例68のような「我想」について、郭昭軍（2004）では、弱断言述語と解釈し、命題についての断言を弱める働きがあると述べている。しかし、上述の例文を見ると、「我想」は、聞き手めあての面も無視できない。そもそも、「我想」は談話にしか現れない表現である。断定を避けることによって、聞き手への配慮も表しているのである。
　もう一つ注意したい点は、推測・判断の「我想」は、意志・願望の「我想」と違い、文末や文中に現れることもあるということである。

(69) 战争　结束　了，　我　想。
　　　戦争　終わる　（完了）　私　想
　　　戦争は終わっただろう。
(70) 他的话，我　想，一定　会　　来　　的。

155

彼なら　私　想　必ず（可能性）　来る　（確定の語気）
彼はきっと来ると思う。

「想」のモーダルな意味は非現実性で統一されている。そして、「想」の多義性のメカニズムは、「我想＋思考内容」の構造で思考内容となる命題を話し手の主観情報にし、思考内容のタイプによって、「想」に異なるモーダルな意味が与えられるという仕組みになっている。具体的には、思考内容が意志動詞や意志性の表現の場合、「想」は話し手の「願望・意向」を表すものになるが、思考内容が推量や可能性、価値判断、出来事を表す文の場合、「想」は「推測・判断」を表すものになる。例66〜70と対照的に、次の用例は願望・意向を表すもので、「想」の対象内容は意志的なものである。(13)

(71)　我　　　想　　　去　　看　　　他　　一眼。
　　　私　　　想　　　行く　見る　　彼　　一目
　　　私は彼を一目見に行きたい。

(72)　我　　　想　　让　　　　他　给　　我　做　件　　　　旗袍！
　　　私　　　想　　させる　彼　…に　私　作る（数量詞）チーパオ
　　　私は彼にチーパオを一着作ってもらいたい！

(73)　我　　　想　　请　　　　你们　　　　看　篇　　　稿。　《王朔文集》
　　　私　　　想　　頼む　　あなた達　　読む（数量詞）原稿
　　　私はあなた達に原稿を一つ見ていただきたい。

以上の「想」の多義性は、次のような表にまとめることができる。

表9　「想」のモーダルな意味の全体像

情意系	認識系
意志	真偽判断
・願望 ・意向	・推測・判断 ・断定を和らげる

対象内容の類型がはっきりと区別できるので、基本的に情意系の「想」と認識系の「想」との間に「要」のようなモーダルな意味の曖昧性が存在していない。

情意系のモーダルな意味と認識系のモーダルな意味は、中国語の有標形式の「要」「想」だけではなく、日本語の有標形式の「シタイ」「シヨウ」にも見られる。

3.2.2 「シタイ」について

「シタイ」は典型的な情意系の表現として、願望・意欲のモーダルな意味を表している。しかし、「シタイ」も一定の条件の下では、認識系のモーダルな意味を持つ。ここでは、益岡（2006）の指摘を取り上げることにする。

益岡（2006）では、次のような「シタイ」は、通常の願望表現と違う特徴を見せると述べている。

(74) 手をこまぬいておればばとても達成できるものでないが、本四公団はもちろんのこと、地元自治体や国も協力して利用促進に知恵を絞りたい。　　　　　　　　　　　　　　　　　（益岡2006：64）

(75) 健康志向が強い団塊の世代でも、万一に備え、民間の医療保険や介護保険による補強も視野に入れておきたい。　　　（益岡2006：64）

益岡（2006）は、上述の例文について、三つの点から通常の願望表現との相違を述べている。第1に、実現事態の主体が1人称ではないという点が挙げられる。第2に、願望という主観的感情が希薄な点が挙げられる。第3に、対話性・伝達性の強さがある。この3点に基づき、上述の例は、「書き手の理知的な判断を読者に伝える」表現であるとされている。このような「理知的判断」はつまり事態に対する価値判断である。

更に、価値判断と願望は、事態実現の望ましさでつながり、事態の非現実性を表すという点で共通していることが指摘されている。「シタイ」と同じ

ような事例として、中国語の「要」が挙げられている。確かに、上で述べたように「要」にも、意志を表すモーダルな意味と当為という価値判断の意味がある。しかし、「要」の価値判断を表すモーダルな意味は、「シタイ」ほど制限が多くないのである。というのは、「要」の価値判断を表すモーダルな意味は、一人称に使えるだけでなく、文体上の制限も少ないからである。このような相違は、「要」と「シタイ」の意味の拡張のプロセスの違いによるものだと思われる。

　益岡（2006）では、「シタイ」に見られる願望と価値判断という二つの意味の関係について、「シタイ」の基本的な意味は願望であり、そこから価値判断の意味が派生したという見方に立っている。その根拠として、二つの点が挙げられている。

　　「一つは、願望の表現に価値判断の萌芽とでも言うべきものが見出されるという点である。もう一つは、「～タイ」が価値判断を表すためには種々の条件を満たさなければならないという事実が上げられる。「～タイ」が願望を表すことに特別な条件はないわけであるから、願望の意味が無標的であるのに対し、価値判断の意味は有標的であると見ることができる。」（益岡2006：70）

としている。更に、「シタイ」が価値判断を表すための条件は四つ挙げられる。

　　「まず、談話的条件に関して言えば、『シタイ』が価値判断を表すには特定の文脈に支えられる必要があるという点が挙げられる。その特定の文脈とは、表現者の判断が問われるような文脈ということである。
　　次に、構造的条件であるが、構造の面で重要なのは１人称主語の非明示という点である。
　　次は形態的条件である。（中略）価値判断の意味を表すのは「たい」

第3章　意志を表す表現形式のモーダルな意味

という基本形を取った場合である。
　　もう一つは語彙的条件である。願望の意味を表す場合には語彙の面で特記すべき点は認められないが、価値判断を表す場合にはすぐに気づく顕著な語彙がある。」(益岡2006：71,72)

　一方、「要」に見られる「意志・願望」と価値判断との関係は、「シタイ」と違う特徴を見せている。そもそも、「要」自体は自立語として、「要求する・求める」と「〜必要とする」の両方の意味を持つのである。モーダル動詞の「要」による「意志・願望」と価値判断のつながりは、派生関係ではなく、並列関係にあると思われる。その理由として、次のような事実が挙げられる。一つ目は、「意志・願望」と価値判断の間に、「シタイ」のような無標的・有標的な関係がないことである。「意志・願望」と価値判断のモダリティの意味的構造は、人称との関係において多少違いが見られるが、ほかの条件においてほぼ一致している。(14) 二つ目は、「要」による「意志・願望」と価値判断のモーダルな意味の間に、歴史的に見ても派生関係が確認されていないことが挙げられる。太田（1957）では、「要」は当為や意志・願望を表すモーダル動詞として、唐代に現れたとし、両者の前後関係については言及していない。また、3.1.4で言及した古川（2006）も、どちらのモーダルな意味も自立語の意味から派生したもので、お互いに派生関係があるとはしていない。更に、卢卓群（1997）では、当為を表すモーダルな意味が先に現れ、意志・願望の意味が後に生じたとしているが、意志・願望の意味は当為の意味から派生したものではなく、自立語の意味から生じたという見方を示している。

　以上のことに基づき、「シタイ」は「要」と同じように意志を表すモーダルな意味と価値判断を表す意味を同時に持っているが、意志・願望と価値判断というモーダルな意味の間のつながり方はまったく違う特徴を見せていることがわかる。しかし、意志を表すことができる表現形式に意志・願望の意味と価値判断の意味とのつながりがあるという現象は日本語と中国語の両方

において確認されるのである。

3.2.3 「ショウ」について

　文末における「ショウ」に意志を表す意味と推量を表す意味の両方が備わっていることは、既に広く認識されている。尾上（2001）では、平叙文の終止法の「ウ・ヨウ」の用法について、〈推量〉、〈意志〉、〈命令〉と説明している。そして、次のような用例が挙げられている。

　　(76)　これをあげよう。
　　(77)　一緒に映画を見に行こう。
　　(78)　休み時間には運動場に出ましょう。
　　(79)　この中にはすでに事件を知っている人もあろう。
　　(80)　（やや古い大阪方言）さあさ、戸を閉めてはよ寝ましょ。(p.420)

　尾上（2001）によると、例76～78は〈意志〉を表すもので、例76は「自分一人の意志」、例77は「勧誘＝一人称複数の意志」、例78は「勧誘的擬態→命令」とされている。また、例79は〈推量〉を表すもので、例80は〈命令〉を表すものである。
　しかし、勧誘でも、命令でも、いずれも「ショウ」による話し手の意志が聞き手に作用した時に生じる発話内行為なので、尾上で〈命令〉とされる例80の「ショウ」の基本的なモーダルな意味はやはり「意志」と規定したい。
　一方、益岡（2007）も意志を含むショウ全体の多義性について考察を行っている。益岡（2007）は、ショウは非定意志のほかに、更に推量と断定緩和を表すことがあると述べている。非定意志を表す観点について、筆者は第2章で違う考え方を示しているが、推量と断定緩和を表す点については、益岡（2007）を受け継ぐ。推量と断定緩和について、益岡（2007）は次のような例文を挙げている。

(81) このスピードから考えると、台風は明日午前には近畿に上陸しよう。
(益岡2007：179)
(82) 政治に真価が問われる事態だといえよう。　　　（益岡2007：179）
(83) 以後に書かれた多くの長編と較べても、遜色がないばかりか、秀作の一つに挙げてよかろう。　　　　　　　　　（益岡2007：179）

　例81は推量を表すもので、例82、83は断定緩和を表すものである。いずれも話し手の認識のモダリティを表すものである。認識系のモーダルな意味のあり方から見ると、「シヨウ」は中国語の「想」に非常に近い特徴を示している。「想」も「願望・意向」の用法以外に、推量や断定を避ける用法があるからである。「想」による断定を避けるような用法は、聞き手への配慮に結びつきやすいが、「シヨウ」の断定緩和の用法も聞き手や読み手を意識した表現ではないかと思われる。ただし、現れる場面から言うと、同じ断定緩和の表現とはいえ、「シヨウ」のほうは書き言葉に多く見受けられるのに対し、「我想」は口語に多く見受けられる傾向がある。更に、「シヨウ」と「想」は認識系のモダリティに似ている性質を見せているが、両者の間に意味上の対応関係はまったくない。というのは、意志を表す表現形式としてのモーダルな意味においては、「シヨウ」と「想」はまったく違うものであるからである。

　「シヨウ」に見られる意志と推量の繋がりは、「要」にも見受けられる。前に述べたように、「要」は自立語としての動詞用法のほかに、意志、当為、推量、未来、仮定などの用法がある。通時的な観点から見ると、「シヨウ」の前身の古代語の「ム」の用法は更に「要」に近い。尾上（2001）では、古代語の「ム」には〈推量〉と〈希求〉の両方の意味があり、前者は人称制限がないのに対し、後者は人称によって、意志、命令、願望の意味となるとされている。土岐（2010）でも助動詞の「ム」の文脈的な意味に、「意志、希望、勧誘、期待、命令、推量、婉曲、仮定、可能性など」が挙げられている。近代語においては、「む」はその役割に応じて、意志の「う（よう）」と[15]

推量の「だろう」とに二分されるが、「う（よう）」で推量や婉曲を表す用法はかなり後まで残り、現代語でも、慣用的表現や文語的文体の書き言葉においては残っているので、「う」イコール意志専用形式ときれいに割り切れるものではなく、多義的な性格を残しているとしている。

　尾上（2001）では、「ム」の平叙文終止法では何故〈推量〉と〈希求〉系の意味とが出るのか、何故その二つに限られるのかについて、次のように説明している。まず、ウ・ヨウは（推量・意志の意味を内在させているのではなく）非現実事態を言語化していることのみ（非現実事態仮構の形式）を表している。次に、このような「事態の直接的言語化形式」を発話の場にほうり出せば、次の二つの意味が生じるのである。一つは、存在承認の場合は、〈推量〉になり、存在希求の場合は、〈意志〉〈命令〉〈願望〉になるのである。一方、江戸語の「ショウ」の終止法の用法について、土岐（2010）は、「意志」「勧誘・命令・依頼」「未来（予定）」「推量」「確認要求」「反語」という六つの用法を挙げている。(16) 江戸語の「ショウ」は前身の古代語の「ム」と較べて、ある程度意味の範囲が縮小しているが、現代語より多様な意味を持っていたことが確認されている。

　一方、「要」の多義性も「ム」と同じように、非現実性と大きく関わっているのである。ただし、「要」自体は、「要求する・求める」や「必要とする」という自立語としての意味が非現実性の出発点となっているのに対し、古代語の「ム」や現代語の「ショウ」「ダロウ」にはこのような特定の語義がない。これは、「要」と、「ム」や「ショウ」「ダロウ」との根本的な違いである。

　更に、文法化のプロセスから見ると、「ショウ」は基本的に「ム」の一部の意味を受け継ぎ、「古代語→江戸語→現代語」において意味の縮小が観察されているが、「要」は時代の変遷と共に、「自立語としての名詞→自立語としての動詞→助動詞（モーダル動詞）→接続詞」のように意味の拡張が観察されている。

　以上、現代語の「ショウ」の多義性は、次のような表にまとめることがで

きる。

表10 「シヨウ」の多義性

情意系	認識系
意志	真偽判断
決意	・推量 ・断定緩和

3.2.4 「スルツモリダ」について

　現代語における「スルツモリダ」は、もっぱら意志を表す形式になり、前述のような他の意志を表すことができる、有標形式に見られる真偽判断や価値判断の用法はない。もちろん、既に述べたように、「スルツモリダ」は話し手の意志を表す表現とはいえ、情意的な意志を表す表現形式ではなく、認識的な意志を表す表現形式であるので、「スルツモリダ」のモーダルな意味自体に情意的・認識的繋がりが存在する。更に、歴史的な観点から「スルツモリダ」を観察すると、「スルツモリダ」に見られる情意的性質と認識的性質との関係は更に明らかになる。

　土岐（2010）は、江戸時代における「つもり」の通時的な変化について、四つの時期に分けて考察を行った。第一期は17世紀末から18世紀初頭で、「『つもり』が計算や見積もりといった意味で、推量用法、意志用法の両方を備えたニュートラルなものとして実名詞的に現れている」（土岐2010：126）としている。第二期は18世紀半ばから19世紀で、「形式名詞としての意志用法に偏りを見せる」（土岐2010：126）としている。第三期は19世紀初頭から半ばで、「消えていきつつある実名詞としての推量用法と形式名詞的な意志用法が併存している最後の時期である」（土岐2010：126）としている。第四期は19世紀後半から20世紀初頭で、「推量用法が姿を消し、形式名詞としての意志用法のみが定着するようになる」（土岐2010：126）としている。つまり、「つもり」にも「シヨウ」と同じような意味範囲の縮小が見られる。現代語の「ツモリダ」の形には、情意系と認識系のモーダルな意味の共存が見

受けられないが、江戸時代の用法には、意志と推量の両方が共存していたのである。

3.3 まとめ

　以上、中国語と日本語の意志を表すことができる有標形式の「要」「想」「シタイ」「シヨウ」「スルツモリダ」に見られる情意系のモーダルな意味と認識系のモーダルな意味との連続性を確認した。ここまでの考察を通じて、二つの事実が確認できた。

　一つは、意志を表すことができる表現形式には、情意系のモーダルな意味と認識系のモーダルな意味との繋がりが普遍的に見られることである。動詞の無標形式は、そもそも特定の文法的意味がないため、情意系と認識系のモーダルな意味は文脈によって自然に現れるが、意志を表せる有標形式にも両方のモーダルな意味の関係が観察される。情意系と認識系との繋がりは、表現の非現実性と主観性に帰することができると思われる。そして、有標形式の情意系のモーダルな意味と認識系のモーダルな意味との繋がりのあり方には、次のようないくつかのパターンが見受けられる。

　①意志⇔真偽判断・価値判断：「要」
　②意志⇔真偽判断：「想」「シヨウ」
　③意志⇔価値判断：「シタイ」

　もう一つは、意志を表す有標形式の意味の歴史的な変遷を見ると、日本語は中国語と違う変化の方向を見せているということである。基本的に、「要」「想」は自立語としての動詞から助動詞へ、更に助動詞のモーダルな意味が豊かになっていくという意味拡張のプロセスを示しているのに対し、日本語の「シヨウ」「スルツモリダ」は多義的な表現からある意味に限定された専門形式へというプロセスが観察されている。また日本語の「シタイ」につい

ても、このような意味範囲の縮小変化が生じている。「たい」の前身については平安時代までは「まくほし」、平安時代からは「まほし」へ、更に中世以後に「たし」に変化し、近世以後現在の形「たい」となったとされている。「まくほし」「まほし」「たし」の意味について、三省堂の『全訳読解古語辞典』は次のように説明している。

　客体の助動詞の一つ。未実現の動作・作用・状態が実現することを願い望む意。
　1. 話し手・書き手の希望を表す。〜たい。
　2. 話し手・書き手以外の希望を表す。〜たい。
　3. 他者、事物に対しての希望を表す。〜てほしい（p.1033）

　実際に、現代語の「たい」は上述の1の意味しか残っていない。意味2は、ある条件の下では成立するが、古代語のように終止形のままでは使えない。従って、「シタイ」にも基本的に多義的な表現からある意味に限定された専門形式への変化が生じたといえる。
　しかし、「シタイ」に願望から価値判断への意味拡張が見られる現象や、「ツモリダ」に見られるもともとの推量の用法が消えて、現在の意志の用法に至ったという現象は、現在でも意志を表す表現形式を含む言語全体が変化していることを示している。

4　終わりに

　本章では、日本語と中国語の意志を表す表現形式について、モーダルな意味という視点で様々な角度から考察を行った。まず、第1節では、第2章の意志のモダリティの意味的構造についての考察を踏まえ、各表現形式が表す意志のモーダルな意味を細分化し、名称を規定した。特に日本語における意志を表す表現形式についての先行研究を参考にし、日中両言語の意志を表す

表現形式の意志のモーダルな意味の細かいタイプを決定した。そして、第1節の表現形式の意志のモーダルな意味についての説明を踏まえ、第2節では、意志を表す各表現形式に見られる意志のモーダルな意味の相違はどのようなことを意味しているのかについて検討した。つまり、情意系のモダリティとしての意志のモーダルな意味は、表現の形によって、話し手の感情表出に近い情意的なものもあれば、話し手の認識に近いより客観的なものもある。典型的な情意的表現として、「シタイ」「シヨウ」が挙げられ、典型的な認識的表現として「スルツモリダ」が挙げられる。動詞の無標形式は基本的に、特定の文法的意味を持たないものなので、情意的・認識的両方の面を持っている。更に、中国語の意志を表す有標形式も基本的に、情意的・認識的両方の面を備える表現である。このような情意的・認識的性質における相違は、意志表現の人称のあり方や談話における機能及び表現形式に影響を与えている[17]。このような情意的・認識的性質の関わりは意志を表す表現形式による意志のモーダルな意味の内部だけではなく、意志を表せる表現形式に見られる多義的なモーダルな意味の全体にも反映されている。第3節では、有標形式の「要」「想」「シタイ」「シヨウ」「スルツモリダ」に見られる情意系のモーダルな意味と認識系のモーダルな意味との繋がりについて考察を行った。結果として、意志を表す表現形式における情意系と認識系のモーダルな意味の連続性は、日本語においても中国語においても普遍的な現象であることが確認された。更に、歴史的な観点から見ると、中国語の「要」「想」には意味の拡張、日本語の「シタイ」「シヨウ」「スルツモリダ」には意味の縮小という正反対の変化過程が観察された。

　しかし、ここでの観察はあくまでも文における意志を表す表現形式のある程度固定化したモーダルな意味に限られている。実際の談話において、様々な語用論要素が入った場合、意志を表す表現形式の間にどんな違いが現れているのか、次の章で検討したい。

【注】

（1）　このような「シタイ」について、宮崎（2006）は「意向」と呼んでいる。ここでは「シタイ」の情意的な性質を強調するために、「意欲」を使っているのである。

（2）　安達（1999）では、「つもり」は主体の動作の裏にある意図を表すのが本来的な意味であるとされている。

（3）　この点については、益岡（2007）を参考にしている。益岡（2007）では、「スル形が表す意志には主として、発話時に形成された意志（「決意」と呼ぶ）と発話時以前に既に定まっている意志（「既定の意志」と呼ぶ）の2つのタイプがある」（p.164）としている。本研究では「既定の意志」を「予定」と呼ぶ。

（4）　奥田（1986）では、「したい」も「しよう」も動作への《私》の志向を表現しているが、前者が私の欲望なり意欲なりを言い表しているとすれば、後者は《私》の決心あるいは覚悟を言い表しているとされ、両者が用いられる文は、「文の対照的な内容が話し手である《私》にとって望ましいことである」（p.24）と言うような文であるとしている。仁田（1991）では、表出の文で表すモダリティについて、こういった特徴が〈待ち望み〉であると述べられている。宮崎（2006）でも、待ち望み文として、「シタイ」文と「シヨウ」文を取り上げている。

（5）　筆者の作例。

（6）　認識的な面を持つ「スルツモリダ」や「スル」にも一人称主体不表示の傾向が見られるが、この点に関しては、情意的・認識的性質の影響より言語の主観性の度合いの影響のほうが著しいと思われる。

（7）　ここでは主に「肯定文」の状況を言っている。否定文の場合、意志・願望を表す「要」は「不想」になり、価値判断の「要」は「不要」となる。しかし、価値判断の「要」の否定形式はあまり一人称動作主には使われず、むしろ二人称動作主に対しての命令表現としてより多く使われる。

（8）　一定：必ず、絶対。

（9）　例文出典：『現代漢語八百詞』。

（10）　可能性を表す表現として典型的なもの。

（11）　盧卓群（1997）では、「要」の文法化のプロセスについて、違う見方を提示している。盧は、自立詞としての「要」はまず当為を表す助動詞に発達し、唐宋の時、意志・願望のモーダルな意味が生じたとしている。予測や推量の意味は、意志・願望の意味から派生したものという点について、盧卓群と古川は一致している。本書は、「要」の文法化のプロセスについてどちらも採用せず、保留の立場をとりたいと思う。「要」の現在の用法に着目し、その

多義性の要因について提示するに留める。
（12） 高名凱（1948、1986）によると、「想」の意志・願望を表す用法は古代にはなく、近代の口語で使われるようになったということである。
（13） 「願望」と「意向」の区別は対象動作を制御できるか否かにある。本章の1.2.1を参照されたい。
（14） 本章3.1の「『要』のモーダルな意味の連続性」を参照されたい。
（15） 具体的には、主語一人称の場合は意志、主語二人称の場合は命令、主語三人称の場合は願望と述べられている。
（16） 土岐（2010）では、六つの意味について、「確認要求」の意味以外は詳しく説明を行っていない。「確認要求」の用法については、「推量から派生したもので、本来の意味は薄れ、かなり確信のある、当然そのはずだと思っているようなことについても、断定を避けて語気を和らげ、相手の同意の返事を期待して話しかける場合に用いられる。不確実な内省表現を用いることによって、自分はこう思うのだがどうだろう、と相手の判断を受け入れる余地を残すもので、重点は相手との判断の共有に置かれている」（土岐2010：23）と説明している。この「う・よう」の用法は現代語には殆ど見られなくなり、もっぱら「だろう」で表されていると思われる。
（17） 談話における機能や表現形式への影響は第4章、第5章で言及する。

第4章　意志を表す諸形式の談話における機能

0　本章の内容

　これまでは、文の中における意志を表す表現形式を中心に見てきたが、この章では談話の中にこれらの形式を置いて、その発話としての機能を検討する。発話としての機能には二種類が考えられる。一つは、話し手の意図的発話行為として、話し手の伝達意図による機能である。もう一つは、話し手の発話意図に関わらず、聞き手が捉える発話の機能である。この章で問題にしているのは、前者の方であることを断っておきたい。つまり、本章で言及する談話における機能は、聞き手への発話の客観的な効果ではなく、話し手の伝達意図によるものである。従って、ここで扱う談話は、聞き手の存在する対話だけではなく、独り言や心内発話のようなものも含まれている。

　本章は、具体的に次の五つの部分からなる。第1節では、典型的な情意的意志を表す表現形式の「シタイ」「シヨウ」と典型的な認識的意志を表す表現形式の「スルツモリダ」が談話における機能において、明らかな相違を見せる現象を提示する。第2節では、第1節で言及した「シタイ」「シヨウ」と「スルツモリダ」に見られる談話における機能ついて詳細に検討し、その相違を更に明らかにする。第3節では、第2節までの「シタイ」「シヨウ」と「スルツモリダ」の相違を踏まえ、中国語の意志のモーダルな意味を表す有標形式、「要」「想」を加えて、日本語と中国語との対照を行う。第4節では、前節までに明らかにした有標形式の特徴を参考にして、意志のモーダルな意味を表す、無標形式に見られる談話における機能を論じることにする。最後の第5節では、第4章のまとめをし、第5章との関係に言及する。

1　問題提起

　第2章、第3章では、もっぱら文における意志を表す形式と意志のモーダルな意味を論じたが、実際のコミュニケーションの現場では、聞き手の存在や場面などの語用的要素が入ることによって、意志のモーダルな意味を表す形式は更に多様な意味を表すようになる。例えば、「シタイ」「シヨウ」と「スルツモリダ」は談話において、聞き手の存在との関わり方でまったく違う振る舞いを見せている。

　前の章で述べたが、「シヨウ」は聞き手の存在や場面などの語用的要素を抜きにすると、文においては決意という意志のモーダルな意味を表す。しかし、コミュニケーション上では、「シヨウ」による発話は、独り言や心内発話であれば、話し手の「決意」を表すだけであるが、聞き手めあての場合は、ただの「決意」だけではなく、聞き手への働きかけの役割も果たしている。次の文を見てみよう。

　　（1）　（独り言）よし、ご飯を食べよう。
　　（2）　（聞き手に対して）そろそろ、ご飯を食べよう。
　　（3）　（聞き手に対して）私がやりましょう。

　例1～3における「シヨウ」が話し手がある動作を行おうとする決意の瞬間を捉えていることは言うまでもない。しかし、例2、3の「シヨウ」は、聞き手めあてのもので、例2は「勧誘（場合によって命令）」、例3は「動作の申し出」という対人的な意味が生じてくる。また、「シタイ」にも同じような現象が見受けられる。

　　（4）　（独り言）久しぶりにホットドッグを食べたいなあ。
　　（5）　（子供が親に対して）ホットドッグを食べたい。

第4章　意志を表す諸形式の談話における機能

　第3章で述べたように、「シタイ」は基本的に願望表現で、「シタイ」による意志は「願望」と「意欲」を表し、話し手の対象動作や事態に対する制御性の有無によって区別されている。例4、5の「シタイ」は、どちらもホットドッグを食べるという行為の実現を望む表現であるが、前者が話し手のただの願望であるのに対し、後者は聞き手めあての表現なので子供が親にホットドッグをねだるような依頼表現になるのである。このように、典型的な情意的表現としての意志のモーダルな意味を表す「ショウ」と「シタイ」は談話においては、聞き手めあての場合と独り言の場合とで発話の意味に差が現れるのである。というのは、談話における「シタイ」と「ショウ」は、聞き手の存在や場面などの語用的な要素により、様々な対人的な意味が生じるからである。

　一方「スルツモリダ」は上述のような現象が見られない。そもそも、意志を表す述語としての「スルツモリダ」は伝達性を備える表現で、聞き手が存在する対話にしか現れない。仁田（1991b）では、「スルツモリダ」系の表現について、次のように述べている。

　　　従来あまり気づかれていなかったことではあるが、話し手の意志を表す非過去形の「スルツモリダ」系は、特別な場合でない限り、聞き手が存在する時でなければ使うことができない。言い換えれば、「スルツモリダ」系の諸形式は、相手立つ聞き手がいない場合の独り言や、心内発話としては、極めて使いにくい、といった性質を有している。（p.205）

更に、仁田は「～ト思ウ」を付加するテストを使い、上述のような観点を裏付けた。例えば、次の例6と例7はかなり逸脱性の高い文である。

　(6)　僕は頑張るつもりだと思った。
　(7)　僕は頑張るつもりだと呟いた。[1]
　(8)　僕は頑張るつもりだ。

171

また、例8のような発話は、談話に関わる諸要素を考えても考えなくても、基本的に話し手の「意図」という意志のモーダルな意味を表すことに変わりはない。

　典型的な認識的意志表現としての「スルツモリダ」は、談話では、「シタイ」「シヨウ」とまったく違う特徴を示している。このような事実はどんなことを意味しているのだろうか。本章では、この現象を切り口にし、談話における「シヨウ」「シタイ」と「スルツモリダ」の振る舞いの相違を踏まえた上で、意志のモーダルな意味を表す形式の談話における機能を全般的に検討していきたい。

2　「シタイ」「シヨウ」と「スルツモリダ」に見られる談話における機能の相違

2.1　先行研究

　聞き手が存在するか否かと意志表現の意味との関係については多く研究されている。仁田（1991b）は、聞き手とのかかわり方という視点から、「スルツモリダ」「スル」「シヨウ」の三つの表現形式の特徴と意味を考察している。「スルツモリダ」についての仁田の研究は前節で既に述べたので、ここでは、「シヨウ」だけを取り上げることにする。仁田は、話し手の意志を表す「シヨウ」には次の四つの用法があると述べている。

　　Ⅰ　話し手の意志を表すもの
　　Ⅱ　聞き手への話し手の行為の提供を申し出るもの
　　Ⅲ　誘いかけを表すもの
　　Ⅳ　和らげた命令（仁田1991b：p212,213）

　上記の四つの用法のうち、Ⅱ、Ⅲ、Ⅳは聞き手存在発話にしか現れない表

現とされている。また、Ⅰの話し手の意志のショウ形は、その中心が〈聞き手不在発話〉であると述べられている。しかし同時に、仁田は、話し手の意志を表すショウ形は周辺的な、有標的な用法として、聞き手存在発話も存在していると認めている。Ⅰのような「ショウ形が、聞き手存在発話として成り立つ原則は、聞き手を動作主体として巻き込まないこと、および、話し手に聞き手への利益付与を進んで行おう、といった意識が存しない、といったことが、何らかのあり方で明らかである、といったものである」（仁田 1991b：219）とされている。

　仁田は、話し手の意志を表す「ショウ」について、上述のように細かく分類し、そのうえ、聞き手が存在するか否かという要素を取り入れ、更に分析を行ったのである。しかし、このような分類の仕方は、「ショウ」の諸用法がまるでお互いに関連しない孤立したもののように捉えがちである。実際に、「ショウ」による上述の四つの用法は連続性のあるものと思われる。前節で述べたように、意志を表す「ショウ」の基本的なモーダルな意味は「決意」である。この「決意」は自分自身の動作について言う場合は、決意のままであるが、聞き手めあての場合は、聞き手を動作や事態に巻き込もうとする「勧誘」や「動作の申し出」「命令」などの用法となるのである。話し手の決意を表す意味は、聞き手の存在によって消されているのではなく、むしろ、「勧誘」「動作の申し出」「命令」という聞き手めあての用法と共存しているのである。従って、上述のⅡ、Ⅲ、Ⅳの用法は、「ショウ」の基本的な意味ではなく、あくまでも聞き手めあての発話において生じた対人的な意味である。

　宮崎（2006）も同じような考え方を示している。

　　　話し手自身の動作に対する〈決意〉は、基本的に、話し手が一人で行うものであり、聞き手の存在は必要ない。…。それが自分に関係するものでない限り、他人の決意に立ち会う必要はない。逆に言えば、はなしあいにおいて「ショウ」の文を用いて決意を行う場合には、話し手は聞

き手との関係において決意していることになろう。聞き手との関係において決意するということの具体的なあり方には様々なケースがあるが、…（宮崎2006：48）

　上述の文献以外に、聞き手存在会話と聞き手不在会話を区別して「ショウ」について考察を行ったものに、安達（1999）や外山（2001a）が挙げられる。分類の仕方と用法の呼び名について多少違いがあるが、独話や心内発話における「ショウ」と聞き手がいる対話における「ショウ」を区別する考え方は一致している。
　一方、「シタイ」も基本的に聞き手存在会話と聞き不在会話の両方に現れる。「シタイ」による意志のモーダルな意味は、「願望」と「意欲」の両方である。外山（2001a）の論述を借りれば、「その場で容易に実現させることができる出来事から、実現が困難な出来事、更に非レアルな、実現不可能な出来事まで、いいあらわすことができる」（p. 39）表現であり、また、「～シタイ」の文は、「聞き手である相手を義務的としないとされている。聞き手である相手が存在しない場でさし出されたとしても、そのモーダルな意味は成立する」（p.39）となる。更に、奥田（1986）によれば、「シタイ」は「はなしあいのなかで、はなし手の欲望なり願望があい手の行動によってみたされるときには、あい手へのはたらきかけ性が《ふくみ》として生じてくる」（p.25）とされている。
　以上の論述から、「シタイ」も「ショウ」と同じように、聞き手めあての対話の場合、文におけるモーダルな意味の上に、対人的な意味を持つこともある。従来、「シタイ」や「ショウ」、特に「ショウ」についての議論は、聞き手が存在するか否かが焦点とされてきたが、ここでは、聞き手の存在と聞き手めあてを区別して議論したい。というのも、聞き手存在の対話でも、聞き手めあてではない「シタイ」や「ショウ」が存在するからである。従って、ここでの談話における「シタイ」「ショウ」についての考察は、聞き手が存在するか否かではなく、聞き手めあてかどうかから行いたい。また聞き

手めあてとは、単純に聞き手に何かを伝達することではなく、対象動作の実行が聞き手に関連している場合を指している。いわゆる、聞き手に対する何らかの働きかけがあるかどうかという点から、聞き手めあてかどうかを規定する。逆に言うと、聞き手めあてではない場合は、少なくとも表面上では独り言として成立する。

では、意志のモーダルな意味を表す「シタイ」「シヨウ」と「スルツモリダ」は談話の中では、どんな発話の機能や対人的な意味を持っているのだろうか、次項で見ていこう。

2.2 「シタイ」「シヨウ」に見られる談話における機能

上で述べたように、意志のモーダルな意味を表す「シタイ」と「シヨウ」は独話にも対話にも現れる表現である。両方とも、意志のモーダルな意味を表す表現として、基本的に聞き手の存在が必須ではない表現であるが、聞き手めあての対話においては、聞き手に対する対人的な意味が生じる。本項では、談話における「シタイ」と「シヨウ」の機能について、独話または準独話[2]、つまり聞き手めあてではない発話と、対話、つまり聞き手めあての発話に分けて考えたいと思う。

2.2.1 独話または準独話の場合（聞き手めあてではない場合）

まず、「シタイ」について見てみよう。聞き手めあてではない「シタイ」は談話においては、基本的に、話し手の願望や意欲をそのまま表出する表現となっている。

 (9) （桜を見ての独り言）お花見したいなあ。
 (10) 比奈子「いいなあ、子供って、苦労がなくて……かえれるものならもう一度、子供になりたいわ」
    玉造「なまいきいうな……そんなこと考えているひまに、早く自

分の子供つくる算段しろ……いい年して、一人でぼんやりしているから、親類がつけ込むんだ、しっかりしろ」

テレビドラマ『ありがとう』

(11) リカ「あ、今夜は星が出てるよ」
　　 永尾「そりゃ出るよ、夜なんだから」
　　 リカ「違う、東京で星が見えることなんて珍しいんだよ」
　　 永尾「そうなんだ──」
　　 リカ「ひとつ、ウチに持って帰りたいな」

テレビドラマ『東京ラブストーリー』

(12)「十八時十二分か、その次に乗りたい。今、五時三十五分だからな、これから行けばちょうどいい」　　　　　『点と線』

(13)「お車を呼びますわ」
　　「いや、あるいていく。少しあるきたい」　　　　　『顔』

(14)「おまえ、本気なのか」
　　「本気だ」誠は唾を飲み込んでから続けていった。
　　「明日、彼女に俺の気持ちを打ち明けようと思う」
　　「彼女ってのは、その派遣社員の女性だな。三沢さん、とかいったっけ」
　　「打ち明けてどうするんだ。プロポーズでもするのか」
　　「そこまでは考えてない。ただ、俺の気持ちを伝えたい。そうして、彼女の気持ちを知りたい。それだけのことだ」　　　　　『白夜行』

　上述の例文は、聞き手が存在しても、話し手は聞き手を対象動作に巻き込んだり、聞き手に影響したりすることがない場合の「シタイ」文である。つまり、聞き手をめあてにする発話ではないのである。

　また、例9〜11は文における「シタイ」の対象内容となる動作が、話し手の能力や客観的状況などが原因で実現することができない場合のもので、話し手の実現を望む気持ちが単なる願望に留まっているものである。例9は、

第4章　意志を表す諸形式の談話における機能

独り言の場合の「シタイ」であるが、日常生活に用いることは十分可能である。しかし、筆者が調べた用例を観察した限り、文学作品に現れる独り言の「シタイ」は極めて少ないのである。単純に話し手の願望を表す場合でも、むしろ例10、11のような聞き手がいる発話の場合が多い。ただし、例10、11のような「シタイ」文が、聞き手が存在しなくても成り立つことを断っておきたい。

　例12～14は、話し手が「シタイ」の対象動作を実現させることができる場合の発話で、話し手のある行為を実現させる意欲を表明するものになる。このような発話は、話し手自身で事態をコントロールできる状況が殆どである。この場合の「シタイ」も特に聞き手に何らかの働きかけをするわけではなく、単に話し手の意欲や望んでいる気持ちをそのまま表出するものである。この点において、「ショウ」も同じような振る舞いを見せている。

　独話または準独話の「ショウ」も、独話や心内発話にせよ対話にせよ、意味の相違が殆ど存在せず話し手の決意をそのまま表す表現形式となっている。

(15)（心内発話）落ち着いて、まずストーリーから考えよう。
　　　寝坊した、急がなきゃ。何だよ、いつもの俺じゃん。
　　　　　　　　　　　　　　　　　　　テレビドラマ『ドラゴン桜』
(16)（心内発話）これじゃ簡単すぎるよな。もう少し長くしよう、東大の英作文なんだし。　　　　テレビドラマ『ドラゴン桜』
(17)（心内発話）置いてきた。put onかな。あ、分かんない、leftにしよう。
　　　　　　　　　　　　　　　　　　　テレビドラマ『ドラゴン桜』
(18)「お前、東大にいかないか？」
　　　「まだ言ってる。私が行くわけないでしょ。」
　　　「じゃ、聞き方を変えよう。東大に行きたくないか？」
　　　　　　　　　　　　　　　　　　　テレビドラマ『ドラゴン桜』
(19)「よしよし」
　　　いつものとおり、博士はルートの頭を撫で回した。それから、

「あっ、いけない。大事な約束だから、忘れないようにちゃんと書いておこう」
　　　　　　　　　　　　　　　　　　　　　　　『博士の愛した数式』

　上述の用例のうち、例15から17は心内発話であり、例18、19は聞き手がいる対話である。両方とも、「ショウ」の対象動作の動作主が話し手だけのものである。例18、19は、対話の形となっているが、聞き手がいなくても、心内発話や独り言としても十分成り立つ。というのは、例18、19は聞き手がいる対話にも関わらず、聞き手を対象動作に巻き込むことは絶対にないからである。

　ここまでは、独話または準独話の「シタイ」と「ショウ」が用いられている発話の機能について考察を行った。聞き手めあてではない場合の「ショウ」は、心内発話や独り言にせよ、対話にせよ、基本的に話し手の決意をそのまま表出するものである。もう一方の聞き手めあてではない場合の「シタイ」も、心内発話や独り言にせよ、対話にせよ、話し手の願望や意欲をそのまま表出するものである。両者とも話し手の感情をそのまま表す表現と言える。

2.2.2　対話の場合（聞き手めあての場合）

　では、聞き手めあての「シタイ」「ショウ」はどうだろう。聞き手めあての「シタイ」と「ショウ」の共通の特徴は、聞き手を対象動作や事態に巻き込むことができるという点である。まず、対話における「シタイ」について見てみよう。

　話し手が実現を望んでいる対象動作は時々、聞き手にしてもらうことによって実現できるものがある。この場合の「シタイ」は、話し手が自分の望む気持ちを聞き手に聞かせることによって、聞き手に働きかける効果を持つ。もちろん、このような働きかけは勧誘や命令などの表現ほど直接的ではなく、あくまでも間接的なものである。「シタイ」の働きかけ性は発話時点で既に備えているものであり、話し手が聞き手にその意向を投げかけた後

は、動作の実現までコントロールしないことが特徴である。従って、「シタイ」による聞き手への働きかけは強制力のないもので、あくまでも一種の依頼である。もちろん、実際の発話では、話し手と聞き手の関係により、間接的な依頼だけではなく、間接的な命令となることもあり得る。しかし、話し手が聞き手に命令できる立場であっても、願望の形で聞き手に働きかけているので、表面上はやはり間接的な依頼である。例20〜22を見てみよう。

(20)「面白そうな話ね。もっと聞きたいわ。話して」
(21)「水飲みたい、水頂戴。」
(22) 茂「おとうさん、あれたべたい」と、売店のホットドッグを指さす。

　例20、21は、「シタイ」の後に来る「話して」「水頂戴」のような表現がなくても、例22のように十分に聞き手に働きかけることができる。上述のものは、あくまでも話し手自身による対象動作を実現させるために、聞き手の協力が必要であり、それを求める間接的な依頼を表す発話である。「シタイ」は授受動詞の「もらう」や「いただく」と共起する場合、直接的な依頼（場合によっては「命令」）を表すことができる。ただし、この場合の対象動作の行い手は話し手ではなく、聞き手になるのである。

(23)「それに朝倉総理は、ちゃんと仕事されています。誰よりも一生懸命働いていらっしゃる。それに、あの方と、美山秘書官とは、お二人が思っていらっしゃるような関係ではありません。総理を侮辱するな。」
　　「百坂！　お前誰に向かって？」
　　「これは総理が真剣に取り組んでいる、予算案です。邪魔をするような真似は一切やめていただきたい！」テレビドラマ『CHANGE』
(24)「とにかく」康晴は足を組み、ソファにもたれた。「こんなことをあまり手回しよく準備するのもよくないだろうが、彼女のお母さ

179

んにもしものことがあった場合のことを、俺としては考えておきたい。だけどさっき一成もいったように、俺には俺の立場というものがある。お母さんがなくなったからといって、すぐに大阪に飛んでいけるかどうかはわからない。そこでだ」そういって彼は一成の顔を指差した。「場合によっては、<u>一成に大阪へ行ってもらいたい</u>。おまえなら土地鑑がある。雪穂さんも気心が知れていて安心だろう」

話を聞くうちに、一成は顔をしかめていた。 『白夜行』

例23、24の下線部は、直接聞き手へ働きかける場合のものである。このような「もらう・いただく＋たい」の用法は日常生活で非常に普遍的なものである。例23の下線部は、比較的立場が上であったり距離のある相手に対する発話なので、敬意の高い「いただく」が使われている。聞き手の動作について話し手に決定権がないので、この発話における「シタイ」は聞き手への依頼となっている。ただし、依頼といっても、話し手の反発するかなり強い感情が込められているものとなっている。一方、例24の下線部の発話者は、相手より上位の立場に立ち、聞き手に命令する権限を持っているので、「シタイ」による発話は、表面上は依頼の発話であるが、事実上聞き手への命令となっている。

間接的な依頼にせよ、直接的な依頼にせよ、これらはすべて、話し手の願望や意欲を表す「シタイ」の対話における聞き手への対人的機能である。基本的に、願望や意欲の表出によって、聞き手に行動への同調を求めるものであり、聞き手への強制力はない。しかし、それにも関わらず、聞き手めあての「シタイ」はそのままの形、つまり「たい/たいです」の形では目上の相手や距離のある相手または正式な場面にはあまり現れないのである。例20、21、22は、話し手が聞き手と親しい間柄のもので、例24は、話し手が聞き手の上司である場合のものである。例23は、聞き手が話し手より立場が上の場合であるが、強い感情を直接表現しているので、「たい。」の形が取られてい

る。実際に、日常生活では、文末に「のだ」や「と思う」をつけることによって感情の直接的な表出を避けている。

聞き手めあての「シタイ」は、補助表現（授受動詞）がない限り、聞き手に対して間接的な依頼しか表せないが、それに対し、対話における聞き手めあての「ショウ」は、直接聞き手に働きかけたり、影響を与えたりする。

「ショウ」の対話における対人的な意味は、仁田（1991b）で既に詳しく述べてあるので、ここでは、各用法の用例と関係を述べるに留める。聞き手めあての「ショウ」の基本的な意味は話し手の決意であるが、聞き手との関係によって生じる意味は、勧誘、動作の申し出、命令などが挙げられる。独話または準独話の「ショウ」は対象動作が話し手にしか関わらないのに対し、対話の「ショウ」は対象動作の実行に聞き手の参与が求められる。これは、勧誘、動作の申し出、命令の三つの用法の共通点である。しかし、三つの用法における聞き手の参与の程度が違う。勧誘の発話は話し手と聞き手の両方が対象動作の行い手であり、動作の申し出の発話は話し手のみが対象動作の行い手で、命令の発話は聞き手のみが対象動作の行い手である。動作の申し出の発話は、話し手だけが動作主であり、聞き手とは関係がないように見えるが、その動作を行う決定権が聞き手にもあるという点において、聞き手を巻き込んでいるのである。まず、用例を見てみよう。

(25)「これ、空気的に、僕もやるべきかな。」近も楽しそうに参加する。
　　　「主任もやりましょうよ！　大前体操！」と浅野。
　　　　　　　　　　　　　　　　　　　　テレビドラマ『ハケンの品格』
(26)「さあ、もう寝ましょう。明日も早いんだから」私は言った。
　　　「うん」ルートはラジオのスイッチを切った。
　　　　　　　　　　　　　　　　　　　　　　　　『博士の愛した数式』
(27)　ルートが行ってしまった最初の晩、一人きりのアパートに帰るのが億劫で、夕食の後片付けが終わったあとも、しばらくぐずぐずしていた。

　　　　「果物でもお切りしましょうか」　　　　　　『博士の愛した数式』
（28）「かけちゃう？」
　　　「やめましょう！」と賢介。
　　　「かけましょう！ こういうのはね、はっきりさせたいのよね！」
　　　と匡子。
　　　「そうですよね。」
　　　「じゃ、拾った私がかけよう。」　　　テレビドラマ『ハケンの品格』
（29）なるほど、最も多い嫌いなパターン、訳分かんないんだね。よし、分かった。<u>では、机にじっと座ってお勉強っていう雰囲気をこれまずやめにしよう</u>。さあ、立ち上がって、スタンドアッププリーズ。
　　　　　　　　　　　　　　　　　　　　　テレビドラマ『ドラゴン桜』
（30）賢介が慌てて飛んでくる。
　　　「東海林さん！ お客さん見てるから！ <u>大前さん、控え室でちょっと休みましょう。</u>」　　　　　　　　　テレビドラマ『ハケンの品格』

　例25、26の下線部の「ショウ」は勧誘を表すものである。このような「ショウ」は聞き手を誘い、動作に巻き込もうとする表現である。しかし、このような「ショウ」は、話し手が聞き手より比較的上位または平等の立場、あるいは聞き手と親しい間柄の場合に使われやすいのである。聞き手と距離がある場合は、いきなり「～をしよう/しましょう」のような発話をすると聞き手に押し付けがましい印象を与えてしまう場合もある。なぜなら、第2章で述べたように、「ショウ」による決意は発話と同時に既に定まったもので、聞き手の決定権を無視してしまうことになる恐れがあるからである[4]。このような不適切さを避けるために、定表現の形を避け、「しようか/しましょうか」を用いるという工夫がコミュニケーション上ではなされている。
　上述のことが動作の申し出を表す例27、28にも言える。例27は、発話者が家政婦、聞き手が雇い主で、下線部の発話は「ショウカ」という形で、聞き手の決定権に対する侵害を避けている。例28は、聞き手の立場が絶対的に上

というわけではないので、「シヨウ」の形のままでも問題がない。従って、動作の申し出を表す「シヨウ」も基本的に勧誘を表す場合と同じように、そのままの形では、立場が上の相手や距離のある相手に使われにくいのである。ただし、動作の申し出の場合、対象動作が聞き手に利益をもたらすものであることを前提としているので、聞き手と話し手との力関係の制限は、話し手利益中心の勧誘や命令より多少緩いと思われる。

　命令を表す例29、30となると、話し手が聞き手に命令する権限を必要とするようになる。実際に、例29の発話者は、生徒である聞き手を指導する英語教師であり、例30の発話者は、派遣社員である聞き手の上司である。「シヨウ」による命令は、典型的な命令表現と違い、あくまでも聞き手を対象動作の実行に誘う形で、和らげの命令（仁田1991b）となっている。

　上述の用例を見て、もう一つ挙げるべき点は、人称との関係の問題である。勧誘を表す例25の下線部では、聞き手である主任という呼称が表示されていることに注意されたい。勧誘の場合、動作主を表示する際、聞き手の呼び名に「も」をつけるか一人称複数を出すことが多い。それに対し、動作の申し出を表す「シヨウ」は、主語を表示するとすれば一人称に「が」をつける形となる。更に、命令の場合は、例30のように、格助詞抜きの聞き手の呼び名がよく現れる。この点については、第2章で既に述べた。

　対話における「シヨウ」は、聞き手めあての対人的な意味が豊かであるが、基本的な意志のモーダルな意味はやはり話し手の決意である。ただ、この決意は、聞き手が対象動作に関わることによって、談話における様々な対人的な意味を生じる。このような対人的な意味は、殆ど聞き手を対象動作に巻き込む機能を持つのである。更に、上述の用例から、聞き手めあての「シヨウ」による発話は、そのままで発話を完結する場合、立場が上の相手や距離のある相手には使われにくいことがわかった。この点は、「シタイ」と一致し、情意的な意志表現の「シヨウ」と「シタイ」の特徴といえよう。

2.2.3 まとめ

　以上、談話における「シタイ」「シヨウ」の機能について考察を行った。「シタイ」と「シヨウ」は典型的な情意的意志表現として、基本的に話し手の感情や気持ちをそのまま表出する表現である。従って、独話または独話に準じる対話の場合の「シタイ」と「シヨウ」は、感情そのままの表出の表現となっている。しかし、対話における「シタイ」と「シヨウ」は、聞き手を対象動作に関連付けることによって、感情や気持ちの表出を通して、聞き手に対する何らかの働きかけを生じる。各意味の関係は次の表1で示す通りである。

表1　談話における「シタイ」「シヨウ」の機能

	文における意志のモーダルな意味	談話における機能	
		独話または準独話の場合	聞き手めあての場合
シタイ	願望・意欲	願望・意欲の表出	間接的（直接的）依頼
シヨウ	決意	決意の表出	勧誘、動作の申し出、和らげた命令

2.3 「スルツモリダ」に見られる談話における機能

　「スルツモリダ」は「シタイ」や「シヨウ」と違って、伝達性を持つ表現である。意志のモーダルな意味を表す「スルツモリダ」は、文においては話し手の「意図」を表す表現となっているが、聞き手が存在する談話の中では、どんな発話の意味を表す役割を果たしているのだろうか。それについて、本項では実例を見ながら分析していきたい。第2章でも述べたように、実際の用例を見てみると、「スルツモリダ」をそのまま用いて話し手の意志を表す肯定文はそれほど多くはなく、相手の意志を問う疑問文や、否定文、名詞のままなどの形で多く現れている。従って、「スルツモリダ」の談話における機能をはっきりさせるために、談話における「ツモリダ」も考察の対象にする必要がある。本項では、談話における「スルツモリダ」の用法を中

心に、「ツモリダ」の全体的な用法を考察する。そして、「ツモリダ」が使われるモチベーションとその機能を明らかにする。

2.3.1　談話における「ツモリダ」の用法

　筆者は、実際の会話における「ツモリダ」を考察するために、六つのテレビドラマのシナリオを調査し、その中から「ツモリダ」を抽出した。六つのテレビドラマでは、「ツモリ」は全部で58例現れ、その中で一人称動作主、現在時制の「スルツモリダ」、つまり意志表現としてのものは5例しかなかった（「ツモリハナイ」と「ツモリデハナイ」を除く）。数字を見てわかるように、話し手の意志を表す表現としての「ツモリダ」は実際の会話において、かなり少ないのである。この事実から、少なくとも意志表現としての用法が「ツモリダ」の主な用法ではないことが言えよう。それでは、数少ない「ツモリダ」の用例を見て、「ツモリダ」による意志表現はどんな場合に使われ、どんな働きを持つのかを見てみよう。まず、話し手の意志を表す「スルツモリダ」の例について見てもらいたい。

(31)　(記者)「神林さん！　神林さん！　総裁選になるんですか？」
　　　(神林)「そうなるでしょう」
　　　(記者)「神林さんが出馬されるんでしょうか？」
　　　(神林)「<u>私は若手を推すつもりです。</u>実はつい先ほどその方に
　　　　　　立候補を打診してきました」
　　　(記者)「それはどなたですか？」
　　　(神林)「皆さんが驚くような方ですよ」
　　　(記者)「具体的に…。神林さん！」　　　テレビドラマ『CHANGE』
(32)　(二瓶)「あの閣僚人事は何だね？　何で私たちを外した？」
　　　(神林)「あれは暫定内閣ですよ。<u>お三方には、総選挙後の安定政</u>
　　　　　　<u>権で入閣していただくつもりです。</u>」
　　　(二瓶)「そういうことは、事前に伝えておくべきだろう。」

(神林)「しかし、万が一総理の耳にでも入れば　面倒ですから。先生方には改めてご挨拶をさせていただくということで近々、一席設けさせてください。では、失礼いたします。」
(二瓶)「次の政権で入閣させると言ってる。」
(小野田)「入閣させる？」
(垣内)「まるで自分が総理になったような口ぶりですな。」
(二瓶)「あの男…。」　　　　　　テレビドラマ『CHANGE』

　意志表現に近い「スルツモリダ」は聞き手存在発話にしか使われないことは仁田（1991b）で既に指摘されている。しかし、「スルツモリダ」の用いられる発話と聞き手との関係については言及されていない。例31と32を見ると、「スルツモリダ」で表す意志は会話以前に決めてあるものだが、発話として発されるきっかけは談話内部にある。例31では記者から出た質問がきっかけであり、例32では二瓶の問い詰めがきっかけである。このことから、「スルツモリダ」は聞き手に対して意図の説明が必要とされる場合の発話に用いられると思われる。ほかの例文で更に検証することにしよう。

(33) 廊下を並んで歩く西秘書官と秋山秘書官。
　　「俺明日早く来るかな。」と西。
　　「僕もそのつもりですが。」と秋山。　　テレビドラマ『CHANGE』
(34) 廊下を歩く檀原、啓太、生方、小野田。
　　「どうするおつもりですか、総理。このままだと自体は悪い方向に。」と生方。
　　「もし閣僚のみなさんが金を受け取っていたとしたら、僕は辞任していただくつもりです。」
　　「18年も前の話ですよ！」
　　「わかってます。」
　　「総理ご自身も、大変厳しい立場に立たされます。」

第 4 章　意志を表す諸形式の談話における機能

「仕方ありません。」　　　　　　　　テレビドラマ『CHANGE』
(35)　奈央子の家に黒沢がやってくる。
「何だっけ？」奈央子が尋ねる。
「相談に乗ってくれるって言ったじゃないですか！」
（中略）
「で、相談って何かな？」
「あの…実は俺、モンゴルに転勤の話が出てるんです。」
「え？　お仕置き部屋？」
「私より不幸な青年もいるんだ。でもね、新入社員だしね。断れないよ。」
「はい。行くつもりです。それで…何て切り出せばいいんだ。アネゴって、モンゴル行ってみたくないですか？」
「えー？　私、牛とかと一緒に寝るの、嫌なんだよね。」

テレビドラマ『anego-アネゴ-』

　例33の下線部は相手が意向を提示していることを受けて、話し手が自分の意図を説明するものである。例34の下線部は、相手の質問に対して、説明の必要がある場合の話し手の発話である。例35の下線部は、先輩の助言を受け、自分の意図を説明する場合のものである。
　要するに、「ツモリダ」は「シヨウ」「スル」のような意志表現と違い、「するか・しないか」のような態度の表出や実行への積極的な態度を表す情意的な表現ではなく、むしろ認識的な表現である。この点については、宮崎（2006）でも指摘している。宮崎（2006）では、「スルツモリダ」を述語にする文は、二人称・三人称の意志も表せるので、基本的には、待ち望み文というより、ものがたり文であると考えたほうがよいだろうと述べている。このような認識的な「スルツモリダ」は、しばしば相手に対する説明という伝達の意図で使われている。これは「ツモリダ」による意志表現が、典型的な意志表現とは違う点である。「スルツモリダ」は一人称動作主、意志動詞が命

題内容となる場合、話し手自身の意図を扱っているので、認識的性質や聞き手に対して意図を説明する機能がそれほど目立っていないが、意志表現以外の「ツモリダ」文でははっきりしている。

　二人称の「ツモリダ」文は、全58例の中で30例もあり、最も多い。更にその中では、疑問文が殆どで、陳述文は一つしかなかった。疑問文は、話し手が聞き手の意図の内容について問うものと、話し手が既に形成された判断を聞き手に確認するものの二種類に分けることができる。例36から例38は前者で、例39、40は後者である。

(36)　コーヒーサーバーの調子が悪いらしく、東海林は丁度そこへ来た美雪にコーヒーを入れるよう頼む。美雪は、調子の悪いコーヒーサーバーを叩いてみたところ、壊れてしまった。そこへ匡子がやって来た。
　　　「あんたはこの間から大事なデータは無くすし、ほんっと疫病神ね。どうするつもり！」
　　　「弁償します！」
　　　「これ高いのよ。15万はしたかな。」
　　　「15万！」
　　　「あなた今、自分で弁償しますって言ったわよね。」
　　　「あ、あの…分割でもいいでしょうか。」
　　　　　　　　　　　　　　　　テレビドラマ『ハケンの品格』

(37)　「朝倉さん。」
　　　「どういうつもりですか？　おふくろ引っ張り出すなんて。」
　　　「じゃあなたが立候補してくださいます？」
　　　「僕のこと、何も知らないでしょ？」　テレビドラマ『CHANGE』

(38)　(記者)「来た来た来た来た。」
　　　(記者たち)「おはようございます。」
　　　(啓太)「お待たせしました。」

第 4 章　意志を表す諸形式の談話における機能

(記者)「総理。」

「クラゲ訴訟の控訴期限があしたに迫っていますが、<u>どういう決定を下されるおつもりですか？</u>」

「そのことについて、皆さんにご報告があります。八ツ島湾の漁業に大きな被害を与えたミズクラゲの異常発生の原因がダム建設にあるということは否定できません。なので、国は責任を認め、控訴は断念します。」

(記者たち)「えっ？」　　　　　　　　　　　テレビドラマ『CHANGE』

(39) 東済商事。経営戦略部は株主総会の準備で大忙し。奈央子はマニュアルを作り、博美に託そうとする。

「引き継ぐつもりですか？」

「子会社に行くって本当なんですか？」

女子社員たちが不安そうに奈央子に聞く。

テレビドラマ『anego-アネゴ-』

(40)「理事長」

「はい」

「本気であんな弁護士に好き放題させるつもりですか。債権者の代表だか代理人だか知りませんが、いきなり我がもの顔で乗り込んできて、東大合格5人だなんて無謀な計画を。その上、私たち教師をいったんクビにして、再雇用試験だなんて。いいですか。私たちにも生活というものがあります。特進クラスに生徒たちが集まらなかった場合、理事長、あなたの権限であいつをクビにしてください」

「え」　　　　　　　　　　　　　　　　　テレビドラマ『ドラゴン桜』

「ツモリダ」が用いられる疑問文は、単純に相手の意図を聞くものではなく、更なる説明を求めている。なぜなら、これらの疑問文の背景には、発話者にとって、ある新状況の発生が前提で、その新状況を受け、相手の意図の

真意を窺う必要があるからである。そして、この「意図についての説明」を求めることによって、問い詰めや非難という効果が生じることもある。上の例36、37、40は相手を非難する場合である。特に「どういうつもり」のような表現は、発話者が意図についての説明を求めることよりも、むしろ相手を非難するためのほぼ慣用的な表現となっている。

「スルツモリダ」の談話における機能を「意図の説明」としたが、疑問文の「ツモリダ」文の「意図の説明を求める」という伝達意図とも基本的に一致している。⁽⁵⁾

「ツモリダ」が説明を表すことは、次のような場合更に明らかになる。

(41)（キャスター）「鵜飼総理が運ばれていきます！」
　　　　　　　　　「パニックになっています！」
　　　　　　　　　「総理大丈夫ですか？ 総理！」
　　（キャスター）「総理！」
　　　　　　　　　「何かひと言お願いします！」
　　（秘書官）　　「ギックリ腰です！ ただのギックリ腰ですから！」
　　（キャスター）「今救急車に乗せられました！」
　　（キャスター）「病院に運ばれていくもようです。」
　　（キャスター）「鵜飼総理はギックリ腰という情報ですが救急車で運ばれるほど重病なんでしょうか？」
　　（理香）　　　「すいません！ 優しく打ったつもりなんですけど。」
　　（小野田）　　「だからゴルフにしときゃよかったんだよ。」
　　　　　　　　　　　　　　　　　　　　テレビドラマ『CHANGE』

(42)「我々のグループを潰したのは、神林だ。」と小野田。
　　「恐らく相当の実弾を使ったんでしょう。」と生方。
　　「実弾？」と啓太。
　　「金ですよ。」と小野田。
　　「官房長官がそんなことを？」と百坂。

第4章　意志を表す諸形式の談話における機能

「神林先生は、朝倉総理をお飾りにして自分の内閣を作ったつもりだった。だから総理がご自分で政治を始められたのが、気に入らなかったんですよ。」と生方。
「神林ほど計算高く、権力欲にまみれた男はいない。」と小野田。
テレビドラマ『CHANGE』

(43)「緒方さんの奥さん、あなた子供にやる気を出させるためにいつも必要以上に子供をほめちぎっていませんか。あるいは小林さんのお母さん、あなた子供の話をまじめに聞かず、いつもおざなりな同じほめ言葉を使ってはいませんか。確かにほめることは重要です。でも、ほめすぎるとそれが重荷に感じることがあるんです。ほめている相手が自分に"もっと"を要求してるとさえ思えてくる」
「いえ、私はそんなつもりでは」
「私だって」
テレビドラマ『ドラゴン桜』

　例41は「シタツモリダ」で発話者の本来の意図を説明するものであるが、例42は第三者の意図について判断して、聞き手に説明するものである。更に、例43は「ツモリデハナイ」で相手による自分の意図についての判断の説明を否定するものである。
　いずれの場合にせよ、「ツモリダ」は「意図の説明」を表す点において一致している。ただし、この意図は話し手のものに限らず、聞き手や第三者の意図もありうる。このような平述文における「意図の説明」は発話者自身の行為を述べる場合、しばしば、聞き手に対して「弁解」や「言い訳」をする効果がある。例41、43を参照されたい。

2.3.2　「スルツモリダ」の談話における話し手の伝達意図
　以上の考察を通じて、談話における「スルツモリダ」は基本的に「ツモリダ」の用法と一致して、「意図の説明」という話し手の発話意図を表していることがわかった。このような伝達意図から、二人称主語の場合は聞き手へ

191

の問い詰めや非難という効果が生じ、一人称主語で過去の動作や否定の場合、聞き手に対して弁解や言い訳をする効果が生じるのである。そもそも「ツモリ」は形式名詞で、「ツモリダ」は益岡（2007）の言及した説明のモダリティを表現する「のだ、わけだ、（という）ことだ、ものだ」と機能的に共通している部分がある。もちろん「ツモリ」は、疑問の発話以外の場合、やはり一人称の方が強く、「ツモリ」自体も「意図」などの意味を持っているので、説明のモダリティを表す表現に似ている部分もあるが、根本的には違うのである。

第3章で述べたように、「スルツモリダ」は即座に決定された意志を表すことができず、決定済みのものしか表せないが、このような意志は話し手の気持ちや感情というより、話し手が持つ知識のようなものであると考える。従って、「スルツモリダ」は自分の決定済みの意図について説明する必要のある時だけ、聞き手に伝えられるのである。このような現象は、ほかの認識的意志のモーダル形式にも見られるのではないかと思われる。

2.4 まとめ

以上、意志のモーダルな意味を表す形式のうち、典型的な情意的形式の「シタイ」「ショウ」と典型的な認識的形式の「スルツモリダ」の談話における機能について考察してきた。

典型的な情意的意志のモーダル形式「シタイ」「ショウ」は聞き手の存在が必須ではないが、聞き手が存在する談話では、聞き手めあての特別な意味が生じて、聞き手を動作や事態に巻き込む傾向がある。具体的には、「シタイ」は聞き手に対して（間接的・直接的な）依頼を表すことができ、「ショウ」は聞き手に対して勧誘や動作の申し出、和らげた命令を表すことができる。もちろん、聞き手めあての話し手の発話の意図を定めるためには、話し手と聞き手との関係や、場面など様々な要素を考える必要があるのである。

一方、典型的な認識的意志のモーダル形式「スルツモリダ」は聞き手の存

在が必須とされ、談話においては、聞き手を対象動作や事態に巻き込むことはまずないのである。意志のモーダルな意味を表す「スルツモリダ」は基本的に「ツモリダ」の談話における働きに共通し、聞き手に話し手の意図を説明する働きを持っている。

　談話における「シタイ」「シヨウ」と「スルツモリダ」を考察することによって、認識的意志のモーダルな意味を表す形式と情意的意志のモーダルな意味を表す形式の談話における（特に、聞き手めあての場合の）相違が明らかになった。このような情意的か認識的かというコミュニケーション上の相違は他の形式にも見られるだろうか。次節でほかの意志のモーダルな意味を表す形式について見ていきたい。

3　談話における機能から見る有標形式の「要」「想」と「シタイ」「シヨウ」「スルツモリダ」との異同

　意志のモーダルな意味を表す「シタイ」「シヨウ」と「スルツモリダ」の間に見られる情意的・認識的形式の談話における機能の違いを踏まえ、本節では、中国語の意志のモーダルな意味を表す有標形式の「要」「想」について論述する。両者の談話における機能を、「シタイ」「シヨウ」や「スルツモリダ」と比較しながらはっきりさせたい。

3.1　「要」「想」の伝達性

　日本語の意志を表す表現について考察を行う時、伝達性を持つかどうかは重要なポイントである。それに対し、中国語の意志のモーダルな意味を表す形式は、伝達性はあまり問題にされていない。基本的に、中国語においては、独り言のような表現形式は日本語ほど多く見られないのである。中国語の意志を表す形式も基本的に独話と対話の区別があまり意識されていないのである。「要」や「想」は、一般的に対話に使われているイメージが強い

が、実際には下記の例文のように心内発話や独話としても使える。

 （44）（心内発話または独語の場合）我一定要成功。
           必ず成功してみせる。
 （45）（心内発話または独語の場合）我想回家！
           家に帰りたい！

　上述のような例文は、心内発話や独語としてももちろん成り立つが、対人会話に現れることもある。独話にせよ、対話にせよ、上述のような発話は基本的に話し手の決心や願望・意向などの感情をそのまま表すものである。というのは、独話や心内発話に現れる「要」と「想」は、情意的なものである。この点において「シタイ」や「シヨウ」と共通している。更に、このような情意的なものは対話の中では「シタイ」と「シヨウ」と同じように、聞き手に対する特別な機能を果たすことができる。
　一方、認識的な「要」と「想」は対人会話にしか用いられず、聞き手の存在が必要とされる。この点においても「スルツモリダ」と一致している。
　もう一つ注意したいのは、談話における「要」と「想」を考える時、人称の問題を無視できないということである。談話における意志のモーダルな意味を表す「要」「想」を主体の人称との関係について、以下の論述の中で詳しく見ていく。
　「要」と「想」は基本的に独話や心内発話にも対話にも使うことができる表現である。しかし、「シタイ」「シヨウ」と違い、基本的に独話と対話の区別はそれほど問題にされていないのである。

3.2　意志のモーダルな意味を表す「要」の談話における機能

3.2.1　情意的な「要」
　前項で述べたように、談話における意志のモーダルな意味を表す「要」の

第 4 章　意志を表す諸形式の談話における機能

機能は、独話か対話かという環境によって区別されることはない。「要」の談話における機能に直接影響しているのは、話し手と対象動作との関係である。従って、談話における「要」についての考察は、聞き手の存在ではなく、話し手と対象動作との関係によって、細かく行いたいと思う。

まず、意志のモーダルな意味を表す「要」の対象動作が聞き手にかかわりがなく、話し手にしか関係しない場合、「要」による発話は感情そのままの表出になる。このような発話は、聞き手の存在に関係せず成立する。

(46)　"我一定要把这件事搞个水落石出！"老单铁青着脸，声音嘶哑说。
　　　　　　　　　　　　　　　　　　　　　　　　　　　　《王朔文集》
　　　「俺は必ずこの事件の真相を明らかにしてやる」単さんは怒りで顔が青ざめ、かすれた声で言った。(6)
(47)　我不放弃自己的要求，我要捍卫自己的权益。　　　《王朔文集》
　　　私は自分の要求を諦めない、私は自分の権益を守る。
(48)　"……来世——如果有的话——我要当一朵花，在阳光中开放；我要当一只小鸟，飞在天空，只让孩子们着迷……"刘华玲说不下去了，呜呜哭起来。　　　　　　　　　　　　　　　　　《王朔文集》
　　　"…来世——もしあれば——私は花になって、日光を浴びて咲きたい；私は小鳥になって、空を飛び、子供達に夢中になってもらいたい…"劉華玲は話が続けられなくなって、オンオンと泣き出した。

例46と47は、話し手の決意の表出を表す用例で、例48は、話し手の願望の表出を表す用例である。「要」による決意の表出は、必ず実現させるという強い決心が含まれている。一方、「要」による願望の表出は、対象動作の実現が明らかに不可能であっても、話し手が事態全般を制御しようとする姿勢をとっているのである。この点において、典型的な願望表現としての「シタイ」や「想」と区別する。

次に、「要」の対象動作の実現が聞き手の参加を必要とする場合の発話に

ついて見てみよう。この場合は、対象動作と聞き手との関係によって、次のような三つの状況がある。

一、対象動作の行い手が話し手である。対象動作の実現が聞き手に利益や不利益をもたらすことになるので、聞き手に対する約束や脅迫の発話効果がある。

二、対象動作の行い手が話し手であるが、その実現が聞き手の協力を必要とする場合、聞き手に対する間接的な要求となる。

三、対象動作の行い手は聞き手であり、聞き手に対する直接的な要求となる。

(49) "我们俩未来一定会幸福。"她兴致勃勃地搂着我遐想,"我要对你好好的，把你伺候得舒舒服服的，永远不吵嘴，不生气，让所有人都羡慕我们。…" 《王朔文集》
「私たちは将来必ず幸せになるのよ。」彼女は私を抱きしめながらわくわく想像している。「あなたに優しくして、心地よく過ごさせたい。永遠に喧嘩したり、怒ったりせず、すべての人に私たちをうらやんでもらうよ。」

(50) 过去我对你一直是不太尊重,经常挫伤你的自尊心,这是我的不对,今后我不会那样了,我要改正一向对你的态度。 《王朔文集》
昔はずっとお前をあんまり尊重しなかった。よくお前のプライドを傷つけたりして、これは僕の間違いだ。これからはああいうふうにするのをやめる。今までのお前に対する態度を正すよ。

(51) 房门方向传来愈加猛烈的敲击声,单立人在喊:"开门吧,白丽,我知道你在里头,再不开门我要砸了。" 《王朔文集》
ドアの外から激しいノックの音が聞こえ、単立人は「開けなさい、白麗。中にいるのは知っている。これ以上開けなかったら、ドアをぶっ壊すぞ」と叫んでいる。

第4章　意志を表す諸形式の談話における機能

　以上の例49～51は、聞き手の利益に関係する対象動作を行う決意で、聞き手に対する約束や脅迫の効果がある。例49、50の対象動作は話し手が聞き手にとってプラスのものと判断しているので、「約束」の発話となるが、例51の対象動作は話し手が聞き手にとってマイナスのものと判断しているので、「脅迫」の発話となる。実は、このような現象は、「シヨウ」の「動作の申し出」という用法と共通している。「動作の申し出」が成立するためには、対象動作の実現が聞き手に利益をもたらすということが前提とされている。「要」による「約束」の発話はある意味で聞き手への「動作の申し出」と捉えることもできる。ただし、「要」による意志は、話し手に関わる事態だけではなく聞き手に関わる事態に対しても制御できるという姿勢なので、強制的且つ確実という点で、形式上聞き手に決定権を与える「シヨウ」とは区別されている。というのは、「要」による話し手の意志は、かなり話し手中心的なものであり、聞き手や周囲の環境に構わず話し手自身の判断や欲求を貫く姿勢をとるのである。もちろん、以上のような聞き手めあての「約束」や「脅迫」といった発話の意味はあくまでも具体的な文脈や、聞き手との関係によって生じるもので、絶対的なものではない。これらの意味のベースとなるものは、やはり「決意」という意志のモーダルな意味である。

　一方、「要」による対象動作の実現に、聞き手の協力が必要な場合、聞き手に働きかける間接的な要求を表す表現となる。⁽⁷⁾

(52) 过了会儿，听到身后床的弹簧响。回头看，她睁着眼看着我："要喝水。"我倒了一茶杯水端过去。　　　　　　　　　　《王朔文集》
　　 暫くして、後ろからベッドのスプリングの音がした。振りかえると、彼女は目を見張って私を見て、「水を飲みたい。」私はコップに水を入れて持っていってあげた。

(53) "信是瑞典文，你看不懂，回头我给你翻译出来再给你。"
　　 "我就要看原文，我不懂瑞典文可是懂英语呀。"　　《王朔文集》
　　 「手紙はスウェーデン語で書かれたもので、あなたは読めないよ。

後ほど私が訳して渡すから。」
「どうしても原文を読みたいんだ。スウェーデン語はわからないけど、英語はわかるよ。」

　例52の対象動作は、「水を飲む」、例53の対象動作は「原文を読む」であり、動作自体は話し手の能力で実現できるものである。しかし、その動作を含む事態の実現には、聞き手の協力が必要とされる。更に言えば、例52は、聞き手に水を入れてもらえるよう協力を求めており、例53は「原文の手紙を見せてもらう」協力を求めている。どちらも間接的に聞き手に対する要求を表すものである。このような「要」は、やはり、話し手が聞き手に要求できる立場、あるいは話し手自身が聞き手に要求できる立場にあると判断することが前提となっている。
　更に、意志のモーダルな意味を表す「要」による発話は、聞き手に直接的に要求する場合も使われる。この場合の「要」は直後に二人称が現れる。

(54) 我对石静说"犯不上，我从来不穿西服。""我要。"石静说，"我要你穿。"　　　　　　　　　　　　　　　　　《王朔文集》
私は石静に「そんな必要はない。俺はスーツなんか着ない。」と言った。「私がほしいのだ。あなたに着てほしい」と石静は言った。

(55) （犯罪者が人質を脅かす場面）
我身上有枪，我要你跟我来。　　　　　　　　　　《王朔文集》
俺は銃を持っている。ついて来なさい。

(56) （部下に命令する場面）
我要你攀上那根高300米的旗杆顶端。　　　　　　《王朔文集》
高さが300メートルのあの旗竿の一番上まで登りなさい。

(57) （友達にペットの世話をお願いする場面）
我要你饲养它直到我回来。　　　　　　　　　　　《王朔文集》
私が戻るまで面倒を見てやってください。

上述の例は、皆「我要你」の形で直接聞き手に作用するものである。これまでの「要」に関する用例からわかるように、「要」の対象動作は、話し手が行い手の場合、一人称主体の「我」が現れるのは言うまでもないが、聞き手が行い手の場合、二人称動作主の表示が必要とされる。この点においては、「ショウ」と違う。因みに、意志のモーダルな意味を表す枠を超えてしまうが、例54～57のような要求の発話と意味の上で近い「二人称主体＋要」の形を取る命令表現としての発話もよく見かける。

(58) "那你要多多保重身体。"
　　　「では、体を大事にしてください」
(59) "大姐，你要好好休息，养好身体。"
　　　「姉さん、ゆっくり休んで、体をいたわってください」
(60) 在中国，父母说，"你要这样做。"在美国，似乎父母给孩子许多选择，让他们自己作决定。　　　　　　　　　　　　《我的世界我的梦》
　　　中国では、親たちは「こうしなさい」というが、アメリカでは、親たちは子供に多くの選択肢を提供し、自分で決めさせるようです。
(61) 我把儿子交给你，你要严格要求他。
　　　息子を頼む、厳しくしてください。

上記のような「你＋要」という形の発話は、二人称主体の「你」の明示が多く見られるが、省略されることもある。では「我要你～」による発話と「你要～」による発話はどんな違いがあるのだろう。例を挙げ考えてみよう。例54～57は、聞き手の動作を直接話し手の意志につなげるのに対し、例58～61は、話し手の意志を背景化し、聞き手の動作を際立たせることによって、聞き手への働きかけを表しているのである。例54～57のような話し手の要求を表す発話は、話し手の意志に由来するものだが、例58～61のような聞き手に動作の指導をする発話は、話し手の価値判断に由来するものである。というのは、「我要你～」のような命令文は、その対象動作が話し手にとっ

て望ましいものであることが多いが、「你要～」のような命令文は、その対象動作は表面上では聞き手にとって有益または望ましいと判断されるものの場合(9)が多いからである。従って、「我要你～」のような発話は話し手の一方的な要求にしかならないが、「你要～」のような発話は、忠告や提案のような機能を表すことができる。日本語で表すと、前者は「～してほしい、してもらいたい(10)」、後者は「～したほうがいい、しなければならない」に近い。

以上、談話における情意的な「要」、特に意志のモーダルな意味を表すものを中心に考察を行った。「願望」「決意」を表す情意的な「要」は、発話においては、対象動作と聞き手との関係によって、様々な発話の意味が生じる。対象動作の行い手が話し手だけの場合は、話し手の「願望」「決意」そのままの表出になるが、対象動作の行い手に聞き手も入る場合、または聞き手だけの場合、間接的な要求や直接的な要求(「我要你～」の形で)になるのである。更に、話し手による対象動作の実行が、聞き手に利益または不利益をもたらす場合は、「約束」や「脅迫」の意味も生じる。

このような談話における「要」の用法を見ると、次のような疑問が生じてくるだろう。「要」に見られる「願望」と「決意」の両方のモーダルな意味は、対象動作に対する制御性において正反対の性質を示しているが、どのように統一されているのだろうか。また、「我要你～」のような表現は、願望表現の「～してほしい、してもらいたい」に近いとされているが、本質的に同じものなのか。それを解明するためには、談話における情意的な「要」の全般的な意味を見る必要がある。

既に述べたが、「要」の対象動作には話し手が制御できるものと制御できないものの両方がある。次の例62は、話し手によって実現できないもので、例63は、話し手が制御できるものである。

(62) 我要飞。
　　　空を飛びたい。
(63) 我要回家。

家に帰る。
(64) 我要你向老師道歉。
先生にお詫びしなさい。

　何故対象動作に対する制御性において完全に違う性質の意味が「要」によって統一されているのか。それは、「要」が重視しているのは、客観的な対象動作に対する制御性ではなく、話し手が事態全般に対する決定権を持つという姿勢である。つまり、対象動作や行為の実現に対して強い意欲があれば、制御できない事態にも使える。「要」は、話し手の欲求から出発し、客観的な現実世界とは離れた話し手の世界を作り出している。この「要」による話し手の世界は、外界の要素を考慮せず、話し手の意欲や意志を中心としている。従って、例62のような現実では実現できない行為にも使えば、例64のような聞き手に指令を出すような表現にも使える。また、「要」による願望も、「シタイ」「想」によるものと違い、動作自体を制御できなくても事態全体に対してコントロールできるという姿勢をとるものである。そもそも、「要」は自立詞として、「〜要求する」「〜必要とする」という意味が基本であるので、対象動作における話し手が持つ強制力は情意的なモーダルな意味と同様である。このような強制力が、「要」と「ショウ」を区別している。「ショウ」も対象動作や事態全般に対する決定権を要求しているが、聞き手が対象動作の行い手となる時は、聞き手を強制的に巻き込むのではなく、ある程度選択権を与えているのに対し、「要」は一方的な要求となっているのである。もちろん、「要求」の発話として成り立つのは、要求できる立場が必要とされる。「要」は、聞き手などの要素を考慮しない話し手の意欲を中心とする世界を作り出すとはいえ、「要求」という発話を成立させるために、やはり聞き手に要求できる立場が必要とされる。従って、「要」による「要求」の発話の成立は、語用論的条件が付くのである。

3.2.2 認識的な「要」

意志のモーダルな意味を表す認識的な「要」の典型的なものは予定を表す「要」である。この場合の「要」による発話は聞き手の存在が必要となる。

(65) "我想起来了，今天我不能带你到我家去，<u>我要回家接待一个代表团，由乡下亲友组成的代表团。</u>"　　　　　　　　　　《王朔文集》
「思い出した。今日はあなたを家に連れて帰れないんだ。<u>家に戻って代表団を接待することになっているから。田舎の親戚からなる代表団だけど。</u>」

(66) 秦朗：心蕾，我有话跟你说。<u>其实我明天……要回台湾。</u>
　　　　　　　　　　　　　台湾ドラマ『ホントの恋の見つけかた』(11)

日本語訳文
　　秦朗：心蕾、話があるんだ。<u>実はあした……台湾へ帰るんだ。</u>

上の用例の「要」の意志は発話時以前に決まったものである。例65の「田舎の親戚からなる代表団を接待する」ことも、例66の「台湾に帰る」ことも、発話時に形成するものではなく、それ以前に決定されたものである。「予定」の「要」は決意を表すものと違い、表現の重点が動作を行うか否かではなく、いつ行うか、どこで行うか、また、事態全体を一つの情報として伝えることに置かれている。そういう意味で、予定を表す「要」は談話における「スルツモリダ」の機能に似て、予定の説明が伝達の意図である。実際に、上述の例文を見ると、例65の下線部は、「今日あなたを家に連れて帰れない」理由の説明となり、例66の下線部は、「話がある」の「話」の内容の説明となっている。

そもそも、「予定」や「意図」のような認識的意志のモーダルな意味は、典型的な情意的意志のモーダルな意味と違い、発話時に形成された態度や気持ちの表明ではなく、既に決まった意志の情報としての伝達を重視している。そして、このような話し手の認識は、話し手のある命題に対しての真偽

判断でもなく、価値判断でもない。何故なら、その情報は話し手自身の行為に関わり、客観的に判断できない部分があるからである。話し手のある行為を行おうとすることを予定や意図、更に意向として聞き手に伝える時、それは話し手自身の意志についての説明にほかならないのである。従って、典型的な認識的意志のモーダルな意味を表す「スルツモリダ」の発話における「意図の説明」という聞き手めあての機能は、ほかの意志を表す認識的な形式にも通じる。

(67) 雪穂站着俯視他片刻，说："我下星期六回来。"说完便开门离去。
　　　　　　　　　　　　　　　　　　　　　　　　　　　《白夜行》
　　日本語原文：
　　　雪穂は立ったまましばらく俯いていたが、「来週の土曜日に帰ります」というと、ドアを開けて出ていった。　　　　『白夜行』
(68) 黄经理：小冯啊，又迟到了怎么罚你啊？
　　　小　冯：黄经理，我，我想回乡下一趟。
　　　　　　　　　　　中国ドラマ『曹社長の18人の秘書たち』(12)
　　日本語訳文
　　　ホアン部長：シャオフォン、また遅刻したな。どんな罰を与えようか。
　　　シャオフォン：ホアン部長、私、ちょっと田舎に行ってきたいんですが。

　例67の下線部は、動詞無標形を用いて話し手の予定を表すものである。例67では雪穂という発話者が出張することは聞き手にとって既知の情報であり、伝達の重点は「帰るか否か」という行為の実行ではなく、「来週の土曜日」という時間である。従って、例67の下線部は、話し手の意志のモーダルな意味を表す表現であるが、発話における機能から言えば、聞き手に対して「予定の説明」を表すものである。一方、例68の「想」による話し手の意向

を表すものも発話以前に既に決まったものである。このような表現も談話において、聞き手に対してある行為を行う「意向」を説明するものになっている。

　以上、認識的な意志のモーダルな意味を表す「要」を中心に、談話における機能を見てきた。基本的に、予定を表す「要」も典型的な認識的意志表現の「スルツモリダ」と同じように、談話においては聞き手に意志の説明を表す機能を持っている。更に、予定を表す動詞無標形や、意向を表す「想」などの認識的意志を表す形式も同じような傾向が見られる。しかし、ここで言及している「意志の説明」という伝達意図は、あくまでも話し手の意志のモーダルな意味が談話において生じた発話の意味であり、説明のモダリティとは区別されたい。

　最後に、「要」について一つ説明を加えたいのは、「要」は三人称にも制限なく使えることである。この場合の「要」は完全に話し手の意志のモーダルな意味から離れて、三人称主体の未来に行う動作についての説明や判断、叙述となる。例69と例66の下線部とを較べると、動作主体以外に形式の区別がないことから、「要」には情意的な面と認識的な面とがうまく融合されていることがわかる。

　　（69）　他明天要回台湾。
　　　　　　彼は明日台湾に帰るのです。
　　（70）　飞机要起飞了。
　　　　　　飛行機はもうすぐ出発だ。

3.3　意志のモーダルな意味を表す「想」の談話における機能

　続いて、意志のモーダルな意味を表す「想」について見てみよう。「想」にも情意的な面と認識的な面がある。情意的な意志のモーダルな意味として「願望」が挙げられ、認識的なモーダルな意味として「意向」が挙げられる。

3.3.1　情意的な「想」

　第3章で既に述べたが、「想」による意志のモーダルな意味は「願望」と「意向」である。両者の違いは、話し手に対象動作を実現させる能力があるか否かにある。「願望」の場合は、「想」の対象内容が話し手によって実現できない行為であるが、「意向」の場合は、「想」の対象内容が話し手によって実現できる行為である。ここで言及している情意的な「想」は発話時に形成された願望や意向を表すものである。また、3.1で「想」と伝達性との関係について既に触れたように、「想」は独話や心内発話と対人対話とであまり区別されずに用いられる。更に、「想」も「要」と同じように、対象動作と聞き手との関係によって、談話における機能が決められるという特徴がある。

　まず、「想」の対象動作が聞き手にかかわりがなく、話し手にしか関係しない場合、話し手の願望や意向そのままの表出になる。

　　(71)　我想去看他一眼。
　　　　　私は彼を一目見に行きたい。
　　(72)　"跟你说，我真想吃成个大胖子。"　　　　　　　　《王朔文集》
　　　　　「実は、私本当にデブになるまで食べたいなあ」
　　(73)　"福贵，我不想死，我想每天都能看到你们。"　　　《活着》
　　　　　日本語訳文
　　　　　「福貴、わたし、死にたくない、毎日家族の顔がみたいわ」
　　　　　　　　　　　　　　　　　　　　　　　　　　　　　　『活きる』

　上述の用例における「想」の対象動作は、話し手自身によるもので、談話においても願望や意向の表出以上の機能を持っていないのである。
　一方、「想」の対象動作の実現が聞き手の協力を必要とする場合、間接的な依頼となる。

　　(74)　我想了解你丈夫在与你离婚后会获得多大好处。　　《王朔文集》

私はご主人があなたと離婚した後、どれほどの利点が得られるかを知りたい。
(75)（子供が親に対して）我想吃冰激凌。
　　　　　　　アイスクリームを食べたい。

　例74の「想」の対象動作「了解（知る）」という動作の実現は、聞き手に教えてもらうことを必要とし、例75の「アイスクリームを食べる」という行為の実現も親に金を出してもらうことを必要とする。この場合の「想」は願望のモーダルな意味を持っているが、対人会話においては、聞き手に対する間接的依頼を表している。この点においては、「シタイ」に共通している。しかし、「シタイ」が授受表現と共起しなければ間接的な依頼しか表すことができないのに対し、「想」が用いられる発話は、「我想你」の形で直接聞き手に依頼することができる。

(76) 你表哥一走，小学校里还缺教员，<u>我想你就留在这里教书。</u>
　　　　　　　　　　　　　　　　　　　　　　　　《青春之歌》
　　あなたの従兄弟が行くと、小学校は教員が足りなくなるので、<u>あなたに残って授業をしてほしい。</u>
(77) 稍后尹白要出去，台青追上说：“<u>姐姐，我想你陪我去买一部打字机。</u>”
　　　　　　　　　　　　　　　　　　　　　　　　《七姐妹》
　　少し後で、尹白が出ようとしている時、台青は追いかけて、「お姉さん、タイプライターを買いに行くのに付き合ってほしい。」と言った。
(78) 在我离开之前，我想要求你一件事——<u>我想你答应我的婚事，</u>那么明春我回来时，我们就可以结婚。
　　私が出発する前に、一つお願いがある——私との結婚を承知してほしい。そうしたら、来年の春私が帰って来た時、私たちはすぐ結婚できるから。

例71～75までの例は、「想」の対象動作の実行が話し手によるものであるが、例76～78は、「想」の対象動作の実行が聞き手によるものになっている。このような「想」は「～してほしい」「～してもらいたい」に近いのである。

以上、談話における願望や意向を表す情意的な「想」について見てきた。基本的に願望や意向を表す「想」は典型的な情意的表現の「シタイ」「ショウ」に似た談話の機能を持っている。つまり、聞き手めあての発話の場合は、聞き手を対象動作に巻き込むことができるが、聞き手めあてではない発話の場合は、意志や願望そのものの表出となっている。「想」による意志は、未定のもので、話し手は対象行為または事態に対して「要」のような強制力を持っていない。そもそも、「想」は思考動詞であり、「～と思う」という意味が基本で、あくまでもまだ実行に至っていない思考レベルのものを表している。「シタイ」も望んでいる気持ちまでを表しているが、実行まで至っていない点において「想」と一致している。

3.3.2 認識的な「想」

認識的な「想」は既に決まった話し手の願望や意向を表すもので、基本的に「願望や意向の説明」を表す点について、談話における「要」の部分で既に言及した。このような認識的な「想」は「スルツモリダ」や「シタイ」「要」と具体的な意味においてどんな関係があるのだろう。例文を見ながら見ていこう。既に出た例文だが、もう一度取り上げる。

(79) 黄经理：小冯啊，又迟到了怎么罚你啊？
　　小　冯：黄经理，我，<u>我想回乡下一趟。</u>
　　　　　　　　　　　中国ドラマ『曹社長の18人の秘書たち』[13]

日本語訳文
　　ホアン部長：シャオフォン、また遅刻したな。どんな罰を与えようか。

シャオフォン:ホアン部長、私、ちょっと田舎に行ってきたいんですが。

(80) "这半年来多谢你了。"她双手在身前并拢，低头行礼。
"我什么都没做啊。倒是你，以后有什么打算？"
"想暂时回老家休息一阵，后天回札幌。"　　　　　　　　《白夜行》
日本語原文
「半年間、どうもありがとうございました」彼女は前で手を揃え、頭を下げた。
「僕は何もしていないよ。それより、君は今後どうするの？」
「しばらく実家でのんびりするつもりです。明後日、札幌に帰るんです」
「ふうん……」彼は頷きながら、ハンカチを包みに戻した。
『白夜行』

　まず、認識的な「想」には聞き手への「意向や願望の説明」という機能があり、典型的な情意的表現の「シタイ」はそういった機能を持っていない。従って、例79のような話し手の既に決まった願望を聞き手に伝える発話は、日本語に訳されると「シタイ」に「のだ」を付ける形になるのである。例79では、「想」の対象行為の実行は上司である聞き手の了承が必要となるので、あくまで話し手の願望となるが、例80は、「想」の対象行為の実行は話し手だけで決められるものなので、話し手の意向となる。例80のような「想」は「スルツモリダ」に近いものである。また、意志のモーダルな意味を表す認識的な「要」による「予定」は、確実なものなので、「想」による変更可能な「意向」とは根本的な違いがある。
　最後に、意志のモーダルな意味の枠を超えてしまうが、「想」も「要」と同じように三人称にも制限なく使うことができる。この場合の「想」も完全に話し手の意志のモーダルな意味から離れて、三人称主体の未来に行う動作についての説明や判断、叙述となる。ただし、「要」の動作主体は無情物も

許されるが、「想」は基本的に有情物しか許容されない。従って、「要」の「明天要下雨（明日雨が降りそうだ）」のような表現はできないのである。「想」による認識的なモーダルな意味は、一つは第3章で述べたような「我想」の形で、話し手の判断・推測を表す意味だが、もう一つは、次の例81のような、第三者の意向について、話し手による描写または説明を表す意味だと言える。

 (81) 他想去留学。
   彼は留学に行きたがっている/行きたいと言っている。

3.4 意志表現としての「要」と「想」の相違

 本項では、これまで論じてきた「要」と「想」のモーダルな意味と談話における機能に基づき、「要」と「想」の相違について明らかにしたい。
 簡単に言えば、「要」と「想」の最も大きな相違点は二つ挙げられる。一つ目は、意志の確実性で、もう一つは強制力の有無である。この二つの相違点はお互いに関連して、影響し合うものである。それでは、具体的に見てみよう。
 まず、意志の確実性は、主に意志の段階に反映されている。第2章で述べたように「要」は「定意志」を表す表現で、「想」は「未定の意志」を表す表現である。このような違いは少なくとも、二つのことを意味している。一つは、対象動作を行う意志を表す時、他の選択肢を視野に入れているか否かという点である。例えば、ある行為xを行おうとする意志に対して、「要」はxを考える以上、ほかの選択肢をまったく考慮しないのに対し、「想」はxを考える一方、ほかの選択肢も視野に入れているのである。

 (82) 我要当科学家。
 (83) 我想当科学家。

例82、83は、両方とも日本語に訳すと「科学者になりたい」という願望の表現になるが、中国語表現自体は、それ以上の意味を持っている。「要」を用いる例82の発話は、「科学者になる」という気持ちが一途で、ほかの職業をまったく考えていないという姿勢を示しているが、「想」を用いる例83の発話は、「科学者になる」という気持ちがあくまでも「なれたらいいなあ」ぐらいの気持ちで、なれなかったらほかの職業を考えるという姿勢を示している。従って、例82、83のような実現の確実さが判断できない場合でも、「要」を用いることによって、話し手の気持ちの確実さを表し、強い意志表現につながるわけである。もう一つは、意志の内容を打ち消すことができるか否かも「要」と「想」の確実性の違いの裏付けである。上で挙げた例83は、次の例84のような表現にもできる。

(84) 我想当科学家，可惜没有才能。
　　　私は科学者になりたいが、残念ながら才能がない。

しかし、例82は、このように同じ文の中では打ち消しの表現と共起しにくい。これらの事実は、「要」は意志の確実性が高い表現、「想」は意志の確実性が低い表現であることを示している。

意志の確実性の相違からの発展とも言えるが、「要」と「想」とのもう一つ大きな違いが強制力の有無である。この相違点も二つの面に反映されている。一つは、実行の決心の強さの相違である。上で述べた、表現する意志以外の選択肢を視野に入れるか否かは、まさに実行の決心の強さに直接つながっている。一つの目標しか視野に入っていない「要」は当然、その目標の実現に対する強い決心があるのであるが、一つの目標以外にほかの選択肢も視野に入れる「想」は、実現に対する気持ちが弱くなるのである。もう一つは、聞き手との関係の位置づけの相違である。前項で考察した「要」と「想」の談話における機能を比較してみると、「要」は「要求」「約束」など話し手中心的な用法が多く、「想」は「依頼」など聞き手も関連しているような用

法が多い。つまり、談話の中では、聞き手がいる場合、基本的に「要」が用いられる意志表現は相手に決定権を与えないのに対し、「想」が用いられる意志表現は相手にも決定権を与えているのである。このような聞き手との関係の違いは、根本的に言うと、やはり意志の確実さによるものである。

3.5 まとめ

以上、談話における意志のモーダルな意味を表す「要」「想」の機能について、意志のモーダルな意味を表す形式の「シタイ」「シヨウ」「スルツモリダ」と比較しながら考察してきた。

「定意志」を表す「要」は話し手が主導権を持つ「行為要求」や定まった「予定の説明」になるが、「未定意志」を表す「想」は聞き手が主導権を持つ「依頼」や未定の願望・意向になる。次の表2を参照されたい。

表2　談話における意志のモーダルな意味を表す「要」「想」の機能

	文における意志のモーダルな意味		聞き手めあてではない発話（聞き手が対象行為に関係していない場合）[14]	聞き手めあての発話（聞き手が対象行為に関係している場合）
要	願望・決意		願望・決意の表出	約束 脅迫 間接的な行為要求・直接的な行為要求
	予定		？	予定の説明
想	願望・意向	即座のもの	願望・意向の表出	間接的な依頼・直接的な依頼
		既定のもの	？	願望・意向の説明

更に、「要」と「想」を「シタイ」「シヨウ」「スルツモリダ」と較べると、次のようなことがわかった。

まず、「シタイ」「シヨウ」と「スルツモリダ」に見られる情意的形式・認識的形式の談話における機能の対立は、意志を表す「要」「想」にも見られる。基本的に、情意的な「要」と「想」は聞き手めあてではない場合は単なる願望や決意など感情そのままの表出であるが、聞き手めあての場合は聞き

手を対象行為や事態に巻き込むことができる。具体的に言うと、聞き手めあての「要」は、聞き手に対する「約束」や「脅迫」だけではなく、間接的な行為要求と直接的な行為要求、聞き手めあての「想」は、間接的な依頼と直接的な依頼を表している。一方、認識的な「要」と「想」による意志を表す発話は、「スルツモリダ」と同じように、話し手の予定や意向の説明を表している。

```
情意的なもの ── （聞き手めあてではない場合）感情そのままの表出
               （聞き手めあての場合）聞き手を対象動作に巻き込む
認識的なもの ── （聞き手めあての場合が殆どだが）話し手の意志についての説明
```

図1　意志のモーダルな意味を表す形式が談話において有する機能

次に、談話における「要」と「想」は「シタイ」「シヨウ」「スルツモリダ」と、聞き手の存在との関係において大きな相違が見られる。

表2には二つの「？」があるが、この意味についてまず説明しておこう。談話における「シタイ」「シヨウ」と「スルツモリダ」についての考察からわかるように、「スルツモリダ」は既に決まった話し手の意図を表す表現で、文法的に聞き手の存在が必要とされている。中国語の「要」「想」は、発話時以前に既に決まった話し手の意志を表す場合は、基本的に「スルツモリダ」と同じようにほぼ聞き手が存在する対話に現れるが、しかし、聞き手の存在は文法的な必須条件ではなく、あくまでも語用的な条件である。というのは、日本語の意志表現は、「シタイ」「シヨウ」は独話・心内発話的なもの、「スルツモリダ」「スル」は対話的なものというように、はっきり区別されているのに対し、中国語の意志表現は、聞き手が存在するか否かは基本的にあまり問題にされていないからである。従って、表2の予定を表す「要」と決まった願望・意向を表す「想」は、実際の使用状況を考えると、独話や心内発話に現れることがないと判断されている（実際にこのような実例は見つかっていない）ので、上述の表2のように「？」になっているのである。しか

し、下記のような既定の願望や決意を表す文は、ごく特別な状況の下で、例えば、話し手の日記の中などで、心内発話や独話として成立できなくもない。

(85) 我想明年去留学。
　　 来年留学に行きたい。
(86) 我要明年去留学。
　　 来年留学に行きたい。

　いずれにしても、聞き手の存在に対して、日本語の意志表現と中国語の意志表現は異なる振る舞いを見せることは確かなことである。
　最後に、談話における機能と人称との関係の問題について、意志のモーダルな意味を表す表現の、両言語における相違にもう一度触れたい。第2章では、意志のモーダルな意味を表す形式が現れる、話し手の意志を表す発話の一人称主体の表示・不表示について考察を行った。日本語の方は、特に際立たせる必要がない限り一人称主体の不表示が一般的であるのに対し、中国語は一人称主体の表示が一般的である。更に、本章での論述から得た結論を加えると、話し手の意志を表す発話における人称のあり方は、対象動作と聞き手との関係によっても、日中両言語間に相違が見られる。中国語の場合、対象動作の行い手が話し手である限り、一人称主体の表示は義務とされているが、対象動作の行い手が聞き手を含む話し手以外の人の場合、意志の持ち主の一人称主体と動作の行い手の二人称や三人称が表示されなければならない。例87の「帰宅する」という動作は話し手の行為で、例88、89は、話し手以外の聞き手や第三者の行為である。いずれにしても、動作の行い手が表示されることが必要とされる。話し手の願望や意向を表す「想」も同じである。

(87) 我要回家。
　　 家に帰りたい。
(88) 我要你回家。

家に帰ってもらいたい/家に帰りなさい。
(89) 我要他回家。
彼に家に帰ってもらいたい。

日本語は、「シタイ」にせよ、「シヨウ」にせよ、一人称主体だけではなく、対象動作の行い手となる聞き手の表示も中国語ほど義務化されていない。

(90) 家に帰ろう。
(91) (聞き手に対して勧誘的な命令をする場合、話し手は動作に参加しない)
家に帰ろう。

もちろん、例91のような文は、場合によって聞き手に対する呼び名が現れることもあるが、強制的なものではない。
更に、日本語の意志のモーダルな意味を表す有標形式のうち、三人称主体が許容されるのは、「スルツモリダ」[15]だけだが、中国語は「要」も「想」も三人称主体との共起は制限なく用いられる。ただし、この場合の「要」「想」は、既に話し手の意志を表す枠を超えて、話し手による第三者の意図や願望、意向についての判断や説明、描写になるのである。

(92) 他想去留学。
彼は留学に行きたがっている。
(93) 他要去留学。
彼は留学に行きたがっている。
(94) 彼は留学に行くつもりだ。

以上の事実はやはり日本語の意志を表す表現と中国語の意志を表す表現の主観性の程度に違いがあることを示している。本章は、意志のモーダルな意味を表す形式の談話における機能を中心に論じたので、人称と主観性の具体

的な問題については、第3章を参照されたい。

以上、有標形式を問題にしてきたが、無標形式はどうだろうか。次節で見てみよう。

4　意志のモーダルな意味を表す無標形式に見られる談話における機能の特徴

4.1　意志のモーダルな意味を表す動詞の無標形式について

上の節では、意志のモーダルな意味を表す情意的な「シタイ」「ショウ」と認識的な「スルツモリダ」の談話における機能の相違を明らかにした上で、中国語の有標形式の「想」「要」の談話における機能について、「シタイ」「ショウ」「スルツモリダ」と比較しながら考察を行った。その結果、意志のモーダルな意味を表す形式における情意的か認識的かという対立は、直接談話における機能の対立につながることが確認された。具体的には、上で挙げた図1の通りである。もう一度挙げてみよう。

```
情意的なもの　──　（聞き手めあてではない場合）感情そのままの表出
　　　　　　　　　（聞き手めあての場合）聞き手を対象動作に巻き込む
認識的なもの　──　（聞き手めあての場合が殆どだが）話し手の意志についての説明
```

図1　意志のモーダルな意味を表す形式が談話において有する機能

図1のような傾向は意志のモーダルな意味を表す日中両言語の無標形式にも見られる。ただし、無標形式と有標形式は、標識があるか否かが意味に大きく影響し、談話における機能にも影響している。更に、第2章で述べたように、意志を表す表現形式としての中国語の無標形式と日本語の無標形式は共通している部分もあるが、根本的な違いも存在する。以上のような意志のモーダルな意味を表す形式の談話機能における有標形式・無標形式の違いと

中国語・日本語の違いについて、本節で述べたい。

　論述に入る前に、まずもう一度日中両言語の意志のモーダルな意味を表す無標形式の特徴について見てみよう。

　動詞の無標形式は意志を表す専用形式ではなく、一人称主体で、意志動詞、現在時制という条件の下、意志のモーダルな意味を表す表現として成り立つのである。また、意志のモーダルな意味の成立は非現実の事態を表すことを前提としているが、日本語の無標形式は、現在形の「スル」自体が未実現の事態を表し、非現実性を備えるのに対し、中国語の無標形式は、名詞的な素材表現なので、非現実性を与えてくれる文脈や共起表現がないと意志のモーダルな意味を表す表現として成り立たない。これは日中両言語の意志表現としての無標形式の最も大きな違いである。

　意志表現としての無標形式による意志のモーダルな意味は、基本的に有標形式と異なっている。前の章で既に何度も言及したが、ここでは有標形式と無標形式の対立をもう一度見てみよう。仁田（1997）は「有標の形式は有標であることによって、その文法カテゴリーが有している類的な文法的意味を積極的に帯びているが、無標の形式は、無標であることによって、類的な文法的意味から解放されることがある。」(p.25) と述べている。それを受け継ぎ、益岡（2007）では、無標形式と有標形式の関係について、「対立の関係」と「付加による関係」があると指摘している。「選択性・必須性によって特徴付けられる関係」を「対立の関係」、「要素の付加がかかわる関係」を「付加による関係」としている。また、標識の有無とこれらの形式の文法的意味との関係について、次のようにまとめることができる。

　有標形式は特定の標識を持つことによって、特定の文法的意味を表す。
　　　　　　　　　　　　　　　　→内在化された絶対的な意味
　無標形式は何らかの標識を持たないので、形式自体には特定の文法的意味が刻印されていない。　　　　　→内在化されていない相対的な意味

実際に、第3章での考察では、意志のモーダルな意味を表す無標形式と有標形式が、意志のモーダルな意味の具体的な類型において上述のような相違を持つことがわかった。無標形式は定意志を表し、即座の意志も既定の意志も表せることから、「決意」と「予定」の両方の意味を表すことができる。しかし、無標形式による「決意」と「予定」は、有標形式と違い、特定の文法的意味が刻印されていない。有標形式について言えば、「ショウ」による「決意」は「決定の瞬間を捉えるもの」で、「要」による「決意」と「予定」は話し手の必要や要求という気持ちが入っているものである。また、ほかの「シタイ」や「想」、「スルツモリダ」のような有標形式も、それぞれの形式にしかない文法的意味を持っているのである。

動詞の無標形式は特定の文法的意味を持たないので、むしろ文脈や場面に大きく影響され、様々なコミュニケーション上の意味が生じてしまうのである。この点については、次の4.2で詳しく検討することにする。

4.2 意志のモーダルな意味を表す無標形式の談話における機能

第3章で既に言及したが、意志のモーダルな意味を表す動詞の無標形式は情意的な面もあれば、認識的な面もある。情意的な面というのは、即座の意志を表す面を指しているが、具体的な意志のモーダルな意味の内容は「決意」である。認識的な面というのは、既定の意志を表す面を指しているが、具体的な意志のモーダルな意味の内容は「予定」である。以上の点については、日本語も中国語も一致している。本節の冒頭の部分で述べたように、意志のモーダルな意味を表す形式の、談話における機能に見られる情意的か認識的かという対立は無標形式にも一致するので、認識的な動詞無標形が対話においては基本的に聞き手に対する「話し手の予定の説明」を表すということは言うまでもない。では、情意的な動詞無標形はどのように振る舞っているのか、重点的に見てみよう。

情意的な日本語の「スル」形式は、ほかの典型的な情意的意志を表す表現

形式と違い、聞き手がいる対話文に多く現れ、聞き手がいない独話や心内発話ではむしろ特殊なものである。仁田（1991b）では、「話し手の意志を表す『スル』系の表現形式は、その中心が聞き手存在発話にあるものの、聞き手不在発話にも使えないわけではない」(p.114)と述べている。〈聞き手不在発話〉の例としては、次のようなものが挙げられている。

(95) 大原部長（子供達の様子を見ながら）「もっと大自然とふれあうようにせんといかん。わしがおしえてやる。」
　　　大原部長「みんなあつまれ！　この飯ごうでのメシのたき方をおしえてやる。」
　　　　　　　　　　　　　　　　　　　　　　　　　　　（仁田1991：115）
(96) 両津「くそっ、人のたばこなど当てにするか！　自給自足でいくぞ！たばこなど原理は簡単だ。」
　　　　　　　　　　　　　　　　　　　　　　　　　　　（仁田1991：115）

　上述の用例からもわかるように独り言や心内発話としての「スル」文は、単なる「スル」ではなく、「シテヤル」「スルゾ」のような形が一般的である。この場合の「スル」形式は話し手の決意そのものの表出を表している。しかし、これらの心内発話としての「スル」形式は、「スル」そのものではなく、付加形式がつく形のものである。単なる話し手の決意を表す情意的な「スル」形式はやはり聞き手のいる対話が中心となっている。このような「スル」は聞き手不在発話における情意的な「スル」と同じように話し手の決意という気持ちをそのまま表出するものである。

(97)「しかし、考えてみてほしい。もし、もっと意地の悪い先生がいて、1から100までの数を足しなさい、と言ったらどうする？」
　　　「……やっぱり、足算するよ」　　　　　　　　　『博士の愛した数式』
(98)「松本くんのお母さん、松本くんのことをいつもそう呼んでるでしょう」アキはにこにこしながら言った。
　　　「きみはぼくのお母さんじゃないでしょう」

「でも決めたの。わたしも今日から松本くんのこと、朔ちゃんって呼ぶ」　　　　　　　　　　　　　　『世界の中心で、愛をさけぶ』
(99)　「俺のいうこときくか」
　　　「きくよ。何でもきく」友彦は首を縦に振った。　　　　　『白夜行』

　上述の例97から例99は、話し手が発話時に形成した意志を表し、聞き手に決意を表すものである。「スル」による「決意」は、基本的に「スル」による「予定」と対象動作を確実に行う点で一致している。従って、「スル」による「決意」は「シヨウ」による決定を下した瞬間を強調する「決意」と違い、必ず動作を行うという決意の気持ちを表し、決定そのものより動作の実行を重視しているのである。従って、単純に聞き手に決意の表出を表すものは、本質的には聞き手に話し手の予定を表すものと、聞き手に話し手の意志に関わる情報を伝達するという面においてそれほど大差はない。しかし、聞き手を対象動作に巻き込むことができるのは、情意的な「スル」による即座の決意を表す発話だけである。情意的な「スル」が対象動作に聞き手を巻き込む場合の発話は、次のいくつかのパターンに分けられる。
　まず、対象動作の実行に聞き手は直接参加しないが、話し手が対象動作を行うことによって、聞き手に影響を与える場合の「スル」の発話がある。この場合の「スル」が用いられる発話は、動作の申し出や聞き手への約束という発話の機能を果たしている。

(100)　「私がケーキ屋さんまで走って、もらってきましょう」
　　　エプロンをはずそうとする私を制して、ルートが口を挟んだ。
　　　「僕が行くよ。僕のほうが足が早いんだから」『博士の愛した数式』
(101)　「かならずここから連れ出してあげる。」重ねて言った。「どうしてもだめなときは、そうしよう」
　　　「どうやって」アキはかすれた声でたずねた。
　　　　　　　　　　　　　　　　　　　『世界の中心で、愛をさけぶ』

例100は聞き手に動作の申し出をする場合の発話で、例101は聞き手に約束をする発話である。約束を表す発話は、「してあげる」や「してやる」のようなものが多く見られるが、聞き手にとって望ましい行為内容でさえあれば、単なる「スル」形式でも表すことができる。「スル」による発話は、上述の例100、101のように動作の行い手が話し手である場合のものが殆どであるが、場合によっては聞き手が動作の行い手の「スル」発話も見受けられる。この場合の発話は、聞き手に対する命令の発話となる。

(102)「(前略)しかしやっぱり今日は、江夏は投げなかったなあ……」
　　　「うん。今度はローテーションをちゃんと調べてから切符を買うよ」
　　　「とにかく、勝ったんですからいいじゃありませんか」私は言った。
　　　　　　　　　　　　　　　　　　　　　　　　　　『博士の愛した数式』
(103)(家族でどこかに外出することになって、出発時刻になった時、家族に対して)
　　　行くよ。

　例102の下線部は聞き手である母親に対する息子の発話である。切符を買う人がお母さんであるため、下線部は話し手が聞き手であるお母さんに対して行為を指導している状況であり、命令とも言える。更に、例103は日常生活によく現れる発話であるが、ここの「行く」は自分の行為だけではなく、聞き手に対する「もう行く時間になったから行こう」という呼びかけにもなっている。つまり聞き手への行為指導であり、命令の一種とも言える。ただし、この場合の命令は、典型的な命令表現と違い、表面的には話し手の動作や一般的な状況に言及しているだけのような形であるため、少し和らげた表現である。もっぱら話し手の立場からの話し手の意志を表す表現なので、フォーマルな場面における聞き手に対する命令には使われにくい。また、二人称主体は普通表示されないが、場合によって聞き手の呼び名が現れること

もある。一方、「シヨウ」による「和らげた命令」もしばしば聞き手の呼び名が現れる。しかし、確実に行為を行うことを強調する「スル」と違い、「シヨウ」の場合はあくまでも決定を下した瞬間が強調されている。従って、「シヨウ」による命令は、聞き手を対象動作に勧誘する意味が含まれ、聞き手にある程度選択の余地を与えるものであり、「スル」による「命令」ほど強制力がないのである。

　意志を表す情意的な日本語の「スル」形式は、聞き手存在発話が中心的であるのに対し、中国語の動詞無標形の情意的なものは、そういった傾向が見られない。「スル」形式は、聞き手不在発話として成立するためには、「シテヤル」「スルゾ」のような形式上の制限が課されているが、中国語の動詞無標形は、聞き手不在発話と聞き手存在発話との間に、形式上の区別がない。基本的に、中国語の動詞無標形は「要」「想」と同じように聞き手の存在をあまり問題にしていないのである。

　情意的な中国語の動詞無標形は、対象動作が聞き手に関係しない場合は、決意そのものの表出になる。この場合、聞き手が存在する発話も聞き手が存在しない発話もある。

(104) 田教授：好好好，你把身份证收起来吧，我带你见老奶奶。妈，妈，新来的保姆叫余梅芳。
　　　余梅芳：奶奶好。
　　　田教授：<u>电话，我去接电话。</u>
　　　　　　　　　　　　中国ドラマ『田教授家の28人の家政婦さん』⁽¹⁶⁾

日本語訳文
　　　田教授：そうかそうか。キミの身分証を返すよ。おばあちゃんに会ってくれ。母さん、新しく来た家政婦さんだよ。ユー・メイファンさんだ。
　　　ユー・メイファン：おばあちゃん、こんにちは。
　　　田教授：電話だ。<u>私が出るよ。</u>

(105) 小胖：小妹就这么一次了，算你救我了，他们那帮人说得到做得到，
要不然到时候我死了，你伤了，后悔就来不及了呀。
小妹：不不，这怎么行呢，<u>对，我找我表姐去。</u>

中国ドラマ『田教授家の28人の家政婦さん』

日本語訳文
シャオパン：シャオメイ、今回だけだ。助けると思って。あいつ
らはやると言ったらやるんだ。俺が死んで、お前が
怪我をして、それから後悔しても遅いんだぞ。
シャオメイ：だめよ。そんなのだめ。<u>そうだ、従姉に相談してくる。</u>

例104、105の下線部は、話し手自身の動作について言及する即座の意志を表す発話であり、話し手の決意の表出となっている。例104、105の下線部は対話に現れるものだが、聞き手が存在しなくても、独話や心内発話としてまったく問題ないのである。中国語の動詞無標形による決意も基本的に動作の実行に重点を置いているが、文脈によって決意を強調する場合もある。この場合は、「一定（必ず）」など意志性を強調する副詞との共起が多い。

(106) 卢卡斯：你根本没有时间去相亲。
单无双：当然有。明天的编辑会议，<u>我就会让你知道。我一定拼了
老命找出时间来。</u>（离开）　　　台湾ドラマ『败犬女王』[17]

日本語訳文
蘆卡斯：そもそも見合いをする時間なんかないじゃないか。
単無双：もちろんあるわ。明日の編集会議でわかるわよ。<u>なんとかして必ず時間を作るから。</u>（立ち去る）

情意的意志を表す動詞無標形の対象動作が聞き手に関係している場合は、決意の表出以上の意味が生じる。例えば、話し手による対象動作の実行が聞き手にとって望ましいものの場合、聞き手に対する約束や動作の申し出とな

第4章　意志を表す諸形式の談話における機能

る。この点は「スル」と一致している。次の例107は動作の申し出、例108は行為の約束の発話である。

(107)（ペットのカメがなくなって、家族で探している場面）
　　　亿　文：会不会也煤气中毒啦。
　　　田教授：不至于吧，中毒他也该有个踪影啊，你说是吧。小贝来帮我找找。
　　　小　贝：<u>外公我来帮你找。</u>
　　　　　　　　　　　　　中国ドラマ『田教授家の28人の家政婦さん』
　日本語訳文
　　　億　文：ガス中毒になっちゃたんじゃない？
　　　田教授：それはないだろう。中毒になったって姿は見せるはずだ。そうだろ。シャオベイ、探すのを手伝ってくれ。
　　　シャオベイ：おじいちゃん、<u>僕が手伝ってあげる。</u>

(108) 余梅芳：田老师啊，我有茶叶是给我爷爷买的，准备拿到乡下去，要不我先拿给你用啊。
　　　田教授：好啊，有茶就行，那你先借我一下啊。
　　　余梅芳：没关系。
　　　田教授：<u>我下午买了茶我就还给你啊。</u>
　　　　　　　　　　　　　中国ドラマ『田教授家の28人の家政婦さん』
　日本語訳文
　　　余梅芳：ティエン先生、私のおじいちゃんに買っておいた茶葉があります。帰省の際に持っていこうと思ってましたが、先に使いましょうか。
　　　田教授：そうだな。お茶があれば何でもいい。それじゃ借りるよ。
　　　余梅芳：どうぞ。
　　　田教授：<u>午後、買って返すよ。</u>

一方、「スル」と同じように、対象動作の実行に話し手だけではなく、聞き手の参加も必要とされる場合、動詞無標形の意志表現は、聞き手に対する勧誘となる。この場合、文末の終助詞「吧」との共起が一般的である。この点については第2章で既に言及している。

(109) 黎明朗：麻烦找一下谭艾琳小姐，我们以前很熟。
　　　 谭艾琳：明朗！
　　　 毛　纳：多么熟悉的声音啊，让我激动死了！
　　　 谭艾琳：我一直想给你们打电话来着。
　　　 陶　春：好了，没有人在相信你啦！
　　　 谭艾琳：是我不好，我爱晕头了，我绝不是重色轻友啊。<u>今天晚上见吧，</u>我请客。
　　　　　　　　　　　中国ドラマ『恋・愛・都・市～恋がしたい』⁽¹⁸⁾

日本語訳文
　　　 黎明朗：すみません、譚艾琳さんはいらっしゃいますか？　わたしたち、前はすごく仲がよかったんですけど。
　　　 譚艾琳：明朗！
　　　 毛　納：何て懐かしい声かしら。感激で死にそう。
　　　 譚艾琳：ずっとみんなに電話をしたいと思ってたのよ。
　　　 陶　春：はいはい、誰も信じていないわ。
　　　 譚艾琳：私がいけないの、恋におぼれちゃって。でも友情より恋を大事にしているわけじゃないわ。<u>今晩、会いましょうよ。</u>おごるから。

　動詞無標形による勧誘の発話は「吧」との共起が多く見られる。「吧」は動詞無標形による意志表現の断定性を避ける働きがあり、発話を婉曲にさせる表現である。この場合の動詞無標形による発話は、完全な断定の形ではないので、ある程度聞き手に選択の余地を与えている。しかし、文末に「吧」

がつく動詞無標形の発話は必ずしも勧誘の発話とは限らない。例えば、次のような発話は、対象動作の行い手が聞き手だけであるため、勧誘より命令と言ったほうが適切である。

(110) 秦　朗：我帯你找你家，地址念給我听吧。
　　　俞心蕾：呉興街六十九号……
　　　秦　朗：欸，小姐你別鬧好不好，你念我家地址干嗎啊！
　　　　　　　　　　　　　　　　　台湾ドラマ『ホントの恋の見つけ方』
日本語訳文
　　　秦　朗：別荘を探してやるよ。住所はどこ？（直訳：住所を読んでくれ）
　　　俞心蕾：呉興街69号……
　　　秦　朗：おい、お嬢さん、ふざけないでくれよ。どうして僕の家の住所を言うんだ！

　例110の「住所を読み上げる」行為は話し手のものではなく、聞き手のものなので、話し手が聞き手に命令する発話となる。しかし、文末に「吧」が付くことによって、命令の発話を和らげる効果をもたらしている。この場合の動作の主体は聞き手であるため、二人称主体の「你（あなた）」となる。例110は二人称主体が省略されている形式であるが、表示されてもまったく問題ない。第2章のモダリティの意味的構造における一人称主体のあり方の部分で述べたように、意志のモーダルな意味を表す動詞無標形は、一人称主体の表示が必要とされ、一人称主体が表示されない時は命令の発話と捉えられやすいのである。実際に、未実現の「你+動詞無標形」[20]の形は、中国語の典型的な命令表現でもある。日本語には命令を表す専用の形式があるので、「スル」による命令を表す発話はあくまでも周辺的なものであるが、中国語では、「你+要」「你+動詞無標形」はむしろ命令表現の典型的形式とされている。

(111) 我把儿子交给你，你要严格要求他。
　　　息子を頼む、厳しくしてください。
(112) 陈娟：总经理，那我先去安排柱子的家属了。
　　　曹华：好好好，你去。
　　　　　　　　　　中国ドラマ『曹社長の18人の秘書たち』[21]
日本語訳文
　　　陳娟：社長、では私はジューズの家族の手配に行ってきます。
　　　曹華：ああ、行ってくれ。

　例111、112の下線部は日本語に訳されると、両方とも命令表現になっている。前者は「要」が用いられており、当為という価値判断からの命令で、話し手が正しいと判断することを聞き手に命令しているが、後者はそういった特別な意味を持たず単純に聞き手に動作の実行を命令する中立的なものである。ひとことで言えば、有標形式と無標形式の区別である。

　上述の例文からもわかるように、聞き手が対象動作に関係しているか否かにかかわらず、意志のモーダルな意味を表す動詞無標形は基本的に対象動作や事態に対して絶対的な制御権を持ち、動作の実行は確実なものである。この点は情意的な「スル」とも一致している。

　以上、日中両言語の即座の意志としての「決意」を表す動詞無標形の談話における機能について考察を行った。両者の談話における機能はほぼ一致しているが、聞き手存在とのかかわり方において大きな違いを見せる。更に、二人称が動作主体の場合、動詞無標形は有標形式の「要」と同じように典型的な命令表現になるが、「スル」形式は定着していないあくまでも周辺的なものである。また、動詞無標形による命令と「要」による命令の対立や、「スル」による命令と「シヨウ」による命令の対立は、有標形式と無標形式の対立を示している。

第4章　意志を表す諸形式の談話における機能

表3　情意的な意志を表す動詞無標形の談話における機能

動詞無標形	文における意志のモーダルな意味（情意的なもの）	聞き手不在発話	聞き手存在発話
日本語	決意	（なし） ＊「スルゾ」「シテヤル」のような特別な形を除く	・決意の宣告 ・約束 ・動作の申し出 ・命令（二人称主体が不表示の場合が多い）
中国語 （非現実性を備えるもの）	決意	決意の表出	・決意の宣告 ・約束 ・動作の申し出 ・勧誘（「吧」と共起する場合） ・命令（二人称主体が表示される場合が多い）

　上述の表からわかるように、聞き手めあての対話では、中国語の動詞無標形は日本語の「スル」に見られない「勧誘」も表すことができる。それは、中国語の動詞無標形はそもそも非現実性を備えない素材表現であり、補助表現によって具体的な非現実の意味を持つからである。「勧誘」の意味は、動詞無標形に断定を持つ終助詞の「吧」を付けることによって生じたものである。

4.3　日中対訳から見る談話における意志のモーダルな意味を表す無標形式と有標形式の相違——「要」と動詞無標形を中心に

　発話時以前に決まった「予定」を表す日中両言語の動詞無標形は談話においては、聞き手に対する話し手の予定の説明を表している。この点について、認識的な意志を表す「要」の部分で既に述べた（3.2.2を参照）。また、上述のように、既定の意志を表す有標形式の認識的なものの談話における機能として、「意図の説明」を表す「スルツモリダ」、「既定の願望や意向の説明」を表す「想」、「予定の説明」を表す「要」が挙げられている。「スルツモリダ」と「想」によるものは、発話時に既に決まったものであるにもかかわらず、意志としては未定のもので、変更の余地があるが、「要」による「予定」

は定意志であり、確実に行うものである。一方、日本語も中国語も動詞の無標形式による「予定」は定意志を表し、話し手の確実に行う行為を表す。更に、意志を表す形式としての情意的な「要」は日中両言語の動詞無標形と同じように定意志を表し、動詞無標形に似た談話の機能が観察されている。では、談話における日中両言語の動詞無標形と「要」にはどのような違いがあるのだろうか。ここでは、日本語の「スル」、中国語の動詞無標形と「要」の関係について見てみよう。

　意志を表す「スル」の中国語の対訳形式を観察すると、次のような用例が見られる。

(113) 入江：手術室に入れ。俺の介助しろ。
　　　琴子：え…、だ…だって、あ…あたしムリだよ。あたし
　　　　　　きっとまた…今度は入江くんに…
　　　入江：今手術に入らなかったら、ずっと入れないぞ。
　　　　　　そのままでいいなら、こなくていい。
　　　　　　皮膚科でも、耳鼻科でも、どこでも移りな。
　看護婦1：入江先生、急激に血圧が下がりました。
　　　入江：輸血を急げ。
　看護婦1：はい！
　　　琴子：い、いくっ。い、入江君のお手伝いして、あの患者さんを
　　　　　　助けるっ。
　　　入江：よく言った。　　　　　　　　　　『イタズラなKiss』

下線部の中国語訳：我，我去！我要帮入江救那个患者！
　　　　　　　　　　　　　　　　　　　　　　　《淘气小亲亲》

　何故日本語では同じ「スル」形式が用いられているにも関わらず、中国語ではそれぞれ、動詞無標形と「要」が用いられているのだろうか。下線部の

「スル」表現は前の部分との関係から見ればわかる。最初の「行く」は「手術室に入れ。俺の介助しろ」という命令に対する態度の表出であり、「入江君のお手伝いして、あの患者さんを助ける」のほうは発話者が精神的葛藤の結果、自ら固めた強い決心を表している。動詞無標形に訳された「スル」は相手の意志要求に応じたもので、「要」と訳された「スル」は話し手自身の要求によるものである。実際、「要」は意志についての応答表現にはあまり現れない。

(114)「そこで相談なんだけど、もし朔太郎くんが一緒に行ってくれると、アキも喜ぶと思うんだけど、どうかしら？もちろんあなたの了承が得られれば、ご両親にはあらためてお願いしてみるつもりなんだけど」
「<u>行きます</u>」ぼくは躊躇なく答えた。

『世界の中心で、愛をさけぶ』

中国語版訳：
"所以想跟你商量件事：如果你肯一起去，我想亜紀也会高興，你看怎様？当然如果得到你的同意，我們打算再求你的父母……"
"<u>我去</u>。"我毫不犹豫地回答。　　　　　　　　《在世界中心呼喊愛》

例114の「スル」で表す意志は、聞き手の「意志要求」や「行動要求」をきっかけに形成されるもので、この場合は「要」ではなく、中国語の動詞無標形が現れる。このような意志は、話し手の自らの欲求ではなく、聞き手や外界の要素などの新しい状況に対しての反応である。条件表現や「では」「じゃあ」などの表現が共起する発話に動詞無標形しか現れないこともその裏付けである。 例115を見てみよう。

(115)「家から持ってきた紅茶で我慢しなさい」
「嫌だよ。苦いもん」

「じゃあ、売店で牛乳を買ってくるわ」　　　『博士の愛した数式』
中国語版訳：
"乖，将就着喝家里带的红茶吧。"我建议说。
"我不要，太苦了。"
"那我去小卖部买瓶牛奶给你。"　　　　　《博士的爱情算式》

　一方、「要」による意志表現は、話し手の中で形成された話し手自身の意欲によるものであることを強調している。前の状況とは関係ないいきなりの発話や突然の話題の場合もよく見受けられる。例116、117を見てみよう。

(116)（章の冒頭）
「二、三日留守にする」秋吉が突然いいだした。典子が風呂から上がり、ドレッサーに向かっている時だった。
「どこに行くの？」と彼女は訊いた。
「取材だ」　　　　　　　　　　　　　　　　　　『白夜行』
中国語版訳：
"我要出去两三天。"秋吉突然说。当时典子刚洗完澡，坐在梳妆台前。
"去哪里？"她问。
"收集资料。"　　　　　　　　　　　　　　　《白夜行》

(117) 典子は相手に聞こえるようにため息をついた。
「いい加減にしてください。ここへ電話をかけてこられるだけでも迷惑なんです。もう切りますから」
「待ってください。では僕の質問に答えてください。あなたはまだあの男性と同棲しているのですか」
「えっ……」
「もしあなたがまだ彼と一緒に住んでおられるなら、どうしてもお話ししておかなきゃならないことがあるんです」
典子は受話器を掌で覆った。声を落として訊く。「どういったこ

第4章　意志を表す諸形式の談話における機能

とですか」
「だからそれは直に会ってお話しします」彼女が関心を持ったという手応えを感じたか、男はきっぱりといった。　　　『白夜行』
下線部の中国語版訳：
"我要当面告诉你。"　　　　　　　　　　　　　　　　《白夜行》

　例116は話し手のいきなりの発話で、話し手の中で決めてある意志、つまり「予定」を聞き手に伝えている。そして、例117の下線部の「直に会って話す」という意志は、敢えて聞き手に関与の余地を与えず一方的に通達するものである。上述の例文からわかるように、「要」による意志表現は、相手などの外界要素に応じたものではなく、話し手の中で自らの要求や必要性に基づき、形成したものである。従ってこれらの表現は自ら進んで実行しようとする姿勢が窺えるものである。
　一方、中国語の動詞無標形による意志表現は、発話時の外界の要素（主に相手）によるものもあれば、よらないものもある。というのは、例116、117は動詞無標形を用いても問題ないからである。従って、中国語の動詞無標形は意志形成において、特に制限されておらず、中立的形式であることが示されている。これは無標形式の「特定の文法的意味が刻印されてはいない」という特徴に一致している。更に、日本語の意志を表す表現形式の「スル」についても中国語に訳される時、特定の文法的意味を備える有標形式の「要」にもなれば、中国語の動詞無標形にもなるため、特定の文法的意味が刻印されていない無標形式の特徴が裏付けられていると言える。この点では、動詞無標形による「命令」と「要」による「命令」の対立や「スル」による命令と「シヨウ」による命令との対立に見られる現象も同じようなことを示している。
　以上、談話における意志のモーダルな意味を表す形式について、「要」と動詞無標形との関係を考察をした。上の論述を通じて、有標形式と無標形式との対立が、文法的な意味だけではなく、談話における機能にも反映してい

ることがわかった。

4.4 まとめ

　以上、意志のモーダルな意味を表す日本語と中国語の動詞無標形について、談話における機能の考察を行った。

　まず、意志のモーダルな意味を表す有標形式に見られる情意的なもの・認識的なものという対立は、日本語と中国語の動詞無標形にも見られる。情意的なものは聞き手めあてではない場合は、「決意」そのままの表出となるが、聞き手めあての場合聞き手を対象動作に巻き込んだ命令や勧誘の発話となるのである。また、認識的な動詞無標形は、話し手の予定についての説明を表している。

　次に、これまで見てきた文法カテゴリーに見られる有標形式と無標形式の対立は、意志のモーダルな意味を表す諸形式の談話における機能にも見られる。というのは、談話における意志のモーダルな意味を表す有標形式は特定の文法的意味を持っているので、特定の発話機能や、使用条件によって制限が課されている。例えば、「要」による発話は、話し手自身の要求や必要性によるものだが、「シヨウ」による発話は、対象行為を行う決心をした瞬間を強調している。従って、「要」や「シヨウ」による決意の表明や聞き手に対する命令はそれぞれの特定の意味の色彩を帯びている。それに対し、動詞の無標形式は特定の文法的意味を持っていないため、有標形式と較べると、聞き手との関係や共起表現(22)によって更にバリエーション豊富な発話機能を果たすことができる。

　ここまでは、談話における機能について、意志のモーダルな意味を表す有標形式と無標形式の異同を見てきたが、最後に、日本語と中国語の動詞無標形の間に見られる相違について言及したい。日中両言語の意志のモーダルな意味を表す有標形式にも見られる特徴だが、日本語の動詞無標形は、聞き手が存在する発話が中心となっており、聞き手の存在がはっきりと意識されて

いるが、中国語の動詞無標形は基本的に聞き手不在発話と聞き手存在発話を区別せず、聞き手の存在をそれほど意識していない。これは、両者の最も大きな違いである。つまり中国語では極端に言うと、対象動作に聞き手が参与する場合でも、合理的な文脈を作れば、話し手の心内発話や独り言としても成り立つのである（このような現象は「要」「想」にも見られる）。というのは、中国語の意志のモーダルな意味を表す形式は、少なくとも聞き手が存在するか否かを形式で判断することができないからである。もちろん、話し手や意志の対象動作と聞き手との関係によって、発話の機能が決められていることは、日本語と変わりがない。

5　終わりに

本章では、談話における意志のモーダルな意味を表す形式について、その発話の機能に着目して考察してきた。本章の結論を簡単にまとめると、次の3点が挙げられる。

まず、発話の機能における「シタイ」「シヨウ」と「スルツモリダ」に見られる情意的・認識的対立は、ほかの意志のモーダルな意味を表す中国語の有標形式や日中両言語の無標形式にも確認されている。具体的には図1（p.212）を参照されたい。また、各形式の談話の機能の分化は、主に、聞き手めあての情意的な意志を表す形式に反映されている。

次に、談話における意志のモーダルな意味を表す形式について、聞き手存在との関係から見ると、日本語の方は聞き手の存在について明らかに重視しているが、中国語の方は、全体的に言えば聞き手が存在するか否かについてあまり意識していない。

最後に、文法カテゴリーにおける有標形式と無標形式の対立は、談話における意志のモーダルな意味を表す形式の機能にも反映されている。基本的に、特定の文法的意味を持っていない無標形式、特に情意的なものは、特定の文法的な意味を持っている有標形式と較べて、文脈や場面の影響によっ

て、更にバリエーションの豊富な発話機能が生じる。

　本章では、談話における意志のモーダルな意味を表す形式に見られる発話の機能を考察し、特に聞き手が存在する時、情意的な形式が聞き手に対して果たす機能を中心に論じた。そして、情意的な意志を表す表現形式は、聞き手が存在する発話に現れる時、聞き手を対象動作に巻き込むことができるということが明らかになった。しかし、このような聞き手を対象動作に巻き込む傾向は、距離のある聞き手に対しては押し付けがましい印象や、なれなれしい印象を与えがちである。例えば、下の例118のような発話は、話し手が聞き手を対象動作に巻き込もうとする気がまったくなくても、聞き手がその発話を受けて、「何とかしなければ」という責任を感じ、話し手からの依頼の発話と捉えてしまう可能性もある。

　　(118) おなか空いた。何か食べたいなあ。

　例118のような発話は、聞き手が親しい間柄であるならまったく問題ないが、聞き手が目上の人や距離のある人である場合は、それによって対象動作を実現させてほしいという言外の意を感じさせ、聞き手に負担をかけてしまう恐れがある。では、このような情意的意志のモーダルな意味を表す形式に潜んでいる聞き手に負担をかけるリスクは、コミュニケーション上ではどのように回避されているのだろうか。日本語では、実際の談話の中で「シタイ」「ショウ」が使われる時、そのままの形も見られるが、文末に何らかの形式が付加される形が多い。例えば、聞き手存在の発話における「シタイ」は、文末に「のだ」が付けられる形式がよく見られるが、この場合は、聞き手へ感情をぶつけるのではなく、話し手の意志についての説明となっている。更に、既に意志を表す複合の表現形式として定着した「シタイ・ショウ＋ト思ウ」の形式も、話し手の感情表出による聞き手への非礼を避けるためのものである。一方、中国語には形式上このような工夫が見受けられない。

第4章　意志を表す諸形式の談話における機能

では、聞き手への対人配慮は、日本語と中国語の意志を表す表現形式にどのように反映されているのだろうか。両言語の間にどんな相違が見られるだろうか。第5章で、「シタイト思ウ」「シヨウト思ウ」と「要」「想」を比較しながら見ていく。

【注】
（1）　例6、7は仁田（1991b）p208、209から取った例文である。原文には「スルツモリダ」のほかに「考えだ」「所存だ」も扱われているが、本研究では「スルツモリダ」だけを取り上げる。
（2）　ここの「準独話」は聞き手が存在する対話に現れるが、聞き手をめあてにしていない発話のことを指す。
（3）　文末の「のだ」の付加によって、説明的な表現となり、直接的に聞き手に働きかける非礼を避けている。「と思う」の付加については、第5章で詳しく検討する。
（4）　もちろん、ここで述べる「シヨウ」（勧誘、動作の申し出、命令）の使用は、対象動作の聞き手への負担度や、場面差にも影響されていると思われる。ここでは、論述を複雑にしないように、ひとまず話し手と聞き手との関係に注目することにする。
（5）　ここで言及している「説明」はあくまでも「スルツモリダ」の談話における機能であり、「説明のモダリティ」などの意味カテゴリーと区別しておきたい。名称について、まだ吟味する必要があると思われるが、ここでは論議の便宜のため、「説明」という用語を用いることにした。
（6）　《王朔文集》から取り出した用例の日本語訳は筆者によるものである。
（7）　ここで言う「要求」は強制的に聞き手に働きかける点において「命令」に近い。ただし、「命令」という行為は命令する側と命令される側の双方の関係を示しているが、「要求」という行為は要求する主体の一方的な主観的動機を重視する。
（8）　出典を記していない日本語の訳文は筆者によるものである。以下も同様である。
（9）　話し手にとって望ましいことである点において変わりはない。
（10）　「我要你～」による命令文は、願望表現の「～してほしい／してもらいたい」と意味上近いが、性質の違うものであることを断っておきたい。

235

(11) 出典：雑誌『中国語ジャーナル』。訳文も同雑誌によるもの
(12) 出典：雑誌『聴く中国語』。訳文も同雑誌によるもの。
(13) 出典：雑誌『聴く中国語』。訳文も同雑誌によるもの。
(14) 聞き手存在の発話も含む。
(15) 「スルツモリダ」は三人称主体の発話に用いることが可能であるが、実際の発話から見ると「スルツモリダ」のままで打ち切るものは極めて少ない。「彼は行くつもりだ」より「彼は行くつもりらしい/みたい」の形が多く見受けられる。そういう意味で、やはり人称制限の点において、日中両言語の意志表現には著しい違いが見られると言えよう。
(16) 出典：雑誌『聴く中国語』。訳文も同雑誌によるもの。以下同様。
(17) 出典：雑誌『中国語ジャーナル』。訳文も同雑誌によるもの。
(18) 出典：雑誌『中国語ジャーナル』。訳文も同雑誌によるもの。以下同様。
(19) 出典：雑誌『中国語ジャーナル』。訳文も同雑誌によるもの。
(20) 「你」が省略される場合も多い。
(21) 出典：雑誌『聴く中国語』。訳文も同雑誌によるもの。
(22) 例えば、日本語の「スル」は「するぞ」などの形で独り言の決意の表明として成立するが、中国語の動詞無標形は文末に「吧」をつけることによって、聞き手に対する勧誘や和らげた命令の発話として成り立つのである。

第5章　意志表現の選択に見られる対人配慮

0　本章の内容

　第4章では、コミュニケーションにおける意志表現の選択の要素を中国語を中心に見てきたが、本章では対人配慮と意志表現（特に有標形式）の選択との関係を考察したい。まずは、日本語の意志表現のうち、対人配慮からいえば最も典型的なもの、つまり「シタイ」「ショウ」の「と思う」付加形式の「シタイト思ウ」と「ショウト思ウ」を中心に扱う。話し手領域と聞き手領域との関係及びポライトネス理論の二つの面から、コミュニケーションにおける両者の対人関係に見られる特徴を明らかにする。更に、それに基づき、中国語の意志表現の有標形式「要」「想」が「シタイト思ウ」「ショウト思ウ」の中国語対訳になる場合、「想」「要」が聞き手がいる談話の中で対人関係の面でどのような振る舞いを見せるかを考察する。最後に、対人発話での日本語と中国語の意志表現の有標形式の選択に見られる相違をはっきりさせたい。

　本章は六つの部分から構成されている。まず、第1節では問題の提起を、第2節では本章に関連する主な先行研究の理論を提示する。第3節では、「シタイ」「ショウ」とそれぞれの「と思う」付加形式の関係を考察する。第4節では、「シタイト思ウ」と「ショウト思ウ」がよく現れる場面を考察した上で、話し手領域と聞き手の領域との関係、及びポライトネスの二つの面からそれぞれの特徴を明らかにする。第5節では、中国語の意志表現「想」「要」と対人配慮との関係について考察する。考察する手段は、日本語版が元となる文学作品の日中対訳を比較する方法を採る。最後に、第6節ではポライトネス理論から、日中両言語の意志表現の有標形式の、聞き手への配慮において見られる相違について論じる。

1　問題の提起

　第4章では、意志を表す表現形式の談話における聞き手に対する発話の機能を考察したが、聞き手との関係の延長線上に、意志表現の選択による聞き手への配慮が見られる現象がある。一番典型的なものを挙げてみると、情意的な「シタイ」と「シヨウ」は実際のコミュニケーションにおいては、直接形のままの使用が制限されている。例えば、聞き手に対して自分の意志を表す時、次のような形式の表現が考えられる。

　(1)　中華料理を食べたい。
　(2)　中華料理を食べよう。
　(3)　中華料理を食べたいです。
　(4)　中華料理を食べましょう。

　例1、2のような発話は、家族や友人など親しい間柄の人に対しては問題ないが、距離のある人や目上の人に対して発すると、失礼になる。また、丁寧体の例3、4にしても、話し手の意志を聞き手に押し付けることに変わりはないので、非礼さは軽減しない。
　このような感情の直接的表出による非礼を避けるために、日本語では様々な工夫がなされている。そのうち、「と思う」の付加は非常に有効な手段である。

　(5)　中華料理を食べたいと思います。
　(6)　中華料理を食べようと思います。

　もちろん、実際の使用では、更に文末に終助詞や「のだ」などの表現と共起したりすることも多い。いずれにしても、「シタイト思ウ」と「シヨウト思ウ」は意志表現として対人会話に高い頻度で使われている。

この章では、意志表現における話し手と聞き手との関係のあり方について、「シタイト思ウ」と「シヨウト思ウ」を中心に取り上げ、話し手領域と聞き手領域の関係やポライトネスの観点から両者の聞き手配慮のストラテジーを考察する。更に、それを参考に、中国語の意志表現、特に「想」「要」などは聞き手がいることが前提の談話において、上述のような話し手領域と聞き手領域との関係や丁寧さの差が見られるかどうかを明らかにしたい。最後に、両言語の対人ポライトネスにおいて、全般的な特徴の相違を究明する。

2　関連する先行研究の理論

本節では、本章の論述の基盤となる関連理論を紹介する。関係するほかの先行研究は、論述の展開に合わせて、各部分ごとに挙げることにする。

2.1　話し手の領域と聞き手の領域に関連する理論

話し手の領域と聞き手の領域に関連する理論として、まず、神尾（1990）の情報のなわ張り理論を挙げたい。神尾は、1979年に文によって表される情報に「なわ張り」の概念を初めて適用した。神尾によると、情報のなわ張りに属する情報とは、話し手または聞き手が自己に帰属するものとみなす情報、すなわち自分のものとみなす情報であるとしている。情報のなわ張り理論の基盤となる仮定は次のようなものである。

> 話し手または聞き手と文の表わす情報との間に一次元の心理距離が成り立つものとする。この距離は〈近〉および〈遠〉の2つの目盛りによって測定される。（神尾1990：21）

上述の仮定に基づいて、神尾は〈情報のなわ張り〉の概念を定義した。

〈Xの情報のなわ張り〉とは、上述の仮定によりXに〈近〉とされる情報の集合である。ここで、Xは話し手または聞き手とする。(神尾1990：21)

　神尾（1990）は情報のなわ張り理論を以て、様々な言語現象について説明を行った。この理論では、情報は情報のなわ張りに属するものと属さないものに二分されることによって、話し手の情報のなわ張りと聞き手の情報のなわ張りが区別されるようになる。この理論は、話し手領域と聞き手領域という二項対立の考え方に大いに示唆を与えている。

　鈴木（1989）では、日本語の丁寧さと聞き手の私的領域との関係について考察を行った。鈴木は、神尾などの学者の情報に関する理論を援用した上で、「聞き手のテリトリー」という概念をより大きなものとして捉え、情報以外に「聞き手の欲求・願望・意志・感情・感覚など、個人のアイデンティティに深く関わる領域」（p.58）をも含むものとし、この領域を「聞き手の私的領域」[1]と呼んでいる。そして、「聞き手の私的領域」に関わる丁寧さについて、「聞き手の欲求・願望に関わるもの」「聞き手の意志決定に関わるもの」「聞き手の感情・心理・感覚に関わるもの」「聞き手の能力・行為の実現可能性に関わるもの」の四つの面から論述を深めている。鈴木（1989）は、もっぱら聞き手の私的領域に関わるものについて論述し、話し手の私的領域について言及してはいないが、両方を総括的に扱う鈴木（1997）の基盤となっている。

　鈴木（1997）は、日本語教育における丁寧体の話し言葉と普通体の話し言葉の違いについて議論した。そして、丁寧体で話す場合の「丁寧体の世界」と普通体で話す「普通体の世界」の違いをはっきりさせるために、丁寧体世界と普通体世界の典型的なモデルを提示し、〈話し手の領域〉〈聞き手の領域〉〈中立の領域〉という概念を導入したのである。丁寧体世界と普通体世界における〈聞き手の領域〉と〈話し手の領域〉の関係については、次のように図示している。

第5章　意志表現の選択に見られる対人配慮

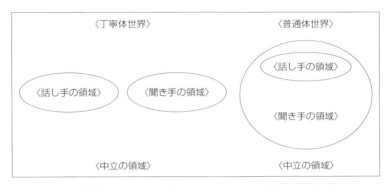

図1　典型的な丁寧体世界と普通体世界モデル（鈴木1997：57）

上述の図に対しての説明は次のようになる。

　丁寧体世界では、〈聞き手領域〉と〈話し手領域〉は、はっきりと区別されており、丁寧体世界において丁寧さを保つためには〈聞き手の領域〉に踏み込むことをさけ、〈聞き手の領域〉に言及する場合には、〈中立の領域〉や〈話し手の領域〉について述べる形を使うなどの配慮が行われる。それに対して、普通体世界では、〈聞き手領域〉と〈話し手領域〉は重なって存在しており、話し手は聞き手との間にはっきりした境界を作らず、親しく仲間として扱うことのほうを優先すると考えられる。（鈴木1997：57）

更に鈴木（1997）は〈聞き手の領域〉に関する制限と〈話し手の領域〉について論述した。本章では、話し手の意志を中心に扱うため、〈話し手の領域〉に関する制限だけを挙げておくことにする。〈話し手の領域〉に関する発話には、二点の制限が挙げられている。まず、〈話し手の領域〉に関する発話であっても、聞き手の断定・決定の権利を侵害する場合は不適切な発話になる。また、話し手の環境を表現することにも、制限がある。

241

以上、〈話し手領域〉と〈聞き手領域〉に関する先行研究について、いくつか主要なものを見てきた。神尾のなわ張り理論は話し手の認識に関わる情報について、聞き手と話し手のなわ張りを設定した上での研究であるが、鈴木（1989）は、それに基づき、情報だけではなく、聞き手の私的領域に関わるもの、例えば、「聞き手の欲求・願望に関わるもの」「聞き手の感情・心理・感覚に関わるもの」「聞き手の意志決定に関わるもの」「聞き手の能力・行為の実現可能性に関わるもの」を中心的に扱った。鈴木（1997）は更に全体的な見方を提示し、丁寧体・普通体の世界について、話し手の領域、聞き手の領域と中立の領域を設定し、聞き手の領域だけではなく、丁寧な発話になるための話し手の領域の制限についても論述した。

　本研究の研究対象の意志表現は、基本的に話し手の私的領域に属するものである。意志を表す様々な形式の表現において、対人会話のなかで、どのような対人配慮の工夫が見られ、またどんな相違が見られるかを考察するのが本章の目的である。論述を展開しやすくするため、上述の先行研究の〈話し手の領域〉と〈聞き手の領域〉[2]の対立を基盤にし、考察していきたい。

2.2　ポライトネス理論

　本研究に関連するもう一つの理論はポライトネス理論[3]である。これまで、日本語のポライトネスというと、待遇表現、敬語などが連想されやすいが、しかし、語用論で扱うポライトネスは、もっと広い概念を指し、調和された人間関係を築き、衝突を避けるための言葉の使い分けのことを指している。つまりポライトネスは、「丁寧さ」や「礼儀正しさ」と関係はあるが、同じものではないのである。ポライトネスについての研究は、レイコフ、リーチなども挙げられるが、ポライトネス研究に最も影響を与えた総括的な理論はブラウンとレビンソン（Brown & Levinson 1987）である。本研究も主にこの理論を参考にする。

　Brown & Levinsonの理論の鍵となっているのは、フェイスという概念で

ある。フェイスとは、社会の成員であれば誰もが持つ社会的自己像で、コミュニケーションの場において、お互いに協力してフェイスを維持しようとするものであると想定する。そして、フェイスを脅かすような行為はFTA (face threatening act) と言われている。フェイスは対人関係上の基本的な欲求であり、二つの構成要素が含まれている。一つはネガティブ・フェイス (negative face) で、もう一つはポジティブ・フェイス (positive face) である。前者は、自分の行動を他者から邪魔されたくないという欲求で、後者は、他者に理解されたい、仲間として認められたいという欲求である。分かりやすく言えば、ネガティブ・フェイスは他者と距離を置きたいという欲求であるのに対し、ポジティブ・フェイスは他者との距離を縮めたいという欲求である。

ポライトネス理論では、FTAとなる言語行動xのフェイスを脅かす深刻さW (weightiness) は、次のように測定することができると説明されている。

$$Wx = D(S,H) + P(S,H) + Rx \quad (Brown \& Levinson\ 1987:76)$$

D (distance) はS (話し手) とH (聞き手) の社会的距離を評価する値、P (power) は聞き手Hが話し手Sに対して持つ力を評価する値、Rx (ranking) はある言語行動xが特定の文化において聞き手にかける負担度を表している。

Brown & Levinsonでは、このように査定した言語行動のフェイス侵害度の深刻さに応じて、話し手が次のようなポライトネス・ストラテジーを選択するとしている。ここでのストラテジーとは、話し手が聞き手のフェイスを侵害しないように、あるいは、侵害を軽減するために用いる意識的・無意識的な言葉の使い分けのことをいう。

　　ポライトネス・ストラテジー
　　　①フェイス侵害を軽減する措置を取らずあからさまに言う
　　　②ポジティブ・フェイスに配慮した言い方をする

③ネガティブ・フェイスに配慮した言い方をする
　④言外にほのめかす
　⑤フェイスを脅かす言語行動を起こさない（中島2012：110参照）

　ポライトネス理論は、言語全般を対象とする理論であり、実際のコミュニケーションを踏まえて一般的な原則を提示し、対人配慮の研究に大きく貢献している。本研究はポライトネス理論の基本的な考え方を用いて、日本語と中国語の意志表現の対人配慮に見られる特徴を説明したい。なお、本研究は理論の大枠を中心に参考にするので、各ポライトネス・ストラテジーの具体的な内容の説明は省略する。

3　「シタイ」「シヨウ」と「と思う」の付加

　第2節では本研究に関わる基本的な理論を見てきたが、もう一つ、準備段階として「シタイ」「シヨウ」とそれぞれの「と思う」付加形式との関係について考察したい。
　まず、「と思う」について考える。森山（1992）は、引用節の情報的側面から「と思う」の用法を「不確定用法」と「主観明示用法」に分けて説明した。後者が、「シタイト思ウ」と「シヨウト思ウ」における「と思う」の用法である。一方、宮崎（1999）では、文の意味だけではなく、聞き手との関係も考慮した上で、表出文に使われる「と思う」については、「話し手の心的な情意と聞き手との接触面がなくなることによって、聞き手の意向を考慮せずに一方的に話し手の心積もりを通達・宣言する文になる」（宮崎1999：10）と述べている。両者の考察を総合すると、「と思う」は話し手の私的領域における主観的情報を一方的に通達する働きを持っているという、話し手の立場からの解説になる。しかし、一方で、談話の中に現れる「と思う」の使用は、聞き手への配慮を表している点も無視できない。「と思う」は、断定を避ける働きがあり、話し手の判断や情報を非現実のものとして伝達する

と同時に、聞き手に押し付けがましい感じを与えないように配慮する表現でもある。では、「と思う」付加形は「シタイ」と「シヨウ」そのままの形と比べて、聞き手に対するコミュニケーション機能にどんな相違が見られるのだろうか。

　本章の冒頭で述べたように、「シタイ」と「シヨウ」は、典型的な情意を表す表現として直接使うと、聞き手に対して失礼になる場合がある。話し手の情意的で主観的なものを直接、そのままの形で聞き手にぶつければ、聞き手への働きかけにもなりうるので、聞き手に押し付けがましい印象を与えてしまう恐れがあるからである。そこで、文末思考動詞「と思う」を付加することで、このような不適切性を解消することができるのである。徐愛虹（2001）では、「思考作用を表す文末思考動詞『と思う』を付加し、自らの心的情意の内省過程を経たものとして伝えることで客観的な印象を与えているのである。そして、このことが発話をより丁寧なものにしているのではなかろうか」（徐愛虹2001：71）と述べてある。「シタイ」「シヨウ」と比べて、「シタイト思ウ」「シヨウト思ウ」のほうがより客観的で丁寧な印象を与えるのには、次の原因が考えられる。

　まず、「と思う」の付加によって、「シタイト思ウ」「シヨウト思ウ」は「シタイ」「シヨウ」のような情意的な意志表現ではなく、認識的なものになる。情意的な表現は、話し手の感情をそのまま聞き手にぶつけ、聞き手に負担をかけることもありうるが、認識的な表現は、一種の認識として聞き手に伝えるので、聞き手を巻き込むことがないのである。第3章では、意志表現のうち、典型的な、認識的なものとして「スルツモリダ」を挙げた。ここでの「シタイト思ウ」と「シヨウト思ウ」も基本的に「スルツモリダ」に近い認識的な意志表現と言える。その証拠として、「シタイト思ウ」と「シヨウト思ウ」はアスペクト・テンスの変化があり且つ人称制限がない。また、即座の意志を表すことや、聞き手を対象動作に巻き込むことができないという点が挙げられる。情意的な「シタイ」と「シヨウ」を認識的なもの、すなわち話し手の思考内容として伝達する時、間接的な意志表現となり、働きかけ

る可能性を消すことによって聞き手への配慮ができるのである。

　更に、鈴木（1997）の図1からも説明できる。鈴木（1997）では、敬語の丁寧体を典型例として挙げ、丁寧体が使われる表現は基本的に〈話し手の領域〉と〈聞き手の領域〉をはっきり区別するものであり、普通体が使われる表現の場合は基本的に〈話し手の領域〉と〈聞き手の領域〉が重なって存在するとされている。敬語と直接関係しない話だが、「シタイ」「シヨウ」と「シタイト思ウ」「シヨウト思ウ」も同じような現象が見られると思われる。

　「シタイ」「シヨウ」が使われる発話は基本的に話し手の領域と聞き手の領域をそれほど区別していない。冒頭の例文1～4は、話し手の一方的な情意的な表出で、聞き手についてはあまり考慮に入れていない。それに対し、「と思う」が付加されると、「シタイ」「シヨウ」は話し手の思考内容となり、話し手の領域に属することを強調することによって、「聞き手の領域」への配慮を表している。つまり、〈話し手の領域〉と〈聞き手の領域〉をはっきり区別しているのである。ここで注意したいのは、鈴木（1997）では丁寧体の世界とは、敬語が用いられる待遇表現の発話とされていることだが、「シタイと思う」「シヨウト思ウ」は「ます」形式にしなくても、〈話し手の領域〉と〈聞き手の領域〉をはっきり区別している。つまり、丁寧体の世界と同じような特徴を持つということである。鈴木（1997）は、丁寧体と普通体を対象とする研究であるが、実際に、敬語以外の丁寧さを表す手段にも、丁寧体世界の特徴、すなわち〈聞き手領域〉と〈話し手領域〉をはっきりと区別することを適用できるのではないかと思われる。

　以上、二つの面から、「シタイト思ウ」「シヨウト思ウ」は「シタイ」「シヨウ」よりは丁寧な表現であることを論じた。しかし、このような丁寧さは敬語のような絶対的なものではなく、丁寧かどうかはかなり場面や人間関係によって変動する可能性がある。従って、本研究では、「シタイト思ウ」「シヨウト思ウ」を、丁寧な表現ではなく、聞き手配慮の表現と称したい。次の第4節では、聞き手の存在を配慮することを前提にした「シタイト思ウ」と「シヨウト思ウ」は、コミュニケーションにおいて、それぞれどんな振る舞

いを見せるかについて具体的に見てみよう。

4 「シタイト思ウ」「ショウト思ウ」に見られる対人配慮

「シタイト思ウ」と「ショウト思ウ」がよく現れる具体的な場面の対話を取り上げて用例を調べ、論じることにする。

4.1 「シタイト思ウ」と「ショウト思ウ」の使用場面

徐愛虹（2001）では、「シタイト思ウ」と「ショウト思ウ」の相違について、「行為の意志決定の権利が聞き手にもあると考えている場合には『～（し）たいと思う』が使われ、話し手だけにあると考えている場合には『～（し）ようと思う』が選択される」（p.73）と指摘している。また、聞き手との間に明確な意志決定のイニシアティブの問題が存在しないような場合は、当該行為が自己完結されるもので、しかもその行為の遂行が可能だと判断されるという条件が揃った時に、「シタイト思ウ」と「ショウト思ウ」が意味的に重複すると述べている。

徐愛虹（2001）は意志の内容となる行為の性質の角度から「シタイト思ウ」と「ショウト思ウ」の相違を考察し、両者は、行為の意志決定権へのかかわり方によって大きく分かれていると述べている。徐説は「シタイト思ウ」と「ショウト思ウ」の相違について、聞き手の行動の意志決定権へのかかわり方によって使い分けられるというある程度客観的な基準を提示した。話し手が判断する時の認識レベルの一般条件とも言える。しかし、実際の発話場面において、話し手の判断より聞き手への配慮のほうが選択の要因として先行してしまう場合もある。従って、実際のコミュニケーションの例を観察し、聞き手との関係を考えると、徐説について、次の二点が補足できる。

一点目は、「行為の意志決定の権利が聞き手にもあると考えている場合には『～（し）たいと思う』が使われ」という点について、実際に、行為の

意志決定の権利が聞き手にもある場合でも、「シタイト思ウ」の使用には更に制限があるということである。二点目は、話し手と聞き手の間に明確な意志決定のイニシアティブの問題が存在しない場合、両方は意味的に重複するとされているが、実際には、両者は聞き手との関係によって、使い分けられる現象が観察される。そこで、「シタイト思ウ」と「シヨウト思ウ」が実際に使われる場面を挙げながら、この二つの点について見ていく。

まず、一点目について、行為の意志決定の権利が聞き手にもあるため、「シタイト思ウ」が使われているが、次のような発話は実際の生活では不適切な場合がある[(4)]。もし、久しく連絡していない友人からいきなり次のようなメールをもらえば、誰でも少し不快感を覚えるだろう。

(7) 来週日曜日に久しぶりにお茶したいと思います。お話をするのを楽しみにしています。

お茶をするという動作は聞き手にも決定権があるから、「シタイと思う」が使われているが、何故メールのもらい手に不快感を与えてしまうのだろう。それは、例7の発話は聞き手の私的領域に属する決定権を侵害してしまったからである。実際の生活ではこのような発話はかなり失礼なものになる。もちろん、話し手がかなり目上で一方的に決められる立場にあれば許容されるが、強引さがあるという点に変わりはない。「シタイト思ウ」の使用は、聞き手にも決定権がある場合に限るとされるが、対象動作の実行に話し手と聞き手の共同作業が必要な場合や、あるいは動作の実現に聞き手の協力が必要な場合に関してはそのままの発言では不適切なものになる。この失礼さを軽減するために、聞き手の都合や意向を伺う表現を加えたり、文末にぼかしの表現を使って言い切りを避けたりすることが考えられる。例7は例8、9のようにすると、かなり許容度が増す。

(8) 来週日曜日に久しぶりにお茶したいと思います。ご都合はいかが

ですか?
(9) 来週日曜日に久しぶりにお茶したいと思いますが…

　実際に、「シタイト思ウ」は依頼や相談の場面によく現れるが、その多くが聞き手の決定権を侵害する行為に対する補償の表現と共起しながら使われている。

(10)「はあ、何でも出来ます事なら」と中野君は快く承知した。
　「実は今度江湖雑誌で現代青年の煩悶に対する解決と云う題で諸先生方の御高説を発表する計画がありまして、それで普通の大家ばかりでは面白くないと云うので、なるべく新しい方もそれぞれ訪問する訳になりましたので——そこで実は一寸住って来てくれと頼まれて来たのですが、御差支がなければ、御話を筆記して参りたいと思います」道也先生は静かに懐から手帳と鉛筆を取り出した。取り出しはしたものの別に筆記したい様子もなければ強いて話させたい景色も見えない。彼はかかる愚な問題を、かかる青年の口から解決して貰いたいとは考えていない。　　　　　　『野分』

(11)「かまわない。帰りたければ早く帰れ」
　「明後日の午後の船で帰りたいと思います。東京にも日程を知らせておきたいし、見送りに基隆まで来たいという人もあります。その信濃丸の船室を予約してかまいませんでしょうか」と星は念を押した。石橋は顔をしかめた。
　　　　　　　　　　　　星新一『人民は弱し、官吏は強し』

(12) すると三原は係長の方に、「これから現場を見たいと思います。おいそがしいところを恐縮ですが、鳥飼さんにご案内を願っていいでしょうか?」と申し出た。　　　　　　　　　『点と線』

(13)「それで、これから北海道へやらせていただきたいと思うのです。安田が、情死の当日、北海道に向っていたということが、どうも

肚におさまらない。札幌署の報告は信じるとしても、何か企まれた事実のような気がするのです。この企みを発見した時が、なぜ安田が、東京駅で佐山課長補佐の出発に第三の目撃者を必要としたか、という謎を解いた時と思います」　　　　　　　　『点と線』

　例10、11の下線部の「シタイト思ウ」は相手の了承を得た上での発話で、その上例10には「お差し支えがなければ」が、例11には依頼の表現が加えられている。例12も後に直接聞き手に依頼する表現が続いている。例13は例10～12と違い、「いただきたいと思う」を用いて、直接聞き手への依頼を表している。そして、下線部の後に動作の理由と必要性を聞き手に提示することによって、聞き手に配慮している。実際に、聞き手に何かを頼む場合、間接的に話し手の意志を表し、聞き手に働きかけることもできるが、例13のように直接聞き手に対して「していただく」「してもらう」を使う表現も数多く見受けられる。
　一方、行為の実現は話し手だけで行い、行為の意志決定権もほぼ話し手にあるが、聞き手の許可や賛同が必要な場合も「シタイト思ウ」が用いられる。この場合は、相手が目上の人であることが多い。

(14)　叔母君はさまざまに語るが、皮肉やあてこすりがまじっていて、末摘花は気を許して答えることもできなかった。「おさそい下すってほんとうにありがたいのですけれど、人並みでない私が、よそへいって何ができましょう。こうやって、ここでこのまま朽ち果てたいと思います」とだけいった。　　　　　　　　『新源氏物語』
(15)　「勝重さん、君もそう長くわたしの側にはいられまいね。来年あたりは落合の方へ帰らにゃなるまいね。きっと家の方では、君の縁談が待っていましょう」
　「わたしはもっと勉強したいと思います。そんな話がありましたけれど、まだ早いからと言って断りました」勝重はそれを言うにも

顔を紅める年頃だ。 『夜明け前』

　問題は行為の意志決定権が話し手だけにある場合である。徐愛虹（2001）では、この場合「シヨウト思ウ」が使われるとされ、自己完結される当該行為の遂行が可能だと判断される状況で「シタイト思ウ」も使われるとされている。果たして、「シタイト思ウ」が使えるとする理由は行為の遂行に関係があるのだろうか。実際の例を見て考えてみよう。

(16)（会議で初対面の人に対して自己紹介をする時）それでは、自己紹介させていただきたいと思います。
(17)（発表の時）次の部分に移りたいと思います。
(18)「ビジテリアン同情派諸君。本日はこの光彩ある大祭に出席の栄を得ましたことは私の真実光栄とする処であります。<u>就てはこれより約五分間私の奉ずる神学の立場より諸氏の信条を厳正に批判して見たいと思うのであります。</u>然るに私の奉ずる神学とは然く狭隘なるものではない。私の奉ずる神学はただ二言にして尽す。…」
　　　　　　　　　　　　　　　　　　　　　　　『ビジテリアン大祭』
(19)「被告の発言を許可する」
　　「ただいまの弁護士の御質問は完璧とは申せません。<u>したがって、いまひとつ、私が補足したいと思います。</u>それは、私が修一郎を組み伏せてナイフを突きたてたとき、修一郎は恐怖のためまったく無抵抗状態だったということです」
　　「行助！」 『冬の旅』2

　例16～19のような発話には、一つの共通点がある。すなわち、どの例文もわりとフォーマルな場面で、聞き手も距離のある相手であるという点である。このような公の場や正式な場面での「シタイト思ウ」は慣用化する傾向も見られる。行為の意志決定権が話し手にあるにもかかわらず、「シタイト

思ウ」が使われるのは、聞き手にも決定権や参与権を与えるという姿勢で聞き手への配慮を表している(5)からだと思われる。形式上は、「シタイト思ウ」は一方的な「シヨウト思ウ」より丁寧な印象を与える効果がある。しかし、このような「シタイト思ウ」は必ずしも絶対的な丁寧な表現とは限らない。例えば、次のような場合の発話が考えられる。

(20) (先生に対して) これからも勉強を頑張りたいと思います。
(21) (アスリートがインタビューで) 来年も挑戦していきたいと思います。

例20、21のような発話は、人によって捉え方が違うことも想定できる。聞き手に対して配慮を表して、丁寧さがあると思う人もいれば、頑張る決心や挑戦する姿勢がそれほどないのではないかと思う人もいるだろう。実際に、母語話者に尋ねたところ、「頑張りたいと思います」は自分に頑張れる自信がそれほどない場合もよく使われる、ある意味「責任逃れ」にもなるという意見がある。もちろん、それぞれの発話者の思いで表現の使い分けが行われているが、聞き手に対するコミュニケーション効果から考えると、「シタイト思ウ」は丁寧な表現だという印象は定着する傾向が見られる。

一方、場面の制限や、聞き手との上下関係をそれほど気にしなくてもいい場合、行為の意志決定権が話し手だけにある時は、「シヨウト思ウ」が使われるとされている。

(22) 加藤は開き直ったようないい方をした。
「いやね、加藤さん、なにもかも知っているくせに。わたし、佐倉さんと結婚しようと思うの。でもいざとなると不安なのよ。どこがどうってことないけれど、なにかが不安なんです」
処女の敏感な触角が、あの佐倉秀作のまやかし者であることを探知したのだなと加藤は思った。　　　　　　　　　　　『孤高の人』
(23)「それで幸い今度転任者が一人出来るから——尤も校長に相談して

みないと無論受け合えない事だが——その俸給から少しは融通が出来るかも知れないから、<u>それで都合をつける様に校長に話してみようと思うんですがね</u>」　　　　　　　　　　　　　『坊ちゃん』

　例22や23は、話し手が聞き手より立場が上または親しい関係の場合である。もちろん聞き手がより上の立場の場合も考えられる。以上のような例は、行為の意志決定権が話し手だけにある時の「ショウト思ウ」の典型例である。しかし、実際の使用においては、話し手の行為の意志決定に、聞き手にも参与権があるにも関わらず、敢えて「ショウト思ウ」が使われる場合もある。次の例を見てみよう。

(24)　「どうかしたのですの？」
　　　「何アに……けれどねえ姉さん」と時雄の声は改まった。「実は姉さんにおまかせしておいても、この間の京都のようなことが又あると困るですから、芳子を私の家において、<u>十分監督しようと思うんですがね</u>」
　　　「そう、それは好いですよ。本当に芳子さんはああいうしっかり者だから、私みたいな無教育のものでは……」　　　　　　　『蒲団』
(25)　「<u>母親さん、僕は最早麹町の学校を辞めようと思います</u>。今日菅さんの許へ行って、つくづくそう思いました。こんなに愚図々々していたって仕方が有りません」
　　　こう決心の籠った調子で言って、岸本は母親の顔を仰いだ。『春』
(26)　特務曹長「軍法会議だ。それから銃殺にきまっている。」間、兵卒一同再び倒る。
　　　曹長（面をあぐ。）「上官。私は決心いたしました。この饑餓陣営の中に於きましては最早私共の運命は定まってあります。戦争の為にでなく饑餓の為に全滅するばかりであります。かの巨大なるバナナ軍団のただ十六人の生存者われわれもまた死ぬばかりであり

ます。この際私が将軍の勲章とエボレットとを盗みこれを食しま
　　　すれば私共は死ななくても済みます。そして私はその責任を負っ
　　　て軍法会議にかかりまた銃殺されようと思います。」
　　　特務曹長「曹長、よく云って呉れた。貴様だけは殺さない。おれ
　　　もきっと一緒に行くぞ。十の生命の代りに二人の命を投げ出そう。
　　　よし。さあやろう。集まれっ。気を付けっ。右ぃおい。直れっ。
　　　番号。」　　　　　　　　　　　　　　　　　　　　　『饑餓陣営』
(27)「なんだ。どうしても、社をやめるのかい。君、そんな短気を起さ
　　　んで、思い返しちゃどうだい。」
　　　「せっかくのお言葉ですが、僕はこれから一本立でやってみようと
　　　思います。」
　　　「そ、それじゃ君は、わたしの仕事を……」　　　　『路傍の石』

　例24の「芳子を私の家において、十分監督する」という行為は、聞き手の了承が必要である。例25も、発話者の学校を辞めるという行為は母親の賛成が必要と思われる。更に、例26の下線部は、発話者だけで決められる行為ではない。例27の「会社を辞めて一本立でやる」という行為も相手の了承が必要とされる。対人配慮または行為の性質からすれば、上述の例は「シタイト思ウ」を使ってもいいと思われるが、敢えて「シヨウト思ウ」を使う理由は何だろうか。それは、「シヨウト思ウ」の形で、決定権を聞き手に与えず、話し手の決心の強さを強調したいからである。実際に対人効果を考えると、敢えて聞き手に干渉されたくない気持ちを強調する効果（例えば、例24）と自分の責任を強調して聞き手に負担をかけまいとする姿勢を表す効果（例えば例26）が挙げられる。前者は対象行為が聞き手にとって好ましくない状況の場合、後者は対象行為が聞き手にとって望ましい状況の場合のほうが多い。ポライトネスから考えれば、後者も聞き手に対する配慮の一種と言えよう。

　以上、「シタイト思ウ」と「シヨウト思ウ」について、場面ごとの用法を

考察してきた。両者の用法の違いは第2章で論じた「シタイ」と「シヨウ」の相違と基本的に共通している。第2章では、「シヨウ」は話し手が対象動作を含む事態全般に対してコントロールできるという姿勢をとっているが、「シタイ」は話し手が事態全般に対してコントロールできないという姿勢を示していると論じた。「ショウト思ウ」が用いられる場合は、聞き手に決定権があるか否かに関わらず、話し手は事態全般を制御するという姿勢を示している。一方、「シタイト思ウ」が用いられる場合、対象動作に対して聞き手に決定権がなくても、話し手は事態全般に対して制御できないという姿勢を示し、聞き手への配慮を示すのである。「シタイト思ウ」と「ショウト思ウ」との相違は、次項で更に詳しく見ていく。

4.2 「シタイト思ウ」と「ショウト思ウ」に見られる話し手領域と聞き手領域との関係の相違

　以上の論述から分かるように、コミュニケーションにおける「シタイト思ウ」と「ショウト思ウ」の選択は決定権だけではなく、聞き手に対するコミュニケーション機能にも影響されている。確かに、依頼や相談などの場合、行為の意志決定権が聞き手にもあるので、「シタイト思ウ」が選択される。しかし、行為の意志決定権が話し手だけにある場合は、「ショウト思ウ」が選択される場合もあれば、「シタイト思ウ」が選択される場合もある。また、行為の意志決定権がある程度聞き手にもある場合でも、敢えて「ショウト思ウ」が選択される場合もある。上述のことを更に分かりやすく説明するために、両者に見られる話し手領域と聞き手領域との関係のありかたを見てみよう。

　依頼や相談の場面にせよ、尊敬すべき相手がいる場合やフォーマルな場面にせよ、「シタイト思ウ」はいずれにしても、話し手が聞き手を意識し、聞き手に自分の意志を受け入れてもらおうとする姿勢が窺える表現である。依頼や相談の場面はもちろん、話し手が行為の意志の決定権を持つ場合でも、「シタイト思ウ」が用いられるのは、もともと話し手領域に属する情報を敢

えて聞き手領域にもかかわりがあるかのように表し、それによって聞き手とのつながりを得ようとするためである。それに対して、「ショウト思ウ」はそういう傾向が見られない。どちらかというと、聞き手に一方的に宣言して、聞き手の私的領域に関与しない印象を与える。更に言うと、「シタイト思ウ」と「ショウト思ウ」は両者とも聞き手の存在を意識する表現であるが、前者は、話し手領域と聞き手領域のつながりに重点を置き同調を求めているが、後者は話し手領域と聞き手領域の区別に重点を置き同調を求めていない。図で表せば、次のようになる。

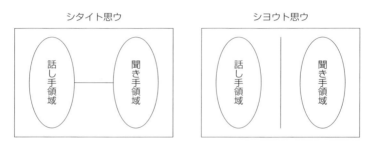

図2　話し手領域と聞き手領域に見られる相違

このような話し手領域と聞き手領域との関係のありかたが直接、聞き手への配慮の仕方につながっている。

4.3　ポライトネス理論から「シタイト思ウ」「ショウト思ウ」の対人配慮を見る

基本的に、「シタイト思ウ」と「ショウト思ウ」は「と思う」の付加によって、話し手の領域と聞き手の領域を区別することを前提とする表現である。このような表現は、Brown & Levinson（1987）によると、聞き手のネガティブ・フェイス、すなわち他者から邪魔されたくないという欲求に配慮するもので、ネガティブ・ポライトネスである。しかし、両者ともネガティブ・ポライトネスであるが、対人配慮の仕組みが違う。

「シタイト思ウ」は話し手の領域と聞き手の領域をつなげることに着目し、聞き手に行為の決定権や参与権を与えることによって、聞き手のネガティブ・フェイスに配慮するが、「シヨウト思ウ」は話し手の領域と聞き手の領域の違いを強調することに着目し、聞き手に行為を行う負担をかけないことによって、聞き手のネガティブ・フェイスに配慮するのである。もちろん、対人配慮の程度は具体的な行為にもよるが、しかし、両者は配慮表現として使われる時、聞き手との関係に大きく左右されていることも認めざるを得ない。前者は公の場やテレビの視聴者などの大衆、または目上の人が対象の時に多く使われるが、後者は上司など目上の人が対象となる時、特に対象行為が聞き手にとって好ましい事態の場合に、対人配慮の効果が出やすい。

5　中国語の意志表現と聞き手への配慮との関係

　上述の論述から分かるように、日本語の意志表現は、発話者の私的領域について語るものであるにもかかわらず、聞き手の存在が意志表示の仕方に大きく影響している。聞き手に感情をぶつける、または働きかけを図る場合は、情意的な形そのままで用いられるが、聞き手の存在を配慮して、聞き手の私的領域を侵害しないようにする場合は、「と思う」などの付加によって認識的な表現の形が用いられる。前者はほぼ親しい間柄にしか使えないが、後者は社会生活で常識のある大人の表現としてより広く使われている。また、後者の中でも、「シタイト思ウ」と「シヨウト思ウ」の分化は、更に聞き手の私的領域に対する違った配慮の仕方を示している。

　一方、中国語の意志表現、特に「要」「想」などは、聞き手の存在への配慮から生じた専用的な形は持っていない。そもそも中国語の意志表現は、話者の領域の情報を表すだけではなく、聞き手を含む他者の領域に踏み入ることもできる。

　　(28)　我　想　吃　　中国菜。

　　　　　私　想　食べる　中華料理
　　　　　私中華料理を食べたい。
(29)　他　想　吃　　　中国菜。
　　　　　彼　想　食べる　中華料理
　　　　　彼は中華料理を食べたがっている。
(30)　(夕食に何を食べるかについてのAとBの相談)
　　　　A：我　想　　吃　　麻婆豆腐。
　　　　　私　想　食べる　マーボ豆腐
　　　　　マーボ豆腐を食べたい。
　　　　B：哦，　　　你　　　要　吃　　　中国菜。
　　　　　(感嘆詞)　あなた　要　食べる　中華料理
　　　　　そうか、中華料理を食べたいのね。

　上述のような表現は、そのままの形で日本語に言い換えても恐らくうまくいかないだろう。何故なら、日本語においては、人間の内的事態を表す表現にはかなり人称の制限が存在しているからである。益岡（1997）では、このような現象について、「人物の内的世界はその人物の私的領域であり、私的領域における事態の真偽を断定的に述べる権利はその人物に専属する」（益岡1997：3）という語用論的な原則を提示している。しかし、このような語用論的な原則は、中国語ではまったく通用しない。そもそも、中国語では、話し手の領域と聞き手の領域がそれほど区別されていないのである。このような事実は、木村・森山（1992）においても確認されている。[6]この現象は情意的・認識的という観点からも解釈できる。中国語の意志表現は、殆どが情意的な面もあれば、認識的な面もある。「要」と「想」を例にすれば、両者とも話し手の主観的な面を表すモーダル動詞でありながら、客観性を備える普通動詞でもある。このような両面性から、発話者が動作主体の場合は、主観性が前面に出て、他者の領域に関わる内容の場合は、動詞の客観的な意味という認識的な面が前面に出るのである。例えば、例29の「想」を、モーダル

動詞ではなく、中立の動詞と捉えれば、話し手の一種の認識となる。例30のBの発話は、「要」を話し手の判断を表すものと捉えることもできる。意志表現の情意的な面と認識的な面については第3章を参照されたい。

　「聞き手の私的領域」の扱い方の異同から、中国語の意志表現は丁寧さにおいて日本語の意志表現ほど特徴がはっきりしていないことが分かる。しかし、話し手は聞き手に対して自分の意志を伝える時、コミュニケーションや人間関係をスムーズにするために、表現の使い分けを行っている。特に聞き手に対して配慮しなければならない場面は、中国語の日常生活にもしばしば見られる。本節では、聞き手への配慮で使われる「シタイト思ウ」と「ショウト思ウ」との比較を通じて、場面別に「要」と「想」の対人配慮のストラテジーに影響する要素を考えたい。もちろん、日中両言語で対応しない場合も数多く考えられるが、今回、便宜上、お互い対応する例を中心に取り上げて、考察していくことにする。

　まず「想」「要」の特徴について、簡単に説明しておくことにする。

　「想」は、中国語において非常に日常的で且つ重要な表現である。「想」は思考動詞としての用法が最も基本的であり、そのほか、「回想」「懐かしむ」「願望・心積もり」「見積もり・推測」等の意味を持っている。「願望・心積もり」と「見積もり・推測」の用法は、モーダルな用法である。「想」はモーダル動詞としては、「願望・心積もり」の意味が最も前面に出やすいものである。意志・願望表現としての「想」は未定の意志を表す。「想」について注意したいのは、「想」自体は「思考動詞」と意志願望表現の二つの性質を備えるということである。ということは、「想」は「思う」にも近いし、「シタイ」にも近い表現である。従って、単純に、「シタイト思ウ」と「ショウト思ウ」の形から見れば、「想」と訳される場合が多いと推測できる。

　「要」は動詞として、何かを必要とする、求める、または要求するという意味で使われる。モーダル動詞として、「意志・願望」以外に、「当為」「蓋然性」「推測・判断」を表すこともできる。意志表現としての「要」は、意味の幅が大きく、基本的に話し手の願望・意志の両方を表すことができる。

また意志においても、即座の意志も既定の意志も表せる。

「要」と「想」の最も大きな相違が意志の確実性を持つかどうかという点である。両者の相違については、第4章の3.4を参照されたい。この節では、こういった相違を前提に、日中対訳の用例を以て、「想」「要」と「シタイト思ウ」「ショウト思ウ」の対応関係を考察するものである。必要に応じて、上述の四つの表現以外の関連表現に言及する場合もある。基本的に日本語の例を基準に、その対訳の中国語文を考察する方法を採る。

5.1　「要」「想」と「シタイト思ウ」との対応関係

「シタイト思ウ」が使われる場面は、対象行為の実現に聞き手の協力が必要なもの、つまり話し手だけに行為の意志決定権があるわけではないものと、聞き手の協力が必要ではないもの、つまり話し手だけが行為の意志決定権を持つものに大きく分けることができる。前者は、依頼・相談に関わる場面が多く、後者は聞き手に許可、同意や同調を求める形で、聞き手への配慮を表すものが多い。まず、前者を見ていくことにする。「シタイト思ウ」の意志の対象行為に聞き手の協力が必要な場合は直接聞き手に働きかける形と間接的に聞き手に働きかける形がある。

直接働きかける場合の形は、依頼表現として使われる「～していただきたい」「～もらいたい」のような表現である。この場合は中国語の対訳には「希望」「想」のような表現が用いられる。

(31)　「そりゃあもう御察し申しておることも有ますし、又、私の方から言いましても、<u>少許は察して頂きたいと思いまして、</u>それで御邪魔に出ましたような訳なんで」　　　　　　　　　　　『破戒』
中国語版訳
　　"我了解您，同时就我来说，<u>也希望能得到您的了解，</u>所以特地来打扰您。"　　　　　　　　　　　　　　　　　　　　　　《破戒》

(32)「今回の我が消防団の出広は、家屋引倒しの作業も然りながら、甲神部隊員の救護が主要な任務ではないかと思われる。故に、甲神部隊員のうちでも我が小畠村出身者を一人でも多く救出し、やがては来るものと覚悟せねばならぬ日に於ける村の防衛に万全を期せらるるよう、<u>救出救護して帰って来てもらいたいと思う。</u>今は詳しい様子が分らぬ故、広島に行ったら然るべく立ち働いてもらいたい」この訓辞を餞けにした。 『黒い雨』

中国語版訳

他站起来致送别辞说："我们消防团这次开赴广岛任务虽然是拆除房屋，但我想你们的主要任务是抢救甲神部队的队员。因为在甲神部队的人员中，哪怕是多救出一名我们小畠村出生的人来，将来一旦我们村也发生这种情况，对村子的防卫来说，就有可能万无一失。<u>因此，希望你们能把他们救回来。</u>现在对那里的情况还不了解，希望你们到广岛之后，要见机行事。" 《黑雨》

(33)「長野の寺院に居る妹のところへ遣りたいのですがね」と奥様は少許言淀んで、「実は自分で書こうと思いまして、書きかけては見たんです。どうも私共の手紙は、唯長くばかり成って、肝心の思うことが書けないものですから。<u>寧そこりゃ貴方に御願い申して、手短く書いて頂きたいと思いまして</u>――どうして女の手紙というものはこう用が達らないのでしょう。まあ、私は何枚書き損ったか知れないんですよ――いえ、なに、そんなに煩しい手紙でも有ません。唯解るように書いて頂きさえすれば好いのですから」

『破戒』

中国語版訳

"想给在长野寺院里的妹妹写封信。"师母有些吞吞吐吐，"本来我是想自己写的，也已经开始写了。可是我们写信总是老长老长的，紧要的意思却写不出来。<u>所以我想不如求您写一封短信。</u>为什么女人写的信总是词不达意呢？唉！我不知糟蹋了多少张纸。其实，也不

261

　　　　　是什么难写的信，只求您写得让她能看懂就行啦。"　　　　　《破戒》

(34)「ああ」と敬之進は嘆息して、「世の中には、十年も交際していて、それで毎時初対面のような気のする人も有るし、又、君のように、そんなに深い懇意な仲で無くても、こうして何もかも打明けて話したい人が有る。我輩がこんな話をするのは、実際、君より外に無い。まあ、是非君に聞いて貰いたいと思うことが有るんでね」とすこし言淀んで、「実は――此頃久し振で娘に逢いました」

『破戒』

中国語版訳

　　　　　"唉！"敬之进长叹了一声说，"世界上竟有相识十年，但每次见面都像是刚认识一样的人；也有像你这样，虽说是并非深交，但可以如此推心置腹谈得来的人。和我谈得来的人，除了你，确实是别无他人。说起来，我有一件事很想问问你。"他有些吞吞吐吐，"是这样，最近我见到了好久没有见面的姑娘。"　　　　　《破戒》

　直接聞き手にお願いをする場合、日本語では「シタイト思ウ」と授受動詞とが共起して使われるが、中国語に訳すと、「想」以外に、「希望」という形もよく見られる。「希望」は動詞の性質と名詞の性質を両方備える表現で、名詞の場合は日本語の「希望」「望み」の意味で、動詞の場合「希望する」「願う」という意味で使われる。願望や望む気持ちを表す点で「想」と一致しているので、ここでは似た振る舞いが観察された。しかし、細かいニュアンスまで見ると、「希望」のほうが丁重な印象を受ける。また行為の実現に対する話し手の制御の度合いが低ければ低いほど「希望」が使われやすい。「希望」は相手が動作に直接参加する場合の依頼には使えるが、話し手が行為の主な担い手となる間接的な依頼・相談の場合には使えない。この場合は、「シタイト思ウ」の対訳形式に「想」がよく現れる。

(35)「そんなにひどいですか、いつものあたし……」

第5章　意志表現の選択に見られる対人配慮

「はっきりいうとね」

一成にいわれ、江利子は情けない気持ちになった。これまでは、自分なりにお洒落をしてきたつもりだったからだ。

「君は今、ようやく繭を作り始めたところなんだ」試着室の横に立ち、篠塚一成はいった。「どんなに奇麗に変われるのか、自分でも気づいていない。その繭作りに、俺が力を貸したいと思うわけだよ」

「繭から出てきても、あんまり変わらなかったりして……」

『白夜行』

中国語版訳

"平常的我有这么糟糕啊……"

"坦白说，的确有。"

听一成这么说，江利子感到无地自容，她向来认为自己在打扮上也颇为用心。

"你现在正要开始结茧，"筱冢一成站在试衣间旁边说，"连你也不知道自己会变得多美。而我，想为你结茧尽一点力。"

"等我破茧而出，可能没有什么改变……"　　　　《白夜行》

(36)「来年の春から幼稚園に通う予定の四歳の娘ですが、親バカといわれそうでちょっぴり恥ずかしいのですが、小さい時からとても運動神経が発達していたように思います。逆立ちしながらテレビを見たり、お天気のよい日は一日中外で真っ黒になって飛び回って遊んでいます。先日、海へ連れていって、海岸で遊ばせましたら、波を少しも恐がらず、どんどん海へ入っていきます。そこで、近所の『スイミングクラブ』に入会させたいと思って、主人に相談しましたら、まだ早いと申します。軽い気持ちで二歳半の弟と水泳を習わせたいと思いますが、いかがなものでしょうか」

『ひとりっ子の上手な育て方』

中国語版訳

"我四岁的女儿明年春天就要去幼儿园了。您可能会说，我这个当妈

的人溺爱孩子了吧。我自己也觉得怪不好意思的。我觉得我的女儿从小运动神经特别发达。她看电视时总喜欢倒立着看。天气晴朗时整天都在外边奔跑，晒得乌黑乌黑的。前几天，我们带她到海边去玩，她一点也不怕波浪，直往海里跑。所以我打算让她参加附近的'游泳俱乐部'。不过，跟她父亲商量时，他说太早了点。<u>我想让她和她两岁的弟弟一起轻松愉快地去学游泳，不知您认为如何？</u>"

《独生子女优育法》

　　次に、行為の意志決定権が話し手だけにある場合の「シタイト思ウ」について検討したい。この場合の「シタイト思ウ」は話し手だけで決める行為にも関わらず聞き手にも決定権を与えようとする姿勢で聞き手への丁寧さを表すものである。このような「シタイト思ウ」は中国語に訳されると、「想」になると推測されるが、実際には「要」となる場合が多いのである。

(37) ここで私は、私の母に、<u>心から感謝を伝えたいと思います。</u>それは、「退学になった」、という事実を、私が二十歳すぎまで話さないでくれた、という事です。　　　　　『ひとりっ子の上手な育て方』

　　中国語版訳

　　　在此，<u>我要向我的母亲表示衷心的感谢，</u>关于'退学'的事，在我满二十岁之前，她一直没有提起过。　　　　　　《独生子女优育法》

(38)「かつてはその人の膝の前に跪ずいたという記憶が、今度はその人の頭の上に足を載せさせようとするのです。<u>私は未来の侮辱を受けないために、今の尊敬を斥ぞけたいと思うのです。</u>私は今より一層淋しい未来の私を我慢する代りに、淋しい今の私を我慢したいのです。自由と独立と己れとに充ちた現代に生れた我々は、その犠牲としてみんなこの淋しみを味わわなくてはならないでしょう」　　　　　　　　　　　　　　　　　　　　　　『こころ』

　　中国語版訳

"过去屈尊在他面前的回忆，接下便要把脚踏在他的头上。<u>我就是为了不受将来的屈辱，才要拒绝现在的尊敬</u>。我宁愿忍受现在的孤独，而不愿忍受将来更大的孤苦。我们生在充满自由、独立和自我的现代，所付出的代价便是不得不都尝尝这种孤苦吧。"　　　　　《心》

(39) 野島さまは私がいなくっても、なお立派になれる方と思います。この頃おかきになるものには凄い程、強い感じが出て来たように思います。ですが私はあなたのものの方がどの位好きで御座いましょう。あなたのおかきになるものは一言一句拝見いたします。あなたについてかかれたものもすべて拝見いたしております。<u>私はあなたの一番いい読者になりたいと思っております。</u>　『友情』

中国語版訳

　　我觉得，野岛即便没有我，也会成为出色的人。最近他写的东西好象都带着极其强烈的感情色彩。但是，我还是最喜欢你的作品，你写的东西我都是逐字逐句地拜读的。你写的一切我都要拜读，<u>我要成为你最好的读者。</u>　　　　　　　　　　　《友情》

(40) 最近は昔と違って、遺言状というものはそれほど効力を持たないのです。それでも今のところ、私には自由になるお金がかなりあります。<u>もしあなたが今回の仕事をうまく成し遂げてくれたら、あなたのためにその多くを譲りたいと思っています。</u>

『1Q84 BOOK1』

中国語版訳

　　近来和从前不一样了，遗嘱这东西没什么效力。尽管如此，眼下我还有不少可以自由支配的钱。<u>我想，如果你顺利完成这次工作，我要把大部分赠送给你。</u>　　　《1Q84 BOOK1》

　前節でも述べたが、「想」は未定の意志を表す働きと思考内容を表す働きを同時に持つものである。未定の意志というのは、聞き手に行為の参与権（場合によっては決定権だが）を与えることができるが、一方で、意志が定まら

265

ないということで意志の強さはそれほど強くない。一方、「要」による意志は、話し手自身の意欲によるもので、意志の強さが強く、実行する決心が窺える。上述のような例文は、話し手にとって、行為の意志決定権が話し手だけにあるということだけではなく、意志の強さも表す必要があると判断されるものである。日本語原文の聞き手への配慮の気持ちを表すには、むしろ、定まった意志を表す「要」のほうが適切である。例えば、例37、39、40は、対象行為が聞き手にとってプラスなことと話し手が判断する場合、断固とした実行の態度を示している「要」のほうが好ましい。また、例38は、対象動作と聞き手との関係が判断しにくいが、話し手自ら意志の強さを強調すべき場合のものである。もちろん、上述の例文の「要」は「想」に置き換えることも可能である。ただし、話し手の対象行為に対する判断に、聞き手に賛同、意見などを求めるニュアンスが出る。

5.2 「要」「想」と「ショウト思ウ」との対応関係

「ショウト思ウ」も基本的に「と思う」の影響で、思考動詞と意志・願望動詞の性質を両方備える「想」と対応しやすい。実際にこのような例は非常に多い。

(41) 青豆は話題を変えた。「本当につばさちゃんを引き取って、育てられるつもりなのですか?」
「もちろん本気です。正式な養女にしようと思っています」
「ご承知だとは思いますが、法律的な手続きは簡単にはいかないと思います。なにしろ事情が事情ですから」
「もちろん覚悟しています」と老婦人は言った。「あらゆる手を尽くします。私にできることは何でもするつもりでいます。この子は誰の手にも渡しません」　　　　　　　　　　『1Q84 BOOK1』
中国語版訳

第5章　意志表現の選択に見られる対人配慮

青豆改变了话题:"您真的打算收留阿翼,抚养她吗?"

"我当然是真心的。我想正式认领她做养女。"

"我想您一定有心理准备,只怕法律手续不会那么简单。因为这件事的背景太复杂了。"

"我当然有心理准备。"老夫人答道,"我会用尽一切办法。只要是我能做到的,就打算尽力。绝不把这个孩子交给任何人。"

《1Q84 BOOK1》

(42)「この間おまえは、たとえ一日前でも結婚を見合わせるっていったぜ」

「いったけどさ」篠塚は少し呼吸を乱していた。「おまえ、本気なのか」

「本気だ」誠は唾を飲み込んでから続けていった。「明日、彼女に俺の気持ちを打ち明けようと思う」

「彼女ってのは、その派遣社員の女性だな。三沢さん、とかいったっけ」 『白夜行』

中国語版訳

"上次是你说,即使是前一天,你也会取消。"

"我是说过。"筱冢的呼吸有点乱了,"你是认真的?"

"对。"诚咽了一口口水才继续说,"明天,我想向她表明心意。"

"就是那位派遣人员,姓三泽的?" 《白夜行》

(43)「克平が出発するのが四五日先きですから、それまで居ようと思っていますの」 『あした来る人』

中国語版訳

"再有四、五天克平就出发,我想一直呆到那时候。" 《情系明天》

(44)「すみません……お茶をいれようと思って……」 『砂の女』

中国語版訳

"对不起……想给您沏杯茶……" 《砂女》

267

「シヨウ」は、「と思う」の付加によって、意志の決定の瞬間を表す意味が消され、決定済みの意志となる。更に、思考内容を表す形は断定を避ける働きを持つのである。従って、「シヨウト思ウ」も中国語に訳される時、「想」になりやすい。例41～44は、「想」の形で意向表明を表す用例である。しかし、自ら責任を持ってやるという意志を強調する場合は、「要」が対応する場合もある。

(45)「ですから、ね、先生、<u>私は一心になって勉強しようと思いますの。</u>田中もそう申しておりました。それから、先生に是非お目にかかってお礼を申上げなければ済まないと申しておりましたけれど……よく申上げてくれって……」　　　　　　　　　　　　　『蒲団』

　　中国語版訳
　　"正因为这样，所以我说，<u>老师，我一定要专心用功。</u>田中也是这么说的。另外，他还说一定要见见老师，当面致谢。否则，于心有愧。他要我好好跟您说……"　　　　　　　　　　　　　　　　《棉被》

(46) 田中は未だに生活のたつきを得ませず、準備した金は既に尽き、昨年の暮れはうらぶれの悲しい生活を送ったので御座います。私はもう見ているに忍びません。国からの補助を受けませんでも、<u>私等は私等二人で出来るまでこの世に生きてみようと思います。</u>先生に御心配を懸けるのは、まことに済みません。監督上、御心配なさるのも御尤もです。　　　　　　　　　　　　　　　　『蒲団』

　　中国語版訳
　　田中仍然生活无着，带来的钱已经花光，去年年底，他过着落魄的悲惨生活。我实在不忍心看下去，即使家里不接济我，<u>我们两人也要尽力在这世上活下去。</u>让老师操心，实在对不起。在监督上，更是让老师操了不少的心。　　　　　　　　《棉被》

　第4章で述べたように、「要」で表す意志の形成は、話し手自身の意欲に

よるものである。従って、話し手の自らの要求で積極的に実行しようとする意志を表す「シヨウト思ウ」の対訳は「要」が最も適切である。話し手の気持ちがそれほどはっきりしていない場合は「想」になりやすい。

「シヨウト思ウ」は「想」「要」以外に、「打算」「准備」など予定を表す表現にもよく訳されている。その場合は、「しようと思っている」の形のほうが多い。

5.3　まとめ

上述の「要」「想」と「シタイト思ウ」「シヨウト思ウ」の対応関係から次のようなことが分かる。

まず、話し手の私的領域と聞き手の私的領域がそれほどはっきり意識されていない中国語では、聞き手への配慮から生じた「シタイト思ウ」と「シヨウト思ウ」の対訳に最も対応しやすい表現は意志・願望のモーダル動詞兼思考動詞の「想」である。実際に、日中対訳の例を見ると、「想」が最も多く現れている。

その原因として次のようなことが挙げられる。

① 「シタイト思ウ」と「シヨウト思ウ」は話し手の領域と聞き手の領域を区別することを前提とする表現である。
② 「シタイト思ウ」と「シヨウト思ウ」は願望、意向、意志を表す機能を備える。
③ 「想」は思考動詞として、一人称主語の発話では、話し手の思考内容を話し手のものに限定することによって、話し手の領域と聞き手の領域を区別するような効果を生むことができる。しかし、このような効果は対人配慮による意図的なものではなく、あくまでも結果的にそうなっただけである。
④ 「想」は、願望、意志、意向を表す機能を備える。

以上の事実に基づくと、「シタイト思ウ」「シヨウト思ウ」の中国語の対訳に「想」が多く現れる理由がわかる。しかし、理由③について、「想」は「と思う」のように一人称限定という制限がないので、「想」に見られる話し手の領域と聞き手の領域の区別はあくまでも、具体的な文脈に生じた効果で、定着したものではない。従って、「シタイト思ウ」は聞き手に行為の意志決定権がない場合でも、単なる聞き手への配慮として用いられるが、「想」はそれができない。

　例えば、次のような行為の意志決定は、聞き手が関わりにくい状況、あるいは対象行為が話し手によって簡単に実現できる場合であるため「想」は使われない。

　　(47)（公開講演会の司会者）それではこれより、講演に入りたいと思います。
　　(48)（YouTubeの動画のタイトル）今から寝たいと思います。
　　(49)（先生に対して）「これからも一生懸命頑張っていきたいと思います」。

　上述の三つの例を中国語に訳す時、「想」は用いられない。「想」は基本的に未定の意志を表す意志表現であるため、例47、48のような発話の後すぐにも実現するような行為にはあまり使われない。また、「想」による意志は、あくまでも未定のものなので、話し手の決心や決意など強い意志を表す場面にはあまり相応しくないのである。

　最後に、「シタイト思ウ」「シヨウト思ウ」と「要」の対応関係であるが、話し手の決心や決意など強い意志を表す場合や、話し手が意志の内容となる行為の実現が聞き手に何らかの利益をもたらすと判断する場合は、「想」より「要」のほうが適切な表現となる。何故なら、「要」は話し手の自らの要求による意志なので、意志の強さが強く、定まる程度が高いものだからである。もちろん、聞き手に行為の約束を提供する「会」や自ら進んである行為を行おうとする意志を表す「愿意」、意志を表す副詞と動詞基本形との共起形式なども考えられる。ここでは、あくまでも「想」と「要」を中心に取り

上げ、比較するため、ほかの表現についての論述を省略する。

　上述の三点から分かるように、話し手にとって未定の意志または聞き手に参与権を与える行為については「想」がよく使われる。一方、聞き手に参与権を与えにくい場合または話し手自身の意志の強さを強調すべき場合、「要」がよく使われる。従って、聞き手がいる談話における中国語の意志表現の選択は、主に話し手による意志の内容となる行為についての判断で決められる。更に言えば、話し手が意志の内容となる行為に聞き手が参与できると判断すれば、「想」が選択され、聞き手が参与できないと判断すれば、「想」以外の表現が選択される。また、話し手が意志の内容となる行為の実現が聞き手に有益であると判断する場合も、「想」より自らの要求による意志表現の「要」や約束を申し出る「会」などの表現のほうが使用され、より丁寧である。

6　日中両言語の意志表現の聞き手への配慮に見られる相違

　Brown & Levinsonのポライトネス理論では、FTAの侵害度の深刻さWxは三つの側面から影響を受ける。それぞれ、D（話し手と聞き手の「社会的距離」を評価する値）、P（聞き手が話し手に対して持つ力を評価する値）、R（特定の文化におけるある言語行動の聞き手にかける「負担度」）という要素である。

$$Wx = D(S,H) + P(H,S) + Rx \text{（Brown \& Levinson 1987：76)}$$

　FTAの侵害度の深刻さWxはFTAを行うためのストラテジーの選択に直接つながっている。すなわち、聞き手への配慮にも直接関係している。この深刻度を決めるのは、人間関係D・Pとある事柄xの負担度Rxである。上述の日中両言語の主な意志表現に対して考察を行った結果、次のような結論に辿り着いた。

コミュニケーションにおける日中両言語の意志表現の選択は、日本語は人間関係D・Pにより大きく影響されているが、中国語は主に事柄の負担度Rxにより大きく影響されていると思われる。

　日本語の意志表現の選択が人間関係D・Pにより大きく影響されているという点についてだが、その根拠は次の通りである。
① 日本語は人間関係を大事にし、丁寧さの世界を常に構築しようとする傾向がある。日本語の意志表現は話し手の私的領域と聞き手の私的領域をはっきり区別する傾向がある。3節で述べた「シタイ」「シヨウ」と「〜ト思ウ」付加形の関係はその裏付けである。
② 聞き手を意識する形式の意志表現「シタイト思ウ」「シヨウト思ウ」は聞き手とのかかわり方において更に細かく分化している。両者の用例を観察すると、話し手の領域と聞き手の領域のありかたに相違が見られた。「シタイト思ウ」は、話し手領域と聞き手領域の繋がりに重点を置き同調を求めているが、「シヨウト思ウ」は話し手領域と聞き手領域の区別に重点を置き同調を求めていない。

　一方、コミュニケーションにおける中国語の意志表現の選択は主に事柄の負担度Rxにより大きく影響されていると思われる。この事柄の負担のRxは、特定の文化で、ある程度客観的に計れるが、やはり話し手が聞き手にかける負担度についての認識判断に大きく依存していると考えられる。
　その根拠として、次のようなことが挙げられる。
① 中国語の意志表現は、話し手と聞き手の私的領域の区別がはっきりしていない。聞き手への配慮のための特別な形式は存在していない。上で述べたように、情意的な面と認識的な面をともに備えるという性質に関係している。「要」と「想」はそれぞれ話し手の主観性を表すモーダルな助動詞である一方、品詞としては動詞でもある。ほかの意志表現、例えば、「会」や「願意」もそうである。このような性質が、文の意味の捉

え方に両面性をもたらすのである。つまり、情意的なものと捉えられる一方、認識的なものとも捉えられる。従って、聞き手の私的領域に属するものについて述べても侵害にならないのである。
② 話し手の中で、ある言語行動の聞き手にかける負担度の判断が形成されれば、それに相応する形の意志表現が定着するのである。聞き手との関係から受ける影響はそれほど大きくない。

(50) 放假　的　时候，我　要　去　爬　雪山。
　　　休み　の　時　　私　要　行く　登る　雪山
　　　休みの時、雪山を登りに行きたい（と思う）。

　話し手は「雪山を登る」という行為に、聞き手から許可をもらう必要もなく、聞き手に負担をかけることもないと判断すれば、この発話はいかなる聞き手に対しても、たとえ相手が上司など目上の人でも「要」を発することができる。反対に、聞き手の賛否が行為の実現に影響すると話し手が判断すれば、「要」より、聞き手に決定権を与える「想」のほうが適切な発話となる。[8] もちろん、話し手だけで決める意志の行為でも、「想」を使うことによって、聞き手に決定権を与え、丁寧さを表す効果もある。しかし、その意志の行為は聞き手が何らかの形で参与できることが前提となっている（許可を出すか、賛否を示すか、または一緒に行くか）。原則的に、話し手自身で決めるべきである、話し手自身で行う行為に関しては、「想」の使用が避けられている。従って、「私はこれからも頑張りたいと思います」のような発話は、中国語に訳す時、極めて特別な状況でない限り、「想」にはなりにくいのである。
　研究方法や日中対照の方法が違うが、徐愛虹（2001）でも、似たような結論に辿り着いている。徐愛虹（2001）では、意志表示のために使われる「シタイト思ウ」と「ショウト思ウ」は、実質的な意味の差が少なく、対人的な配慮に基づいて使い分けられ、「想」と「要」は、行為に対する話し手の捉

え方を反映する形式であり、聞き手への伝達の有効性を重視しながら使い分けられているとされている。

　本章は、意志表現の対人関係を考察するため、「シタイト思ウ」「シヨウト思ウ」、「想」「要」を取り上げ、日中対訳や表現の比較などの対照研究を行ったが、最終的に対人関係における表現の選択とその影響の要素をはっきりさせることができた。このような日中両言語の意志表現に見られる相違は、ほかの研究でも確認されている。

　金玉英（2011）は、本章で扱っていない意志表現としての日中両言語の動詞無標形、日本語の「う・よう」、中国語の「吧」が付く意志表現を取り上げて、日中両言語の意志表現と聞き手の権限との関係について日中対照を行った。考察の結果として、日本語では「聞き手の権限」が優先されるが、中国語では「聞き手の権限」より「明確に決まったこと」かどうかが選択の基準となるという結論を出している。聞き手を重視するより、事柄の内容を重視する点において、基本的に本研究と似たような結論に辿り着いていると言える。

　更に、木村・森山（1992）では日本語と中国語の文末形式を考察することによって、両者の聞き手の情報への配慮に対する考え方の相違について以下のように述べている。

　　　日本語では、情報に対する「なわばり」の意識が強固に存在し、当該情報が聞き手に接近するものである場合、聞き手に当該情報があるということを無視してはならず、同意を得るような言い方でなければならない。
　　　……（中略）
　　　中国語では、話し手自身が同認定していれば、たとえ聞き手に接近する情報であっても、無標の平叙文で発話してかまわないのである。
　　　……つまり、中国語の場合、話し手の認識こそが基準となるのに対して、日本語の場合、聞き手の認識を談話の内部で尊重しなければならな

いのである。（木村・森山1992：36、37）

　日本語は曖昧で遠慮がちな印象を与える一方、中国語はずけずけした一方的な印象を与えやすい。このような聞き手中心と話し手中心の言語文化の相違は、われわれの言語生活のあらゆる面に反映されているのではないだろうか。

【注】
(1) 益岡（1997）では、人物の私的領域は人物の内在世界であるとし、それを表す事態は次のようなものだと述べている。形容詞系のものとして、感情、感覚、願望・欲求を表すものが挙げられ、動詞系の例としては、感覚、知覚、認知、思考を表す動詞や、意志を表す表現が取り上げられる。以上のような私的領域に関わる述語を「主観性述語」と名づけている。益岡（1997）は述語の面からの私的領域についての論述であり、鈴木（1989）の分類と多少違う点がある。
(2) 本研究は意志表現を扱うものなので、〈話し手の領域〉と〈聞き手の領域〉の対立が目立つ。〈中立の領域〉との関わりが少ないため、敢えて〈中立の領域〉を省くことにする。
(3) この部分はBrown & Levinsonのポライトネス理論をわかりやすく提示するために、中島信夫（2012）「第六章ポライトネス」を大いに参考にした。
(4) 次の例は筆者の友人鄭貞美さんの実体験によるものである。
(5) 有田（2009）も「シタイト思ウ」を配慮表現として認め、「話し手は、事態の実現に聞き手が関与する必要がないことを『たいと思う』によって表すことで、聞き手への配慮を示しているのである」（p.234）と述べている。基本的に発話者の発話意図からの考察である。また、間接的に聞き手に影響を与える可能性があることを認めているが、具体的にどんな影響かは言及していない。
(6) 個々の表現に差が見られるので、完全に区別しないとは言いがたい。例えば、「貴公司（貴社）」「令堂（御母堂）」などの一部の名詞には敬語表現が見られるが、やはり聞き手の領域を意識しているように思われる。しかし、このような敬語表現はごく一部の表現に限られ、口語では殆ど使われていないこと

　　　　　から、やはり中国語は日本語ほど聞き手領域に対して敏感ではないと言えよう。
（7）　日本語と中国語の意志表現に見られる対人配慮を考察するために、更に範囲を広げて、表現を全般的に取り扱う必要があると思われるが、本研究は議論の便宜のため、今回はこの四つの表現の対訳についての考察に限定したのである。更に広範囲な研究をこれからの課題にしたい。
（8）　「要」と「想」の区別については、第4章の「3.4　意志表現としての『要』と『想』の相違」の部分を参照されたい。

終章

　本書は、意志のモーダルな意味を表す日本語の「シタイ」「シヨウ」「スル」「スルツモリダ」と中国語の「要」「想」「動詞無標形」について、文レベルと談話レベルにおいて、両者を対照しながら考察を行った。文レベルでの考察は、二つの内容が挙げられる。一つは、上記の表現形式と意志のモダリティとの関係についての文の意味的構造においての考察である。もう一つは、上記の表現形式による具体的な意志のモーダルな意味の特徴をめぐる考察である。談話レベルでは、上記の表現形式を用いる意志のモダリティを表す文を具体的な談話場面に置きながら、発話としての機能と聞き手への対人配慮の二つの側面から考察を行った。

　本書の主要部となる第2章～第5章の内容及びお互いの関係について、次の図1で示すことができる。

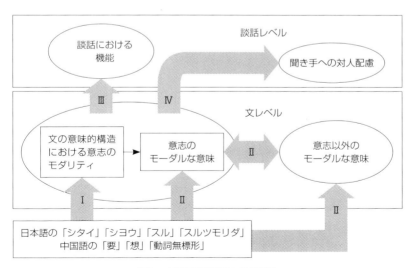

図1　本書の研究対象とその関係

277

ローマ数字のⅠが書かれた矢印で表される関係は、意志を表す表現形式と文の意味的構造における意志のモダリティとの関係を示し、第2章が扱う内容である。この章では、意志のモダリティを表す文の意味的構造を提示した上で、意志を表す表現形式はどんな振る舞いを見せるのかについて、一人称主体の表示・不表示、話し手の対象動作に対する制御性、各表現形式の現実性のあり方の三つの側面から考察を行った。日中両言語の意志を表す形式は一人称主体の表示・不表示の問題において、明らかな違いを見せた。中国語の「要」「想」「動詞無標形」が用いられる意志のモダリティを表す文は常に一人称主体を表示するのに対し、日本語の「シタイ」「シヨウ」「スル」「スルツモリダ」は、一人称主体の不表示が多く見られる。また、話し手の対象動作に対する制御性の有無から言えば、日本語は表現によって、はっきりと分化しているのに対し、中国語、特に有標形式は制限がないのである。更に、ほかの表現と較べて、中国語の「動詞無標形」自体には非現実性を備えていないという点はかなり目立つものである。

　ローマ数字のⅡが書かれた三つの矢印で表される関係は、第3章が扱う内容である。この章は、意志を表す表現形式を軸にして、これらの表現形式に見られる意志のモーダルな意味と意志以外のモーダルな意味を提示し、お互いの関係を考察する。この章では、意志のモーダルな意味の細分化の意味範疇に情意的性質と認識的性質との連続性が見られるだけではなく、意志のモーダルな意味と意志以外のモーダルな意味の間にも情意的性質と認識的性質との連続性が確認されたのである。第3章で確認された日本語と中国語の意志を表す表現の最も大きな違いは、有標形式と情意的・認識的性質との関係に見られる。日本語の「シタイ」「シヨウ」「スルツモリダ」は、情意的性質か認識的性質のどちらか一方を持つのに対し、中国語の「要」「想」は情意的性質と認識的性質の両方を持つのである。

　ローマ数字のⅢが書かれた矢印で表される関係は、意志のモダリティを表す文と談話レベルにおける機能との関係を指し、第4章が扱う内容である。意志のモーダルな意味に見られる情意的・認識的対立は、上記の各表現形式

が用いられる発話の談話における機能にも反映されている（次の図2を参照されたい）。この章で確認された日中両言語の意志のモーダルな意味を表す形式の最も大きな違いは、聞き手存在に対する姿勢である。談話における機能から見ると、日本語の方は聞き手の存在を重視しているが、中国語の方は全体的に言えば聞き手が存在するか否かについてあまり意識していない。

```
情意的なもの　──　（聞き手めあてではない場合）感情そのままの表出
　　　　　　　　　　（聞き手めあての場合）聞き手を対象動作に巻き込む
認識的なもの　──　（聞き手めあての場合が殆どだが）話し手の意志についての説明
```

図2　意志のモーダルな意味を表す形式の談話における機能に見られる情意的か認識的かという対立

　ローマ数字のⅣが書かれた矢印で表される関係は、談話における意志のモダリティを表す発話と聞き手への配慮との関係を意味している。これは、第5章が扱う内容である。この章は日中対訳の方法を使って、「シタイト思ウ」「ショウト思ウ」と「要」「想」との対照を行ったうえで、日中両言語の意志を表す表現形式に見られる対人配慮の姿勢の違いを明確にした。その中で、日本語の意志表現の選択が人間関係に大きく影響されているのに対し、コミュニケーションにおける中国語の意志表現の選択は主に事柄の負担度に大きく影響されているということがわかった。このような現象は、意志表現の有標形式だけではなく、先行研究を見ると、ほかの表現、例えば、意志表現の無標形式や文末表現においても確認されている。

　以上、本書の主な内容をまとめ、更に各章の論述によって明らかになった日中両言語の意志表現の間に見られる著しい相違を一部取り上げた。日中両言語の意志表現についての考察を通じて、両言語間の最も顕著な違いを三つ挙げることができる。一つ目は主観性の程度の違いで、二つ目は文法化の程度の違いで、三つ目は聞き手に対する姿勢の違いである。
　主観性の程度の違いは、二つの面に反映されている。一つは、人称主体の

表示と不表示の傾向である。日本語の意志表現には一人称主体の不表示が多く見られるが、中国語の意志表現には人称主体の明示が義務とされている。もう一つは、情意的・認識的性質の特徴である。特に有標形式について、日本語のほうは情意的な表現と認識的な表現は形で区別される傾向があるが、中国語のほうは情意的性質と認識的性質を形式で区別しない傾向が見られる。

　文法化の程度の違いは主に両言語の意志表現に見られるモーダルな意味に反映されている。結論から言えば、日本語の意志表現のモーダルな意味は文脈にそれほど依存しない文法的な意味であるのに対し、中国語の意志表現のモーダルな意味は文脈に依存する語用的な意味に近いのである。例えば、動詞の無標形の場合、日本語では「学校へ行く」と発話すると、「私は近い将来学校へ行く動作を行う」ことを意味しているが、中国語では、文脈が整わないと「去学校」が必ず意志表現になるとは限らない。更に、有標形式の場合、中国語の「要」が用いられる時、完全に同じ文脈でも、「要」についての解釈が複数になる場合がある。

　(1)　我要去学校。
　　　学校へ行く。

　上の用例は、文脈を限定しないと、「学校へ行きたい」や「学校へ行くことになっている」「学校へ行かなければならない」のように何通りかの意味解釈ができるのである。日本語の意志表現の有標形式にはこのような現象が見られない。

　最後に、聞き手に対する姿勢の違いについては、聞き手存在の制限の有無や対人配慮の工夫の有無に反映されている。第4章の意志表現の談話における機能を見ると、日本語のほうは聞き手の存在と不存在は談話の意味や機能に大きく関係しているが、中国語のほうは聞き手の存在・不存在をそれほど問題にしていない。中国語の意志表現の使用は、対象動作の内容に主に影響されている。第5章では、「要」「想」と「シタイト思ウ」「シヨウト思ウ」

終章

との対照を通じて、表現の選択において、中国語のほうは聞き手との関係より事柄の内容に大きく左右されているのに対し、日本語のほうは聞き手との関係に大きく左右されていることが明らかになったのである。

　本研究は、意志のモダリティという意味のカテゴリーに基づき、話し手の意志を表す表現として、日本語と中国語から最小限の典型的表現を取り上げた。実際に、両言語の意志のモダリティの違いを全面的に考察するためには、更に多くの表現を扱う必要があると思われる。また、意志表現の基本となる意志動詞についての研究も不十分である。意志動詞を中心とする研究は別の機会に進めていきたい。最後に、話し手の意志という意味カテゴリーを中心にしたので、本書は意志表現の否定形や疑問形の問題に敢えて触れなかった。意志のモダリティをめぐる日中対照研究を更に深めるためには、意志表現の否定形や疑問形を含めて、意志表現を網羅的に扱う必要があると思われるが、これからの課題にしたい。

あとがき

　筆者は2006年中国上海の同済大学外国語学院大学院に進学したことをきっかけに、言語学研究の世界に入りました。同済大学在学中、大阪教育大学における1年6ヶ月の文部科学省国費研究留学生の留学生活を経て、2009年4月に神戸市外国語大学外国語研究科文化交流専攻博士課程に入学し、2014年3月に博士学位を獲得しました。修士課程から博士課程までの9年間を振り返ると、たくさんの方への感謝の気持ちでいっぱいです。

　学術の道を導いてくださった同済大学時代の指導教官の呉侃先生、大阪教育大学の国費留学時代に親切に指導してくださった野浪正隆先生、長谷川ユリ先生、学術研究のお手本にさせていただいている神戸市外国語大学時代の益岡隆志先生、福田嘉一郎先生、佐藤晴彦先生、下地早智子先生には感謝しきれません。特に、5年間近くの歳月で、熱心に指導してくださり、今後の研究姿勢に多大な影響を与えてくださった益岡隆志先生には本当に大変お世話になりました。また、博士課程の5年間ずっと励ましてくれ、心の支えとなってくれた同期の鄭貞美さん、林可奈子さんにも感謝します。林可奈子さんに博士論文の原稿の日本語添削のことで貴重な時間と精力を割いていただきました。更に、留学期間中、自分の子供のように可愛がってくださり、様々な面から支えてくださった亡き同済大学時代の宮崎和夫先生の御冥福を祈ります。宮崎先生の御支持は私にとって博士論文を完成させる大きな励ましとなっていました。

　そのほか、奨学金を提供してくださった日本文部科学省（2007年10月から2009年3月まで）、奨学金を提供してくださった木下財団（2009年4月から2010年3月まで）及び奨学金を提供してくださったロータリー米山記念奨学会（2010年4月から2012年3月まで）、神戸市留学生会館に3年間入居させて頂いた神戸国際協力交流センターに心からお礼を申し上げたいと思います。これらの皆

様のおかげで、安定した環境で研究を進めることができました。

　また、ずっと無条件に支えてくれている中国にいる両親、夫、息子、義理の両親に感謝します。家族の支えと理解がなければ、博士論文を完成できなかったと思いますし、更に安心して好きな仕事ができないと思います。

　最後に、本書の出版助成をして頂いた佛教大学に深くお礼を申し上げます。出版に当たって、佛教大学学術支援課の皆さま、東方書店の川崎道雄様に大変お世話になりました。

2017年11月8日

孫樹喬

【用例出典】
出典を明記しないものは作例または筆者による翻訳。

1.『CD-ROM版・新潮文庫の100冊』より（五十音順）
安部公房『砂の女』、新田次郎『孤高の人』、井上靖『あした来る人』、井伏鱒二『黒い雨』、島崎藤村『破戒』『春』『夜明け前』、立原正秋『冬の旅』2、田辺聖子『新源氏物語』、田山花袋『蒲団』、夏目漱石『こころ』『坊ちゃん』『野分』、武者小路実篤『友情』、星新一『人民は弱し、官吏は強し』、宮沢賢治『饑饉陣営』『ビジテリアン大祭』、山本有三『路傍の石』、松本清張『点と線』

2．小説・漫画
（日本語）（五十音順）
小川洋子『博士の愛した数式』（新潮社、2005）、片山恭一『世界の中心で、愛を叫ぶ』（小学館、2004）、多田かおる『イタズラなKiss』（集英社、1990年～1999年連載）、中沢次郎・鈴木芳正『ひとりっ子の上手な育て方：ひとりっ子は優秀児である!』（産心社、1981）、村上春樹『1Q84　BOOK1』（新潮社、2009）、東野圭吾『白夜行』（集英社、2002）、余華著・飯塚容訳『活きる』（角川書店、2002）
（中国語）（アルファベット順）
安部公房著・杨炳辰、王建新译《砂女》（浙江文艺出版社、2003）、东野圭吾著・刘姿君译《白夜行》（南海出版社、2008）、井伏鳟二著・柯毅文译《黑雨》（湖南人民出版社、1982）、井上靖著・林少华译《情系明天》（北岳文艺出版社、1988）、片山恭一著・林少华译《在世界中心呼喊爱》（青岛出版社、2012）、村上春树著・施小炜译《1Q84 BOOK1》（南海出版社、2010）、武者小路实笃著・冯朝阳译《友情》（青岛人民出版社、1984）、中泽次郎・铃木芳正共著・何明译《独生子女优育法》（国际文化出版社、1985）、夏目漱石著・林少华译《心》（青岛出版社）、小川洋子著・李建云译《博士的爱情算式》（人民文学出版社、2005）、多田薰《淘气小亲亲》（远方出版社、2002）、岛崎藤村著・陈德文译《破戒》（人民文学出版社、2008）、田山花袋著・许昌福译《棉被》（吉林大学出版社、2009）、王朔《王朔文集》（华艺出版社、1995）、姚明《我的世界我的梦》（长江文艺出版社、2004）、余华〈四月三日事件〉（《收获》1987第5期）、张炜〈美妙雨夜〉（《张炜作品精选》长江文艺出版社、2005）

3．テレビドラマのシナリオ（放送年代順）
（日本）
『ありがとう』（第1シリーズ）TBS　1970年
『東京ラブストーリー』フジテレビ　1991年

『ドラゴン桜』TBS 2005年
『anego-アネゴ-』日本テレビ　2005年
『ハケンの品格』日本テレビ　2007年
『CHANGE』フジテレビ　2008年
（中国）
『田教授家の28人の家政婦さん』（《田教授家的二十八个保姆》）1999年（『聴く中国語』2010年4月号〜2012年1月号）
『恋・愛・都・市〜恋がしたい』（《好想好想谈恋爱》）2004（『中国語ジャーナル』2009年10月号〜12月号）
『曹社長の18人の秘書たち』（《曹老板的18个秘书》）2005年（『聴く中国語』2012年1月号〜2014年9月号）
『ホントの恋の見つけかた』（《转角遇到爱》）2007年（『中国語ジャーナル』2010年1月号、2月号）
『敗犬女王』（《败犬女王》）2009年（『中国語ジャーナル』2010年4月号〜6月号）

【参考文献】

〈日本語・英語文献〉

相原茂・石田知子・戸沼市子　1996『WHY？にこたえる　はじめての中国語の文法書』同学社

安達太郎　1999「意志のモダリティと周辺形式」『広島女子大国文』16

安達太郎　2002「第1章意志・勧誘のモダリティ」『新日本語文法選書4モダリティ』くろしお出版

有田可奈子　2009「発話意図から見た『たい』と『たいと思う』との違い」第10回日本語文法学会大会研究発表

池上嘉彦　2003「言語における〈主観性〉と〈主観性〉の言語的指標（1）」『認知言語学論考』No.3　2003　ひつじ書房

池上嘉彦　2004「言語における〈主観性〉と〈主観性〉の言語的指標（2）」『認知言語学論考』No.4　2004　ひつじ書房

于康　1999「現代中国語の命題構造の階層性」『言語と文化』2　pp.11－27

于康　2000「現代中国語のモダリティ構造の階層性」『言語と文化』3　pp.67－81

于康・張勤編　2000『語気詞と語気』好文出版

大河内康憲　1997『中国語の諸相』白帝社

太田辰夫　1981『中国語歴史文法』（初版1957）朋友書店（中国語版2003　蔣紹愚、徐昌華訳『中国語歴史文法』北京大学出版社）

奥田靖雄　1985「文のこと　文のさまざま（1）」『教育国語』80

奥田靖雄　1986「文のさまざま（2）まちのぞみ文（上）」『教育国語』85

尾崎奈津　2003「『スルツモリダ』の否定形について─『シナイツモリダ』『スルツモリハナイ』『スルツモリデハナイ』」『岡山大学言語学論叢』10

尾上圭介　1979「『そこにすわる！』──表現の構造と文法」『言語』8巻5号（2001『文法と意味Ⅰ』に収録）

尾上圭介　1997「国語学と認知言語学の対話Ⅱ・モダリティをめぐって──」『言語』26巻13号（2001『文法と意味Ⅰ』に収録）

尾上圭介　1999「文の構造と"主観的"意味」『言語』28巻1号（2001『文法と意味Ⅰ』に収録）

尾上圭介　2001『文法と意味Ⅰ』くろしお出版

小野正樹　2000「「ト思う」述語文の情報構造について」『文藝言語研究　言語篇』38, pp.57-70, 筑波大学

小野正樹　2001「「ト思う」述語文のコミュニケーション機能について」『日本語教育』110, pp.22-31

神尾昭雄　1990『情報のなわ張り理論』大修館書店

木村英樹・森山卓郎　1992「聞き手情報配慮と文末形式―日中両語を対照して」大河内康憲編『日本語と中国語の対照研究論文集下』くろしお出版

金玉英　2011「意志表現と聞き手の権限―日中両言語の対照を通じて―」『日中言語研究と日本語教育』第4号

下中直人　2007　『世界大百科事典2』改訂新版　平凡社

徐愛虹　2001「希望表明形式による意志表示―日中両語を対照して―」『日本語教育』109

鈴木一雄・伊藤博・外山映次・小池清治　2000『全訳読解古語辞典　小型版』第14刷三省堂

鈴木睦　1989「聞き手の私的領域と丁寧表現」『日本語学』Vol.8 2月号 明治書院

鈴木睦　1997「日本語教育における丁寧体世界と普通体世界」田窪行則編『視点と言語行動』くろしお出版

孫樹喬　2011「想の多義性について」『跨文化交際中的日语教育研究1（異文化コミュニケーションのための日本語教育）』　pp.530-531　高等教育出版社

孫樹喬　2011「中国語の思考動詞「想」について」『神戸市外国語大学研究科論集』第14号

孫樹喬　2012「意志・願望表現の「要」について――日本語の意志・願望表現との対照」『神戸市外国語大学研究科論集』第15号

ダニエル・ヴァンダーヴェーケン　1995『発話行為理論の原理』久保進訳注　松柏社

鄭夏俊　1994「日本語における意志表現とモダリティ」『早稲田大学日本語研究』第2号

寺村秀夫　1992『寺村秀夫論文集Ⅰ――日本語文法編』くろしお出版

時枝誠記　1941『国語学原論』岩波書店

土岐留美江　1996「日本語と中国語の意志表現」『日本語研究』16　東京都立大学国語学研究室

土岐留美江　2010『意志表現を中心とした日本語モダリティの通時的研究』ひつじ書房

外山善郎　2001a「1人称単数の文『～シタイ』『～シヨウ』のモダリティについてその1『～シタイ』の文」［うなびこ（日本語学研究会）］18

外山善郎　2001b「1人称単数の文『～シタイ』『～シヨウ』のモダリティについてその2『～シヨウ』の文」［うなびこ（日本語学研究会）］19

中島信夫編　2012『朝倉日英対照言語学シリーズ7　語用論』朝倉書店

中右実　1994『認知意味論の原理』大修館

仁田義雄　1989「『行こうか戻ろうか』―意志表現の疑問化―をめぐって」『日本語学』8-8

参考文献

仁田義雄　1991a「意志の表現と聞き手存在」『国語学』165集
仁田義雄　1991b『日本語のモダリティと人称』ひつじ書房
仁田義雄　1997『日本語文法研究序説―日本語の記述文法を目指して―』くろしお出版
日本記述文法研究会　2003『現代日本語文法〈4〉第8部・モダリティ』くろしお出版
野浪正隆・孫樹喬　2009「中国人日本語学習者の『意志表現』についての理解状況――アンケート調査のクラスター分析結果」『大阪教育大学紀要』第Ⅰ部門第58巻第1号
廣瀬幸生・長谷川葉子　2010『日本語から見た日本人――主体性の言語学』開拓社
益岡隆志　1991『モダリティの文法』くろしお出版
益岡隆志・田窪行則　1992『基礎日本語文法―改訂版―』くろしお出版
益岡隆志　1997「表現の主観性」田窪行則編『視点と言語行動』くろしお出版
益岡隆志　2002「定表現と非定表現と不定表現」『国語論究10　現代日本語の文法研究』明治書院
益岡隆志　2006「『タイ』構文における意味の拡張―願望と価値判断―」『日本語文法の新地平2　文論編』くろしお出版
益岡隆志　2007『日本語モダリティ探究』くろしお出版
宮崎和人・野田春美・安達太郎・高梨信乃　2002『新日本語文法選書4モダリティ』くろしお出版
宮崎和人　1999「モダリティ論から見た『〜と思う』」『待兼山論叢』33（日本学）pp.1-16　大阪大学大学院文学研究科
宮崎和人　2001「動詞『思う』のモーダルな用法について」『現代日本語研究（8）』pp.111-136
宮崎和人　2002「序章モダリティの概念」『新日本語文法選書4モダリティ』くろしお出版
宮崎和人　2003「〈意志〉と〈推量〉の疑問形式」『岡大国文論稿』
宮崎和人　2006「まちのぞみ文について――『シタイ』と『シヨウ』」『日本語文法の新地平2　文論編』くろしお出版
森山卓郎　1990「意志のモダリティについて」『阪大日本語研究』2
森山卓郎　1992「文末思考動詞『思う』をめぐって」『日本語学』11　明治書院
森山卓郎・仁田義雄・工藤浩　2000『日本語の文法〈3〉モダリティ』岩波書店
山岡政紀　1992「意志表現の文型提示に関する一考察――機能シラバスの一つの原理として」『日本語教育』77号
山岡政紀　2000『日本語の述語と文機能』くろしお出版
山岡政紀　2008『発話機能論』くろしお出版

山岡政紀・牧原功・小野正樹　2010『コミュニケーションと配慮表現――日本語語用論入門』　明治書院
山田忠雄［主幹］1999『新明解国語辞典第五版』三省堂
山梨正明　1986『発話行為』大修館書店
渡邊静夫編　1994　『日本大百科全書2』第2版　小学館
渡辺実　1949「陳述副詞の機能」『国語国文』18-1
渡辺実　1957「品詞論の諸問題――副用語・付属語」『日本文法講座1総論』明治書院
Austin J.L 1962 *How to Do Things with Words*, Harvard University Press.（坂本百大訳1978『言語と行為』、大修館書店）
Brown, Penelope and Stephen Levinson 1987 *Politeness: Some Universals in Language Usage*, Cambridge: Cambridge University Press.（田中典子監訳・斉藤早智子他訳 2001『ポライトネス　言語使用における、ある普遍現象』、研究社）
Palmer, RR. 1986 *Mood and Modality*, Cambridge: Cambridge University Press
Palmer, RR. 2001 *Mood and Modality* Cambridge Textbooks in Linguistics Cambridge University Press
Searle, John R. 1969　*Speech Acts: An Essay in the Philosophy of Language*, Cambridge University Press.（坂本百大・土屋俊訳、1986『言語行為――言語哲学への試論』、勁草書房）

【中国語文献】
古川裕　2006〈关于"要"类词的认知解释――论"要"由动词到连词的语法化途径〉《世界汉语教学》75期（2006年第1期）
高名凯　1986《汉语语法论》（初版1948年）商务印书馆
郭昭军　2004〈现代汉语中的弱断言谓词〉《语言研究》第24卷第2期
郭昭军・尹美子　2008〈助动词"要"的模态多义性及其制约因素〉《汉语学习》第2期
贺阳　1992〈试论汉语书面语的语气系统〉《中国人民大学学报》2期（于康・成田静香訳 「中国語の書き言葉における語気の体系」『語気詞と語気』2000好文出版）
胡明扬　1981a〈北京语的语气助词和叹词上〉《中国语文》第5期 商务印书馆（于康・成田静香訳 「北京語における語気詞と感嘆詞」『語気詞と語気』2000好文出版）
胡明扬　1981b〈北京语的语气助词和叹词下〉《中国语文》第6期 商务印书馆（于康・成田静香訳 「北京語における語気詞と感嘆詞」『語気詞と語気』2000好文出版）
劲松　1992〈北京话的语气和语调〉《中国语文》第2期
黎锦熙　1992《新著国语文法》（初版1924年）商务印书馆

参考文献

刘月华等　1983《实用现代汉语语法》外语教学与研究出版社
鲁川　2002〈语言的主观信息和汉语的情态标记〉《语法研究和探索（十二）》中国语文杂志社编辑 商务印书馆
卢卓群　1997〈助动词"要"汉代起源说〉《古汉语研究》第3期（总第36期）
吕叔湘　1955《汉语语法论文集》科学出版社
吕叔湘　1982《中国文法要略》（初版1942年）商务印书馆
吕叔湘　1999《现代汉语八百词·增订版》商务印书馆
马建忠　1983《马氏文通》（初版1898年）商务印书馆
马庆株　1988〈自主动词与非自主动词〉《中国语言学报》第3期 商务印书馆
彭利贞　2007《现代汉语情态研究》中国社会科学出版社
齐沪扬　2002《语气词和语气系统》安徽教育出版社
齐沪扬　2002〈论现代汉语语气系统的建立〉《汉语学习》4月第2期
沈家煊　2001〈语言的"主观性"和"主观化"〉《外语教学和研究》第33卷第4期
沈家煊　2007〈汉语里的名词和动词〉《汉藏语学报》第1期（相原まり子訳「中国語の名詞と動詞」影山·沈力2012『日中理論言語学の新展望3　語彙と品詞』に収録）
沈家煊　2009a〈汉语的主观性和汉语语法教学〉《汉语学习》2009年第1期
沈家煊　2009b〈我看汉语的词类〉《语言科学》第8卷第1期（总第38期）科学出版社
王力　1985《中国现代语法》（初版1943年）商务印书馆
王力　1951《中国语法理论》商务印书馆
徐晶凝　2008《现代汉语话语情态研究》昆仑出版社
许慎　（汉）《说文解字诂林正补合编三》（1977　丁福保编纂）鼎文书局印行
于康　1996〈命题内成份与命题外成分——以汉语助动词为例〉《世界汉语教学》35期
张秀　1959〈汉语动词的"语气"系统〉《语法论集第三集》商务印书馆
张万禾　2007〈助动词"要"的情态语义分析〉《现代语文》2007年（3）
张万禾　2008〈汉语动词的意愿范畴及其句法表现〉《西北师大学报》第45卷第1期
朱德熙　1982《语法讲义》商务印书馆
中国社会科学院语言研究所词典编辑室编　2011《新华字典》第11版 商务印书馆
中国社会科学院语言研究所词典编辑室编　2012《现代汉语词典》第6版 商务印书馆

索　引

ア行

意願表現　5
意向　122, 205
意向表明　268
意向平叙文　57, 58
意志　1, 2, 37
意志・願望語気　54
意志・願望標記　57
意志・願望平叙文　57
意志形　4
意志決定　74
意志決定権　255
意志決定の権利　248
意志語気　54
意志動詞　56, 68, 69, 98
意志の確実性　97, 209
意志の説明　204
意志のモーダルな意味　6, 47, 117
意志のモダリティ　4, 8, 16, 30, 62, 67
意志表現　1
意志表現の選択　272
意志を表す表現　3
一人称主体　7, 68, 69, 70, 82
一人称主体の不表示　87
一人称主体の明示　86, 87
一人称複数　75
一方的な要求　201
意図　118, 122, 133
意図の説明　190, 191
意味拡張のプロセス　164

意味カテゴリー　8, 10
意味の曖昧性　157
意味の拡張　158
意味の細分化　118
意欲　118, 174
依頼や相談の場面　249
イントネーション　22, 23
インフォーマルな場面　72
ウ・ヨウ　44
応答表現　229

カ行

下位カテゴリー　25
下位範疇　104
会話　142
会話文　133
確実な予測　149, 151
価値判断　157, 158
可能性　151
敢　51, 52
願　51
願意　5, 51, 52
感情　37
感情系　38
感情の直接的表出　238
感情表現　137
間接的な依頼　179, 180, 206
間接的な命令　179
間接的な要求　197
感嘆詞　22

索 引

願望　5, 97, 118, 123, 174, 205
願望・意向　156
願望表現　5, 70
願望や意向の説明　207, 208
勧誘　74, 170, 181, 182, 224, 225
聞き手指向　84
聞き手存在　45
聞き手存在発話　186
聞き手に対する姿勢　279
聞き手の協力　197, 198, 205, 260
聞き手の私的領域　240, 259, 269
聞き手の存在　195, 212, 221, 233, 256
聞き手の領域　239, 241, 246
聞き手配慮の表現　246
聞き手不在　45
聞き手不在発話　173
聞き手への伝達機能　29
聞き手への配慮　155, 161, 238, 266, 270, 271
聞き手への働きかけ　170, 199
聞き手への約束　219
聞き手めあて　173, 178, 183, 203
聞き手要素　6, 43
聞き手領域　155, 255
既定の意志　105, 217
脅威　197
強制力　201
強制力の有無　209
決意　119, 124, 125, 138, 217
決意の表出　222
決意のプロセス　49
決心の強さ　119
決定　123
決定権　108, 211
決定済みの意志　268
決定済みの意図　192
現実　17, 18, 30
言表事態めあてのモダリティ　13
肯　51, 52

行為の意志決定権　250, 251, 252, 264, 270
光杆動詞　55
拘束形式　103
語気　18, 19, 20, 23, 24, 28
語気詞　21, 25, 29
語気助詞　22, 23
語気体系　20, 21, 24
語用的な条件　212
語用的要素　170
語用論的な原則　258

サ行

三人称主体　204, 208
参与権　271
施為平叙文　57, 58
時間副詞　99
自己　88
思考動詞　120, 207
思考内容　265, 268
自己中心　87
自己同一性　87, 88
自己の客体化　87
指示語　104
自主動詞　55, 56
事象　10
事象的モダリティ　10
シタイト思ウ　238, 245, 247
事態の実現　91, 92
実現不可能　95
実行の確実性　119
自由形式　103
主観性　31, 32, 87, 88, 153, 164
主観性の程度　114, 214, 279
主観性の度合い　88
主観的態度　3
主観的な事態把握の仕方　87
授受動詞　179
準独話　175

293

上位カテゴリー　25
情意系　36, 146, 154
情意系のモーダルな意味　164
情意的　35, 37, 135, 136, 258
情意的形式　211
情意的性質　7, 36, 38, 141
情意的な「想」　205
情意的な「要」　194
情意的・認識的対立　233
情願　51, 52
上下関係　252
証拠的モダリティ　10
将然相　112
情態　19
ショウト思ウ　238, 245, 247
使用場面　247
情報のなわ張り理論　239
将来時制　51
助動詞　25, 29, 43, 51
心内発話　7, 74, 85, 105, 109, 133, 136, 142, 169
推測　151
推測・判断　154
推量　160
「スル」の対訳形式　99
制御可能　93, 94, 97
制御性　89, 90, 98, 201
静的・動的な観点　93
静的な表現　111
成分補充　99
成分補充なし　99
説明のモダリティ　204
ゼロ助詞　79, 81
即座の意志　92, 105, 136, 142, 217, 226
束縛的モダリティ　10
素材表現　103, 104, 105, 216

タ行

対応関係　127, 128, 260, 269

対象動作に対する制御性　89
対人的機能　7, 180, 183
対人会話　74
対人関係機能　8
対人的な意味　170, 171, 173, 174, 183
対人配慮　7, 8, 43, 237, 247, 257
対人配慮のストラテジー　259
対立の関係　216
対話　175, 178
多義性　147, 153
多義的なモーダルな意味　33
他者　88
断定緩和　160
談話　133
談話情態　28
談話における機能　7, 169, 175
談話レベルの考察　6
知識　37
中国語の動詞無標形　55, 125
直接的な依頼　180
陳述語　104
つもり　163
ツモリダ　185
定意志　107, 109, 110, 112, 119, 228
丁寧さ　43, 155
丁寧体の世界　240
適切性条件　40
典型的な情意的形式　131
典型的な認識的形式　131
伝達　76
伝達性　184, 193
問い詰め　190
当為　125, 147, 148
動作主の意志・願望　149
動作の実現　90, 97
動作の申し出　170, 181, 182, 219, 223
動詞終止形　44
動詞述語形式　103
動詞無標形　4, 43, 55, 69, 82, 84, 104,

137, 218
動態的な名詞　59, 104
動的な表現　90, 93
「と思う」の付加　238, 244
特定の文法的意味　217, 232
独話　7, 175

ナ行

日中対照　3, 59
二人称　198
認識系　36, 38, 154
認識系のモーダルな意味　164
認識的　35, 37, 135, 137, 258
認識的形式　211
認識的性質　7, 36, 38, 141
認識的な「想」　207
認識的な表現　187
認識的な「要」　202
認識的モダリティ　10
人称制限　88
ネガティブ・フェイス　256
ネガティブ・ポライトネス　256
能願式　50
能願動詞　52

ハ行

吧　99, 106, 224, 225
配慮表現　257
働きかけ性　133, 135, 178
発語内行為　40
発話行為　7, 39, 40, 41
発話・伝達のモダリティ　13
発話類型　28, 30
話し手指向　84
話し手の意志　3
話し手の意志決定　74
話し手の意志を表す表現　1
話し手の感情　76, 178
話し手の決意　178, 181

話し手の私的領域　242, 269
話し手の主観性　12, 17, 29
話し手の態度　10
話し手の伝達意図　29, 169
話し手の予定の説明　217
話し手のリアルタイムの意志　110
話し手の領域　239, 241, 246, 255
場面　6
場面の制限　252
判断系　146
判断形成過程　47
非現実　17, 18, 30
非現実性　7, 70, 98, 103, 104, 109, 110, 113, 153,
非現実性のあり方　98
非自主動詞　55, 56
非断定　154
非定意志　107
独り言　136, 169
非難　190
表出　29
表出の焦点　93
非礼さ　238
フォーマルな場面　251
付加による関係　216
普通体の世界　240
文の意味的階層構造　15
文の意味的構造　6, 67, 68
文の階層構造　14
文の機能　28
文の構造　16
文法化の程度　279
文法化のプロセス　162
文末表現　101
文脈　6
文レベルの考察　6, 9
ポライトネス　7
ポライトネス・ストラテジー　243
ポライトネス理論　242, 243, 256

マ行

未定の意志　110, 111, 154, 265, 270
未来　151
未来時制　101
ム　161
無標形式　33, 34, 35, 48, 69, 98, 215
命題　10
命題的モダリティ　10
命令　160, 181, 183, 220, 225
命令表現　199, 225
命令文　85
申し出　74
モーダル動詞　25, 26
モーダルな意味　6, 9, 33
モーダル副詞　28
モーダルマーカー　68, 69, 98
モダリティ　10, 12, 33

ヤ行

約束　197, 220, 222
有標形式　33, 34, 35, 48, 69, 98, 109, 193, 214
有標形式と無標形式の相違　227
有標形式と無標形式の対立　226, 232
「要」と「想」の相違　209
予定　123, 124, 125, 139, 217, 219
予定の説明　202

ラ行

楽意　52, 53
力動的　11
力動的モダリティ　10, 11
了　99, 105, 106, 112
連続性　146, 166, 173

アルファベット

Austin　39
Brown & Levinson　242
FTA　243
FTAの侵害度　271
Palmer　10, 11

◎著者紹介◎

孫樹喬（そん　じゅきょう）

1982 年中国黒龍江省生まれ。2009 年中国上海同済大学院修士課程修了。2007 年 10 月から 2009 年 3 月まで文部科学省国費研究留学生として大阪教育大学留学。2012 年神戸市外国語大学外国語研究科博士課程単位取得満期退学、2014 年博士（文学）取得。専門は、中国語学、日本語学、日中対照言語学。現在、佛教大学文学部中国学科講師。

〔主な論文〕

「『ショウト思ウ』と『シタイト思ウ』─コミュニケーション機能からの考察─」『日本語教育・日本学研究』（華東理工出版社、2013 年）、「意志・願望表現の『要』について─日本語の意志・願望表現との対照─」『神戸市外国語大学研究科論集』15（2012 年）、「想の多義性について」『跨文化交際中的日語教育研究 1（異文化コミュニケーションのための日本語教育）』（中国高等教育出版社、2011 年）ほか。

佛教大学研究叢書 32

意志表現をめぐる日中対照研究

2018（平成 30）年 2 月 28 日発行

定価：本体 5,500 円（税別）

著　者　孫樹喬
発行者　佛教大学長　田中典彦
発行所　佛教大学
　　　　〒603-8301　京都市北区紫野北花ノ坊町 96
　　　　電話 075-491-2141（代表）

制　作
発　売　株式会社　東方書店
　　　　〒101-0051　東京都千代田区神田神保町 1-3
　　　　電話 03-3937-0300（営業）

組　版　株式会社　三協美術
印刷・製本　富士リプロ株式会社

©Bukkyo University, 2018　ISBN978-4-497-21806-3　C3081

『佛教大学研究叢書』の刊行にあたって

　二十一世紀をむかえ、高等教育をめぐる課題は様々な様相を呈してきています。科学技術の急速な発展は、社会のグローバル化、情報化を著しく促進し、日本全体が知的基盤の確立に大きく動き出しています。そのような中、高等教育機関である大学に対し、「大学の使命」を明確に社会に発信していくことが求められています。

　本学では、こうした状況や課題に対処すべく、本学の建学の理念を高揚し、学術研究の振興に資するため、顕著な業績をあげた本学有縁の研究者に対する助成事業として、平成十五年四月に「佛教大学学術振興資金」の制度を設けました。本『佛教大学研究叢書』の刊行は、「学術賞の贈呈」と並び、学術振興資金制度による事業の大きな柱となっています。

　多年にわたる研究の成果は、研究者個人の功績であることは勿論ですが、同時に本学の貴重な知的財産としてこれを蓄積し活用していく必要があります。また、叢書として刊行することにより、研究成果を社会に発信し、二十一世紀の知的基盤社会を豊かに発展させることに貢献するとともに、大学の知を創出していく取り組みとなるよう、今後も継続してまいります。

佛教大学